U0930864

2022年度省重点出版项目

走进大渡河系列丛书之二

红色大渡河

HONGSE DADUHE

丹　巴　夏梦泱晴◎编著

四川民族出版社

图书在版编目（CIP）数据

红色大渡河 / 丹巴, 夏梦泱晴编著. — 成都 : 四川民族出版社, 2024.3

（走进大渡河系列丛书）

ISBN 978-7-5733-1579-3

Ⅰ. ①红… Ⅱ. ①丹… ②夏… Ⅲ. ①大渡河—概况 Ⅳ. ①K928.42

中国国家版本馆CIP数据核字(2023)第255117号

2022年度省重点出版项目

走进大渡河系列丛书 ②

红色大渡河

HONGSE DADUHE

丹 巴 夏梦泱晴 编著

出 版 人	泽仁扎西
项目执行	俄 热
责任编辑	唐 齐
责任印制	泽仁康珠
出版发行	四川民族出版社
	（成都市青羊区敬业路108号）
成品尺寸	170mm × 240mm
印 张	20.5
字 数	415千
制 作	成都华桐美术设计有限公司
印 刷	成都兴怡包装装潢有限公司
版 次	2024年3月第一版
印 次	2024年3月第一次印刷
书 号	ISBN 978-7-5733-1579-3
定 价	70.00元

目录

写在前面的话

20世纪80年代末90年代初，我们姐弟出生在大渡河流域的一个小山村，少年时代在丹巴、康定、炉霍生活，每年春节都回乡下老家过年，与同龄伙伴畅游，与同乡老人共舞，享受“古碉、藏寨、美人”的恬静，领略“高山、大河、田园”的秀丽。

2019年11月，弟弟在《四川发展》上发表《大渡河流域旅游环线建设初步思考》后，专修过旅游管理的姐姐，灵感闪现，建议收集描绘大渡河奔腾的浩海文献并分类汇编。2020年，弟弟考入四川大学历史文化学院（旅游学院）攻读旅游管理博士研究生，专业的思考与个人情怀开始激烈碰撞，编写《走近大渡河》系列小丛书的思路，在你一言、我一语中渐渐清晰。弟弟说方向、搭框架，姐姐收资料、搞审核，一拍即合、一唱一和、一气呵成。

《走近大渡河》系列小丛书包括《图说大渡河》《红色大渡河》《文化大渡河》《美丽大渡河》《资源大渡河》。2021年，正值伟大、光荣、正确的中国共产党成立100周年，由于正在举办党史学习教育活动，我们乘势而上，率先编成《红色大渡河》，内容包括“惊天动地的红军长征”“战天斗地的川藏公路”“震天撼地的成昆铁路”“翻天覆地的脱贫攻坚”。

本套小丛书尽情展示了大渡河流域红色的故事、英雄的人民、悠久的历史、独特的人文、巍峨的雪山、青青的草地、奔腾的河流、蜿蜒的峡谷、矗立的古碉、多彩的民居、绝美的藏寨、俊秀的城镇、雄伟的桥梁、静静的水库……能让每一位读者在阅读后，对大渡河深情向往，不能忘怀。

在编写这套小丛书的过程中，得到了老师和长辈们的精心指导，老乡和同事们的倾情奉献，同学和朋友们的大力协助，我们也由此接受了一次鲜活的心灵洗礼！

大渡河，奔腾吧！

大渡河，自豪吧！

丹巴

夏梦泱晴

2021年10月

大渡河流域概况

大渡河，古称北江、涐水、沫水、大渡水、鱼通河、金川、铜河……位于四川省中西部，历史上被作为长江支流岷江的最大支流。但从河源学上应为岷江正源。

大渡河发源于巴颜喀拉山的果洛山（年保玉则），起于青海省果洛藏族自治州久治县，经班玛县，在壤塘县茸木达乡进入四川阿坝州境内，流经阿坝县、马尔康市、金川县，在丹巴县进入甘孜州，又经阿坝州小金县后，过康定市、泸定县，在石棉县进入雅安市，经汉源县，进入凉山州甘洛县，在金口河区进入乐山市，经峨边县、峨眉山市、沙湾区、沐川县，于市中区注入岷江，流域面积7.72万平方千米（不含青衣江），河长1074千米。多年平均流量1988米^3/秒，多年平均水资源量459.17亿立方米，多年平均径流深603.7毫米。四川省内面积6.79万平方千米，省境内河长871千米。

大渡河支流较多，四川省境内流域面积在1000平方千米以上的支流有22条，在10000平方千米以上的支流有2条。传统上认为，大渡河在大金川以上有三源：梭磨河、绰斯甲河（上源为青海的杜柯河、多柯河）、足木足河（上源青海的麻尔柯河，亦称玛柯河），足木足河为正源。

大渡河在泸定以上为上游，泸定至乐山市铜街子为中游，铜街子以下为下游。

久治县

大渡河正源足木足河，发源于青海省果洛州久治县哇尔依乡查七沟顶山岗以北6千米无名山（属巴颜喀拉山脉东段）南坡，源头地理坐标为东经100° 23′、北纬33° 39′，源头高程4708米。大渡河青海省境内干流称为麻尔柯河（玛柯河），东南流经久治县东塔，于白玉左纳俄柯后，东南至班玛县多贡玛。

班玛县

麻尔柯河（玛柯河）与流经达日县的满掌河相会后，转东南经班玛县城东，又南过亚尔堂、灯塔、下科培转东，右纳恩则柯（又称则柯），左纳哑巴沟、折尔朗沟，又向东为四川与青海的界河，转南进入四川省境为壤塘县与阿坝县的界河。

麻尔柯河（玛柯河）在青海省的里程约210千米，流域面积6341平方千米，落差780米，多年平均流量60.3米^3/秒。

主要支流县

达日县

满掌河。源出达日县北塔什温附近，流经达日县，在班玛县多贡玛乡与麻尔柯河汇合。全长约47千米，流域面积312平方千米。

壤塘县

在四川省境内，麻尔柯河（麻尔曲）右纳壤塘县的则曲河，继又东流右纳莫柯，入阿坝县境。

杜柯河（多柯河）。为绰斯甲河干流的上游河段，源于青海省达日县，经色达县东北、壤塘县城，与色曲汇合后称绰斯甲河，后于金川汇入足木足河，河段长119千米。

则曲河。源出壤塘县，河长101千米，流域面积1622平方千米，多年平均流量19.1米^3/秒。

阿坝县

麻尔柯河过亚尔勒果至伊俄，右纳格浪河，左纳莫朗河、果朗沟；再东过柯河乡，左纳阿嘎木朵河，右纳亚朗河；至达格娘，左纳尼柯河；过错昆后转南至夺沟，右纳目杰柯；又南至色尔吉，左纳阿柯河，以下即称足木足河。南行又转东南，为阿坝县与马尔康市的界河，左纳夺壤拉杂沟。

尼柯河。河长71千米，流域面积1194平方千米，多年平均流量13.9米^3/秒。

阿柯河。发源于青海省久治县多木措湖，东流转向西南流，经阿坝县城，在茸安乡职尕注入麻尔柯河。全长160千米，流域面积5788.52平方千米，多年平均流量60.6米^3/秒。

马尔康市

足木足河至射江转南入马尔康市境，至日部乡，右纳木郎沟；转东南过康山（达维），右纳木尔甲河、协果沟，左纳热水塘沟、科拉基沟，再右纳马尔达布沟、阿拉林沟；又过三大坪转东南行，左纳茶堡河；南过脚木足乡，此处有足木足水文站；过站南流，左纳梭磨河，右纳玛绰沟；转西南过白湾乡，于双江口右纳绰斯甲河，以下称大金川，为马尔康市与金川县之界河。

茶堡河。河长83千米，流域面积1234平方千米，多年平均流量14.4米^3/秒。

梭磨河。足木足河左岸一级支流，发源于红原县壤口乡境内的羊拱山西北麓，壤口以上称壤口尔曲，壤口以下称梭磨河。流经刷经寺、梭磨、马尔康、松岗、白湾乡、脚木足乡，于热足下游两千米处汇入足木足河。河流全长182千米，流域面积3027平方千米，多年平均流量50.3米^3/秒。

金川县

大金川右纳可尔因沟，转东南流，左纳米洞沟；南至党坝乡，右纳卡拉脚沟，左纳盘龙河；又南入金川县境，右纳撒瓦脚沟，其下咯尔乡处有大金水文站，控制流域面积40484平方千米，多年平均流量520米^3/秒，水位变幅6.4米。再南下至金川县城东，左纳西里寨沟；又西南行，右纳独松沟，曲折南行，右纳协斯曼沟；至安宁镇，右纳色斯满沟，左纳安宁沟、炭厂沟、曾达沟；转西南为金川、丹巴二县界河。

绰斯甲河。源于青海省达日县下红科乡旺阿村，上游称杜柯河（多柯河）。河流自色达县东北进入四川省境，向东南流经壤塘，在黑桥接纳自色达县流出的色曲后始称绰斯甲河；渐转东流，入金川县境，经二嘎里乡，于金川可尔因汇入足木足河。全长447千米，流域面积16015平方千米，是大渡河上游最大支流。主要支流有来自色达县的色曲和来自道孚县的俄日河。

俄日河（玉曲）。源于道孚县东折多山北端海子山，北流左纳曲龙沟，北过七美、玉科，沿程多有温泉出露；右纳七格柯，左纳穷柯（其右支为查隆柯）；北过银恩乡，左纳嘎柯；以下转向东流，入金川县境。东至二楷，右纳莫孜沟、大莫孜沟；转东北行，左纳麦斯科沟、郎通沟；至俄热，右纳二安沟；又至科山，转北左纳颇拉喀沟，自东北方向进入二嘎里乡，汇入绰斯甲河。河长128千米，流域面积1910平方千米，多年平均流量31米^3/秒。

主要支流县

色达县

色曲。源头在境内海拔4860米的恰依岗娘。色吾沟、拖汝沟与拥拉沟在竹日康夺汇合后始称色曲。色曲由西北向东流经色达县城、色塘、色尔坝，在壤塘县境注入杜柯河。境内全长184千米，流域面积3234平方千米，落差1000米。

炉霍县

宗科河（宗柯）。源出炉霍县宗麦乡，流入阿坝州壤塘县，经宗科乡，汇入绰斯甲河。全长64千米，流域面积985平方千米。

道孚县

俄日河。俄日河在道孚境内被称作玉曲，主要流经道孚县七美乡、玉科镇、银恩乡等乡镇。

沙冲沟。发源于道孚县沙冲乡策曼都，于龙金洪出道孚进入丹巴县境内，经东谷乡汇入东谷河。沙冲沟全长45千米，流域面积800平方千米，多年平均流量16.8米^3/秒。

丹巴县

大金川左纳沈足沟，过耿扎，入丹巴县境，右纳甲斯沟；南过巴底镇，左纳麦尔沟，右纳二甲沟、水卡子沟，又左纳燕尔岩沟；南过巴旺乡，右纳革什扎河；在丹巴县城北又右纳东谷河，城东又左纳小金川，始称大渡河。此处有丹巴水文站，控制流域面积52738平方千米，多年平均流量743米^3/秒，水位变幅10.6米。南过格京镇，右纳绒坝沟；到鸭包，左纳汗牛河，为丹巴县与小金县界河。

革什扎河。主源发源于金川县毛日乡热它村西龙措海子，自北向南经藏木道纳入沙玛耳沟后称格希沟，继续向南流至丹东镇与右岸雀儿沟汇合后称边耳沟，后流经热洛、温平等地，右纳党岭河后始称革什扎河；革什扎河折向东南，过边耳、火地，左纳磨子沟，后经二瓦槽、大桑、布科等地，于巴旺乡汇入大金川。干流全长99千米，流域面积2520平方千米。

东谷河。发源于道孚县境内大雪山以及康定市与丹巴县交界的雅拉雪山，河流分为两源，南源称牦牛河，西源为沙冲沟，至陡水岩处两河汇合后即称为东谷河。河流自西南往东北方向经东谷镇、章谷镇后于丹巴县城西端注入大金川。东谷河全长87千米，流域面积1837平方千米，多年平均流量38.8米^3/秒。

小金县

大渡河纳汗牛河后向南，过琪日、开绕，左纳门子沟，进入康定市。

小金川。发源于梦笔山南麓的抚边河与源于四姑娘山的沃日河在小金县老营镇汇合后称小金川，向西流经宅垄镇，进入丹巴县，向西流经半扇门、墨尔多山，在丹巴县城与大金川汇合。干流长151千米，自然落差2340米，流域面积5254.8平方千米，多年平均流量104米^3/秒，平均年径流量29亿立方米。

汗牛河。位于小金县西南部，全长39.87千米，流域面积623.6平方千米，天然落差2660米。

康定市

大渡河左纳门子沟进入康定市境内，右纳溪河沟；南至孔玉，右纳二里沟、巴郎河，左纳野牛沟；南至下索子，右纳下索子沟，左纳金汤河；南过鱼通镇，左纳磨子沟，又左纳前溪河；南至姑咱镇前，右纳羊厂沟；南过姑咱镇，右纳康定河；南过抗州村后进入泸定境内。

康定河。又名瓦斯沟，上游源自雅拉雪山下雅拉河，向东南流经中谷、王母、三道桥、二道桥等，至康定城区右纳折多河后为下游，始称康定河；转东流经升航、日地、瓦斯，至瓦斯沟口汇入大渡河。全长78千米，流域面积1554平方千米，多年平均流量49米^3/秒。

金汤河。全长80千米，天然落差3372米，流域面积1129平方千米，多年平均流量37.5米^3/秒。

泸定县

大渡河左纳马蜂沟，南过烹坝，有泸定水文站，控制流域面积58943平方千米，多年平均流量895米^3/秒，水位变幅6.7米。过站至泸定县城西，大渡河上游段即止于此。南进泸定县城，过泸定桥；再南经冷碛镇，左纳花园沟；右纳磨西河；又南过得妥镇，左纳两岔河、王家沟、湾车河，为泸定县与石棉县界河。

磨西河（燕子沟）。其主流有两条，一条发源于黑海子，纳大杆沟、小河子沟、喇嘛沟，流经雅家埂，称为雅家河；另一条为冰川型河源，发源于贡嘎山北坡冰川雪山口，为燕子沟、纳南门关沟、磨子沟、海螺沟。两支流于磨西镇吊嘴汇合，称磨西河，流经大乌科，从金光、繁荣两地之间穿过汇入大渡河。磨西河全长43千米，流域面积923平方千米，落差3000米。

湾东河。源出贡嘎山东麓，又称大沟，纳板棚沟、飞水沟后注入大渡河。为泸定、石棉两县分界河。

石棉县

大渡河，右纳田湾河，入石棉县境王岗坪，经王岗坪，左纳海流河、撒喇池沟；经新民乡，右纳出路沟，左纳礼约河；经安顺场，右纳松林河（安顺河）、小水河，折东偏北右纳南桠河；过石棉县城，左纳响水沟，右纳高冲沟；过迎政乡左纳八牌河；过永和乡右纳要要沟，向东北为石棉、汉源二县界河；过丰乐乡左纳大冲河。

田湾河。发源于贡嘎山西侧，流经康定市和石棉县，全流域面积1397平方千米，河长90千米，多年平均流量42.3米^3/秒，落差2120米。

松林河。又名安顺河，源出九龙县东部，在石棉县蟹螺沟接纳洪坝河，至安顺场注入大渡河。长73千米，流域面积1446平方千米，多年平均流量55.6米^3/秒，落差2360米。

南桠河。发源于九龙县，流经冕宁县，再到雅安市的石棉县后，注入大渡河。全长78千米，流域面积1187平方千米，多年平均流量79.7米^3/秒，落差1714米。

汉源县

大渡河至小堡右纳宰骡河，左纳大冲河，东入汉源县境；过富林镇，左纳流沙河，转东偏南左纳白岩河，右纳西街河；过顺河乡后为汉源县与甘洛县界河；又左纳鲁布沟，往东左纳深溪沟、老厂沟。

流沙河。发源于飞越岭西麓，源头有两支：北支林口沟，源出桌子山；南支黑石沟，源出扇子山，两支在宜东镇林口汇合后始称流沙河。主要支流有黄家沟、旭家沟、二郎河、后河、木槿河等。流经宜东、九襄、富林等8个乡（镇），于富林镇汇入大渡河。全长72千米，流域面积1153平方千米，河口多年平均流量为22.9米^3/秒，落差2547米。

甘洛县

大渡河过顺河乡后为汉源县与甘洛县界河，南至尼日，右纳尼日河，转东行有成昆铁路与之平行延伸。过乌斯河镇，转北偏东，过毛不耳后为甘洛县与金口河区界河。

尼日河。发源于喜德县境相岭山北麓的木支村上方附近，上游喜德境内称尼波河，在越西县裤裆沟出口与越西河汇口以上称普雄河，汇口以下称漫滩河；于玉田镇则拉村流入甘洛县。在甘洛境内，甘洛县城以上俗称尔觉河，甘洛县城以下称尼日河，在尼日村处汇入大渡河。河长125.6千米，流域面积4331.6平方千米，多年平均流量117米^3/秒。

支流县

越西县

越西河。河长45千米，流域面积815平方千米，经马拖、大瑞、中所、越城、新民5个镇，汇入尼日河。

金口河区

大渡河过关村坝后转东偏南，过大沙坝入金口河区，右纳小河；曲折向东北至金河镇，左纳金口河；转向东南，为金口河区与峨边县界河。

峨边县

大渡河右纳官料河后，东入峨边县境内，右纳白沙河；又东过峨边县城北，折东北流过新场乡，左纳龙池河；东过江峨村，为峨边县与峨眉山市界河；东过江岩坝，为峨边县与沙湾区界河。

官料河。又名西溪河，俗称官庙河。官料河发源于峨边县与美姑县接壤的阿米都洛山顶峰东北面，自南向北贯穿峨边县境，至宜坪斑鸠嘴汇入大渡河。

白沙河。河源分大竹坝河和白杨河两条，其中主源大竹坝河发源于峨边县与马边县交界处之药子山一带，由南向北流经木兰坪、大竹坝后转向西北，后纳右岸文坝沟，经二坪、猫猫山及九龙后转向至新林镇；在新林镇有中岗沟、观音沟等支沟汇入，沿途小支沟也较多。大竹坝河过新林镇后在庙子岗与支流白杨河汇合始称白沙河，于峨边县城注入大渡河。

峨眉山市、沙湾区、沐川县

大渡河东过江峨村，为峨边县与峨眉山市界河。过毛坪镇右纳杨河，过江岩坝，为峨边县与沙湾区界河；左纳范店沟，转东南过五渡镇、田村、大沙坝，又为沙湾区与沐川县界河。再东入沙湾区境，北折至福禄镇后转西，过葫芦镇，左纳轸溪沟；再北行经沙湾镇，转向东北，出山区而进入丘陵区，河道显著增宽，过喜农镇进入市中区。

市中区

大渡河自东北方向进入水口镇，左纳临江河、峨眉河，又左纳青衣江，东行至肖公嘴与岷江相汇。

临江河。发源于峨眉山前山的大坪、偏桥沟、土地关，有两条主流，一是大沟，二是张沟。主要支流有发源于二峨山的柳溪河、沙溪河。

峨眉河。古称“铁桥河”，又名符汶河，主要发源于峨眉山前缘的弓背山、神挂山、尖峰顶一带，在黄湾镇桅杆坪（麻子坝）合流。另一源头来自石笋峰、九老洞的黑白二水，经清音阁合流，至黄湾镇的两河口汇入峨眉河。途中主要支流河有川主河（袁沟河）、双福河、虹溪河、黑桥河；在流经峨眉山市的黄湾镇、绥山镇、胜利街道、符溪镇后，流入乐山市中区汇入大渡河。

关于“建设红色大渡河文化旅游走廊”的建议

红色大渡河，传颂着红军长征以及修筑成昆铁路、川藏公路、川藏铁路、川藏高速、引大济岷的英雄故事；美丽大渡河，串连起雄伟的峨眉山、贡嘎山、跑马山、夹金山、四姑娘山；文化大渡河，孕育了郭沫若、阿来等文坛巨匠和天宝、杨东生等革命先辈。在这条文化走廊上，屹立着千年古碉，绵延着茶马古道。

大渡河流域是早期人类文明的重要发祥地，因其特殊的地理位置、独特的自然条件、丰富的历史遗存和鲜明的地域文化，长久以来受世人关注，是旅游开发的重点区域。大渡河流域资源储备充足、历史积淀深厚、区域文化独特、红色根基稳固，具备极大的文化旅游系统开发潜力。

1 大渡河流域的基本情况

1.1 自然地理概况

大渡河古称沫水，发源于青海省果洛山南麓，由大金川、小金川在丹巴县章谷镇汇合后始称大渡河，在四川流经阿坝州、甘孜州、雅安市，穿凉山州边境流入乐山市注入岷江末端。干流全长1062千米，四川省境内长876千米，流域面积7.72万平方千米，其中四川省境内6.79万平方千米，占全流域面积的87.95%。干流分上、中、下三段，泸定县以上为上游，在四川省境内流经阿坝州的壤塘县、阿坝县、马尔康市、金川县、小金县及甘孜州的丹巴县、康定市、泸定县，流域还包括红原县、色达县、炉霍县、道孚县部分地区；中游流经雅安市石棉县、汉源县及凉山州甘洛县、乐山市金口河区，流域还包括九龙县、越西县、喜德县、冕宁县部分地区；下游为乐山市峨边县、峨眉山市、沙湾区、沐川县、市中区，流域还包括犍

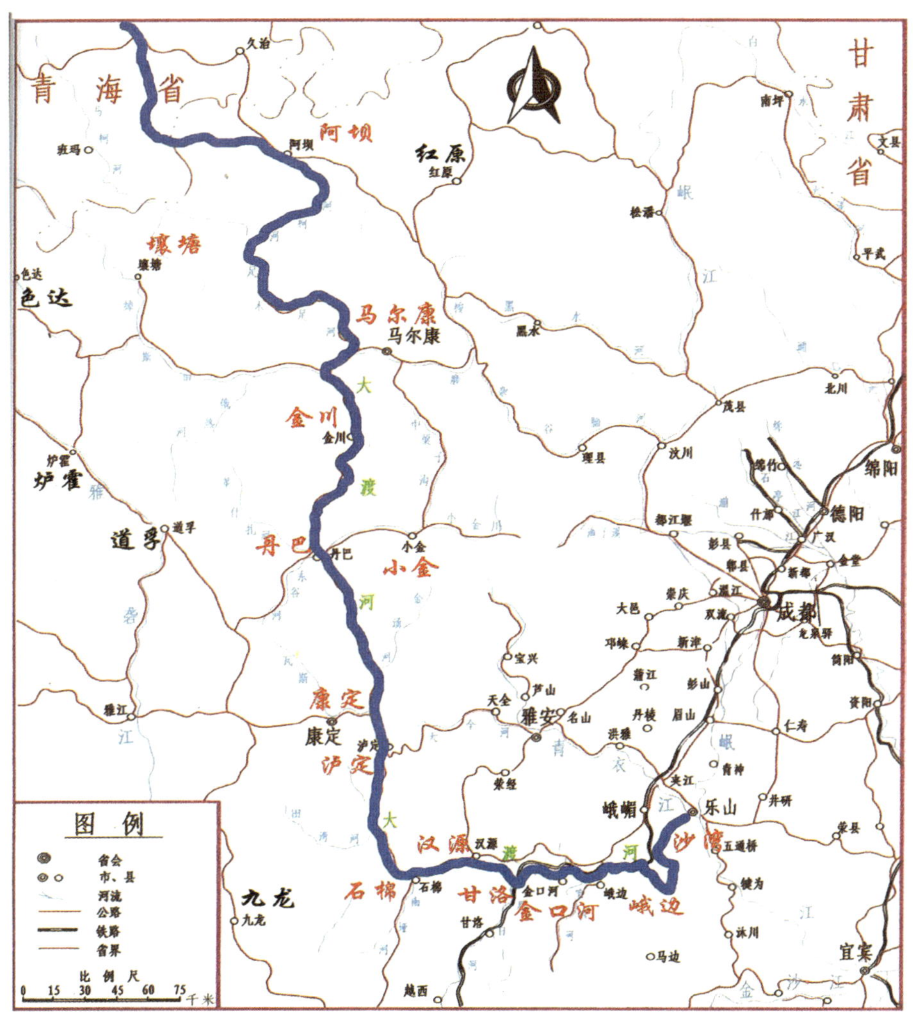

图1　大渡河流域示意图

为县部分地区。漫长的河道，复杂的地形，雄壮的峡谷，悬殊的气候，储藏着丰富而优质的自然景观。

1.2 社会经济概况

大渡河流经阿坝、甘孜、凉山“三州”和雅安、乐山“两市”，沿河及支流形成的河谷地区，从源头而下，依次成为藏族、羌族、彝族、回族等民族和汉族共同繁衍生息的聚居地和迁徙区域，也是汉藏、汉彝、藏羌、藏彝文化衔接融合的重要地带，具有浓郁的民族风情。由于历史上长期封闭，流域的特色文化、人文遗址保存较好，旅游文化资源多样性、独特性特点突出。2020年统计资料显示，大渡河流域四川省境内人口290多万，上游人口稀少，不足60万人；中下游人口稠密，有230多万人。上游各县以农牧业为主，中下游各县工业较为发达，全流域第三产业比重都较高，整体而言，相对流域经济落后。绝大部分县是重点生态功能区，发展文化旅游既是现实所需，更是政策所指。

表1　大渡河流域县（市、区）2020年主要经济指标

县（市、区）	辖区面积（平方千米）	户籍人口（万人）	地区生产总值（亿元）	第一产业增加值（亿元）	第二产业增加值（亿元）	第三产业增加值（亿元）
壤塘县	6640	4.7	13.41	3.81	0.75	8.85
阿坝县	10125	8.1	18.90	6.29	1.12	11.49
马尔康市	6626	5.3	41.42	3.81	2.30	35.31
金川县	5354	6.8	20.67	4.34	1.44	14.89
小金县	5565	7.7	24.37	4.42	4.46	15.49
丹巴县	4656	5.7	21.91	4.20	6.19	11.52
康定市	11486	10.6	109.96	6.67	46.07	57.22
泸定县	2165	8.6	29.27	4.82	8.4	16.04
石棉县	2679	11.4	102.38	16.40	33.41	52.57
汉源县	2215	28.6	110.58	26.82	29.58	54.18
甘洛县	2153	23.5	45.18	9.00	15.33	20.85
金口河区	598	4.8	34.26	4.99	17.44	11.83
峨边县	2382	14.8	57.56	9.03	26.83	21.70
峨眉山市	1181	42.5	35.09	3.42	11.81	19.96
沙湾区	606	17.11	184.84	19.76	115.84	49.24
沐川县	1405	24.8	78.39	20.90	26.88	30.61
市中区	837	64.9	430.92	38.29	126.95	265.68

2 大渡河流域文化旅游走廊建设必要性

2.1 国内外流域文化旅游开发的经验

流域因其地理特征明显，自然资源丰富，人类活动便利，文化底蕴厚重，一般都是现代文化旅游开发的重点区域。这方面，国内外都有比较成熟的开发模式和成功的开发经验，值得借鉴。

2.1.1 国外流域文化旅游开发

亚马孙河位于南美洲，是世界第二长河，凭借其丰富的自然资源优势，孕育了世界上最大的热带雨林。亚马孙河流域的开发主要围绕生态旅游、民俗风情旅游及探险旅游，以生态环境保护为第一原则，通过科学划定自然保护区，重视沿岸的原始森林保护工作，以热带雨林整体优势发展旅游业，维持原始热带雨林的自然景观、动植物旅游资源。利用沿岸的风土人情，使游客参与到当地人民的日常生活中，促进手工艺品的销售。凭借亚马孙河流域所特有的原生态自然景观、雨林气候，开展探险旅游，吸引游客。亚马孙河流域旅游开发不仅增加了森林维护的资金来源，也为当地人带来了手工业发展的机遇，还极大地传播了热带雨林文化。

莱茵河作为欧洲远近闻名的大河，是目前世界内河航运最为发达的国际河流。莱茵河流域是德国最重要的旅游资源之一，旅游业在德国莱茵流域经济中成为仅次于制造业的第二大产业。莱茵河流域的旅游开发重点关注水上活动项目，同时注重自然景观和人文景观、历史与文化相结合。其河畔的建筑、广场、雕塑都具有浓郁的艺术气息，对各地游客有强大的吸引力。通过对莱茵河流域的旅游开发，德国的风土人情转变为区域品牌，德国文化传播到全世界。

2.1.2 国内流域文化旅游开发

长江是中国的第一大河，景观类型众多，旅游资源丰富，开发的时间较早，程度较深。在长江三角洲地区，旅游发展主要以吴越文化为底蕴，充分挖掘上海的都市文化和历史文化，发展以城市观光、名胜古迹、主题公园为一体的自然兼人文特色的旅游产品。在三峡，旅游发展主要以长江自然文化、三峡水利、佛教文化、游船休闲为旅游品牌，将中国历史文化底蕴以旅游发展的方式广泛传播，不仅保护了文化多样性，也提升了人们的精神境界和文化修养。

珠江流域旅游发展的重点是特色文化，主要以区域合作的形式，着力打造“珠江文化旅游线”，通过整合多地文化确立珠江文化体系。以各个地区的特色景点为主要发展对象，依托区间的交通线路组合为特色旅游线路，加强相邻省区的合作关系，例如贵州与云南合作，打造珠江上游少数民族风情游等。以相邻省区之间的合作为起点，逐步深入，打造完整珠江旅游线路。

2.2 流域文化旅游走廊建设的必要性

大渡河流域自然资源、历史遗存和人文资源独特多元，具有充分的文化旅游开发要件，归纳起来主要具有“四条河”的鲜明属性，是建设红色大渡河文化旅游走廊的坚实基础。

2.2.1 资源之河

大渡河谷底较为温暖，农作物可以一年两熟或三熟，可种植小麦、青稞、水稻等，苹果、雪梨、樱桃及桃、柑、李等水果品种繁多。汉源花椒、金川雪梨、泸定樱桃、石棉黄果柑、小金苹果小有名气。上游地区牧草丰茂，畜牧业在当地占相当比重。流域森林面积占全省森林面积的15.3%，是长江上游重要的生态涵养地，历史上在色达、金川、丹巴、小金等地均设有省属森林工业局。流域内有虫草、麝香、贝母、鹿茸等名贵药材，大熊猫、金丝猴、扭角羚等珍稀动物名扬天下。金、银、铅、锌、煤等矿产种类丰富，石棉县因资源而得名，丹巴云母矿曾是中管企业。大渡河是国家十大水电基地之一，全流域水电资源理论蕴藏量在四川境内就有3000多万千瓦，占四川各江河水电资源总量的20.6%。特别是干流双江口至铜街子这593千米长的河段，天然落差达1827米，水能蕴藏量1748万千瓦，占据流域的50%以上。铜街子、深溪沟、瀑布沟、龙头石、大岗山、泸定、黄金坪、长河坝、猴子岩等大型水电站已建成发电，库区还形成了开阔的湖面。大渡河流域孕育了雪山、峡谷、森林、冰川等自然奇观，贡嘎山、二郎山、四姑娘山、墨尔多山享誉中外。丰富的山地景观、河流景观、峡谷景观、冰川景观、水利景观、草原景观等类型多样、各具特色。这为建设红色大渡河文化旅游走廊提供了有力的自然资源依托。

表2　大渡河流域自然保护地名录

名称	类型	属地
贡嘎山国家级自然保护区	自然保护区	康定市、泸定县、九龙县、石棉县
四姑娘山国家级自然保护区	自然保护区	小金县
南莫且国家级自然保护区	自然保护区	壤塘县
马鞍山省级自然保护区	自然保护区	甘洛县
金汤孔玉省级自然保护区	自然保护区	康定市
莫斯卡省级自然保护区	自然保护区	丹巴县
黑竹沟省级自然保护区	自然保护区	峨边县
墨尔多山省级自然保护区	自然保护区	丹巴县
栗子坪省级自然保护区	自然保护区	石棉县
党岭自然保护区	自然保护区	丹巴县
竹厂沟自然保护区	自然保护区	金川县
湾坝自然保护区	自然保护区	九龙县
岷江柏自然保护区	自然保护区	马尔康市
黑竹沟国家森林公园	森林公园	峨边县
海螺沟国家森林公园	森林公园	泸定县
二郎山国家森林公园	森林公园	泸定县
夹金山国家森林公园	森林公园	小金县
四川大瓦山国家湿地公园	湿地公园	金口河区
汉源湖省级湿地公园	湿地公园	汉源县
四川大渡河峡谷国家地质公园	国家地质公园	金口河区
海螺沟国家地质公园	国家地质公园	泸定县
四姑娘山国家地质公园	国家地质公园	小金县

2.2.2 历史之河

大渡河及其众多支流形成的若干天然河谷通道，是经久不息的“民族走廊”。茶马古道、嘉绒古碉等各类遗迹众多，还有西夏国灭亡后皇族迁徙大渡河的传说。这为建设红色大渡河文化旅游走廊提供了丰富的历史资源。

表3　大渡河流域历史遗址名录

名称	备注	属地
乐山大佛	全国重点文物保护单位	市中区
田坝土司遗址	省级文物保护单位	甘洛县
狮子山遗址	旧石器时代遗址	汉源县
九襄石牌坊	省级文物保护单位	汉源县
安顺场红军强渡大渡河遗址	省级文物保护单位	石棉县
三星遗址	宋代遗址	石棉县
泸定桥	全国重点文物保护单位	泸定县
磨西天主教堂	省级文物保护单位	泸定县
岚安苏维埃政府旧址	省级文物保护单位	泸定县
化林坪总兵府旧址	省级文物保护单位	泸定县
丹巴古碉群	全国重点文物保护单位	丹巴县
罕额依新石器时代文化遗址和汉代石棺葬墓群	全国重点文物保护单位	丹巴县
沃日土司官寨经楼与碉	全国重点文物保护单位	小金县
两河口会议会址	全国重点文物保护单位	小金县
达维会师遗址	全国重点文物保护单位	小金县
御制平定金川之碑	清代遗迹	金川县
哈休遗址	全国重点文物保护单位	马尔康市
松岗碉群	全国重点文物保护单位	马尔康市
大藏寺	全国重点文物保护单位	马尔康市

续表

名称	备注	属地
卓克基土司官寨	全国重点文物保护单位	马尔康市
棒托寺	全国重点文物保护单位	壤塘县
日斯满巴碉房	全国重点文物保护单位	壤塘县
措尔机寺	全国重点文物保护单位	壤塘县
茶马古道遗址	全国重点文物保护单位	康定市、泸定县、汉源县

2.2.3 文化之河

大渡河流域勤劳智慧的藏族、彝族、羌族、汉族等民族的人民创造并积淀了独具特色的民族文化。河流孕育了郭沫若、阿来等文坛巨匠和天宝、杨东生等革命先辈。大渡河流域各民族创造了各具特色的灿烂文化，上游藏族聚居区是我国藏传佛教圣地之一，格鲁派、宁玛派、觉囊派及本教都具有深厚底蕴；中游有源远流长的彝族毕摩文化；下游还有以乐山大佛为代表的汉传佛教文化。这为红色大渡河文化旅游走廊建设构筑起厚实的文化底蕴。

表4　大渡河相关著名文化作品名录

作品	作者
《七律·长征》（诗词）	毛泽东
《大渡河》（电影）	中国长春电影制片厂
《长征》（电视剧）	中国中央电视台
《歌唱二郎山》（歌曲）	洛水、时乐濛
《康定情歌》（歌曲）	民歌
《康定情歌》（电视剧）	北京金英马公司等
《尘埃落定》（小说）	阿来
《飞夺泸定桥》（实景剧）	汪甲

2.2.4 红色之河

毛泽东同志《七律·长征》中有5句描写红军长征途中最具历史性和标

志性的地方，其中4处在四川境内或交界处。“大渡桥横铁索寒”更响彻中华大地。1935年5月，中国工农红军在大渡河上飞夺泸定桥，这是长征途中的一次著名战役，见证了中国工农红军的英勇传奇。在这片土地上，有安顺场、泸定桥、磨西会议遗址、两河口会议会址、卓克基会议旧址和达维会师桥等红色遗迹，设立有四川长征干部学院甘孜泸定桥分院和雪山草地分院，丰富的红色资源逐渐在流域开花结果。这为红色大渡河文化旅游走廊建设注入强大的精神力量。

表5　大渡河流域红色遗迹名录

名称	属地
安顺场	石棉县
磨西会议遗址	泸定县
泸定桥	泸定县
岚安革命老区	泸定县
红五军团政治部遗址	丹巴县
两河口会议会址	小金县
达维会师遗址	小金县
卓克基会议旧址	马尔康市

3 大渡河流域文化旅游走廊建设的可行性研究

3.1 政策环境良好

从国家战略看，党的十八大以来，国家高度重视旅游业发展，把发展旅游业提高到经济转型升级、生态文明建设、展示国家综合实力、促进乡村振兴的战略高度，着力推动全域旅游、生态旅游。党的二十大报告对“推进文化强国，铸就社会主义文化新辉煌”作出专章部署，强调“坚持以文塑旅、以旅彰文，推进文化和旅游深度融合发展”。2014年3月，文化部和财政部联合印发《藏羌彝文化产业走廊总体规划》，提出在藏羌彝核心区打造文化产业走廊。2016年12月，国务院印发《“十三五”旅游业发展规划》，提出旅游道路建设与风景打造融为一体的战略，明确实施“滇川国家级风景道”等25条国家旅游风景道示范工程，大渡河中下游就是重要节点和起始段。这些战略规划的实施为大渡河流域文化旅游走廊建设提供了重要的战略机遇。

从地方规划看，“三州”“两市”都是著名的旅游目的地。2019年，四川省委、省政府出台《关于大力发展文旅经济 加快建设文化强省旅游强省的意见》部署“一核五带”总体布局，提出大力建设高原生态文化、藏羌民族文化、长征文化等融合发展的川西北文旅经济带。2021年10月，四川省人民政府批复《四川省“十四五”文化和旅游发展规划》，关于大渡河流域的表述包括“发展藏羌文化体验”“高水平发展大香格里拉、大贡嘎、大竹海、大蜀道文化旅游精品”“特色旅游城市康定、马尔康”“藏羌碉楼与村寨文化保护”“推进长征国家文化公园四川段建设”“整体性保护……嘉绒文化……等特色文化形态”。2022年11月，四川省文化和旅游发展大会召开，吹响“加快文化强省旅游强省建设，打造世界重要旅游目的地”冲锋号。这为大渡河文化旅游走廊建设提供了重要政策支撑。同时，大渡河流域是革命老区、民族地区、贫困地区及国家重点生态功能区，国家和四川省出台了一系列支持生态保护、乡村振兴、经济发展的政策“组合拳”，有利于推动大渡河流域文化旅游开发提档升级、互联互通。

3.2 发展态势可喜

近年来，大渡河流域的旅游业呈现蓬勃发展态势，广受国内外游客的青睐。数据显示，阿坝州旅游业2018年受九寨沟地震影响而增长不足，但也接待游客2369.47万人次、旅游收入166.71亿元；甘孜州2018年接待游客2230万人次、旅游收入222.5亿元，同比增长33.7%、34.0%；凉山州2018年接待游客4595.99万人次，旅游收入436.67亿元，同比增长4%、20.93%；雅安市2018年接待游客3740.58万人次，旅游收入320.42亿元，同比增长17.2%和25.6%；乐山市2018年接待游客近5700万人次，旅游收入近900亿元，同比增长11%、16%。大渡河流域“三州”“两市”的旅游业已经具有相当的市场认可度和社会知名度，为走廊建设建立了有效的市场渠道，为走廊品牌打造提供了宣传良机。

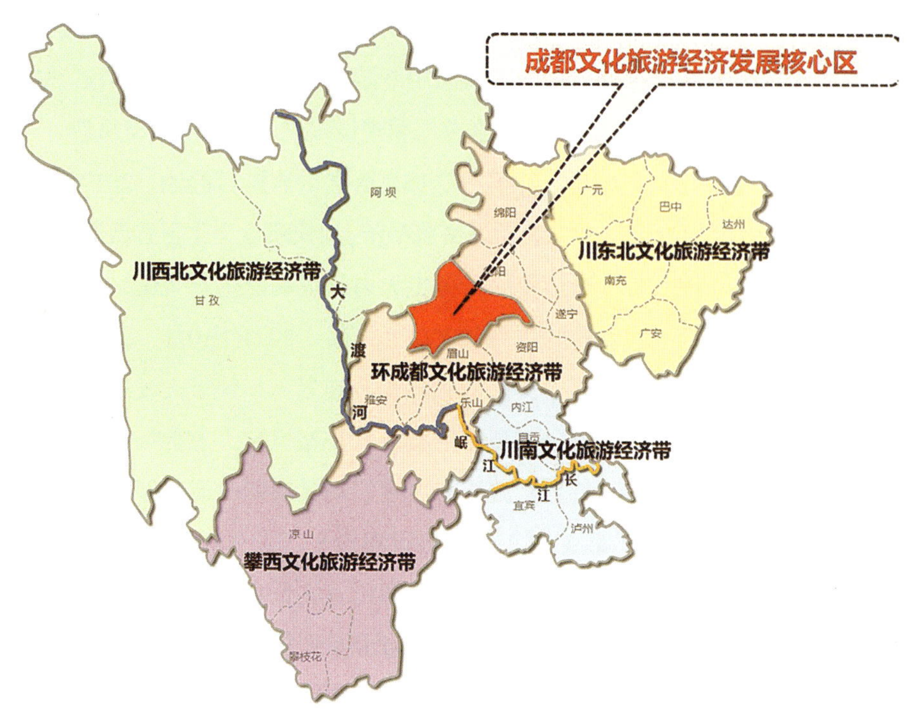

图2 大渡河流域与“一核五带”总体布局的关系

随着我国社会主要矛盾改变，文化旅游发展也随之发生转变，逐步呈现出新的特点。一是从观光游向休闲游、体验游转变，人们到一个地方观山赏水品文化，参与康养、度假、游学、养老等，不仅可以放松身心愉悦心灵，还能获得知识、体验文化。二是从景区游向全域游、生活游转变，大美河山、地域文化、民风民俗、一城一村一景都是旅游资源，旅游全域化、无景点化趋势明显。三是从团队游向自助游、深度游转变，自驾出行、网络服务、私人定制等更为普遍。四是从大众游向分众游、品质游转变，旅游成为生活的常态和“刚需”，需求更加多元化、个性化。

当前，流域乡村顺势而上，旅游发展已初显规模，相继涌现出“世外梨园”沙耳乡、“最美乡村”甲居村、“花海果乡”申沟村、“云端遗民”胜利村等先行先试典范。

表6 大渡河流域美丽乡村名录

名称	备注	属地
双山村	省级乡村旅游示范村	沙湾区
底底古村	全国乡村旅游重点村	峨边县
胜利村	全国少数民族特色村寨	金口河区
三强村	中国美丽休闲乡村	汉源县
申沟村	中国美丽乡村	汉源县
安靖村	省级乡村旅游示范村	石棉县
猛种堡子	中国传统村落	石棉县
杵坭村	中国美丽休闲乡村	泸定县
若吉村	天府旅游名村	康定市
色龙村	天府旅游名村	康定市
甲居村	全国乡村旅游重点村	丹巴县
莫斯卡村	中国传统村落名录	丹巴县
长坪村	全国乡村旅游重点村	小金县
两河村	省级历史文化名村	小金县
德胜村	四川幸福美丽乡村	金川县
代基村	四川最美古村落	马尔康市
神座村	省级乡村旅游示范村	阿坝县
加斯满村	中国传统村落	壤塘县

大渡河流域丰富多元的自然文化旅游资源，能够适应新时代旅游发展的新特点、满足现代人的旅游口味、串联重要旅游节点，建设大渡河流域文化旅游走廊，也能给各个节点的旅游带来明显的乘数效应。

3.3 交通骨架形成

大渡河流域目前康定机场已建成使用，乐山机场在建。都江堰至四姑娘山山地轨道正在建设，途经泸定、康定的川藏铁路也已开建。乐山至汉源高速公路即将建成，石棉至泸定高速公路已经开工，康定至马尔康高速公路列入规划。从成都经成雅高速、雅西高速直达石棉、汉源，经成雅高速、雅康高速直达泸定、康定，经都汶高速、汶马高速直达马尔康；从红原机场、甘孜格萨尔机场到大渡河上游阿坝县、马尔康市、色达县也只需一个多小时。四通八达的交通骨架为流域文化旅游走廊建设提供了先决条件。

3.4 开发成效明显

大渡河流域旅游资源富集，海拔适中，进出便利，在省内外都有较强的比较优势。乐山市率先启动“大渡河风景道（乐山段）”建设，着力打造全国独一无二的“低空+陆地+水上+水下”立体旅游带状景区，跨金口河区、峨边县、沙湾区、市中区，串联起乐山大佛、郭沫若故居、黑竹沟、金口大峡谷等旅游资源。溯河而上，县县都有景点，处处都是景色，乐山大佛、大渡河大峡谷、王岗坪、贡嘎山、二郎山、牛背山、跑马山、四姑娘山等风景区星罗棋布，汉源梨花节、康定情歌节、丹巴嘉绒风情节、马尔康嘉绒锅庄节等日渐成为受游人瞩目的节庆。

表7　大渡河流域景区名录

名称	备注	属地
乐山大佛景区	国家AAAAA级旅游景区	市中区
黑竹沟景区	国家AAAA级旅游景区	峨边县
大渡河金口大峡谷景区	国家AAAA级旅游景区	金口河区
汉源湖	热门景区	汉源县
九襄梨花园	热门景区	汉源县
孟获古城	热门景区	石棉县
王岗坪景区	国家AAAA级旅游景区	石棉县
安顺场景区	国家AAAA级旅游景区	石棉县
海螺沟景区	国家AAAAA级旅游景区	泸定县
泸定桥景区	国家AAAA级旅游景区	泸定县

续表

名称	备注	属地
二郎山	热门景区	泸定县
牛背山	热门景区	泸定县
跑马山景区	国家级风景名胜区片区	康定市
木格措景区	国家AAAA级旅游景区	康定市
梭坡古碉群	热门景区	丹巴县
丹巴藏寨群	国家AAAA级旅游景区	丹巴县
党岭景区	热门景区	丹巴县
莫斯卡景区	热门景区	丹巴县
四姑娘山风景名胜区	国家级风景名胜区	小金县
两河口会议纪念地旅游景区	国家AAAA级旅游景区	小金县
夹金山	省级风景名胜区	小金县
观音桥景区	国家AAAA级旅游景区	金川县
世外梨园景区	国家AAAA级旅游景区	金川县
卓克基土司官寨文化旅游景区	国家AAAA级旅游景区	马尔康市
松岗柯盘天街文化旅游景区	国家AAAA级旅游景区	马尔康市
棒托寺	热门景区	壤塘县
阿坝神座世外桃源景区	国家AAAA级旅游景区	阿坝县
莲宝叶则景区	热门景区	阿坝县

4 文化旅游走廊建设的对策措施

大渡河流域文化旅游极具开发价值，且大有可为。但是目前大渡河流域的文化旅游开发统一规划不够，发展定位不精，文化挖掘还不到位，整体水平不高，发展不平衡，存在自然旅游打造好于文化旅游打造，中下游旅游景区开发好于上游旅游景区开发等现象。这既是流域文化旅游走廊建设面临的重大挑战，更是今后加快发展的潜力所在，为此提出以下建议。

4.1 准确编制文化旅游走廊建设规划

按照摸清家底、统筹规划、区域协调的思路，统一推进大渡河流域文化旅游走廊规划编制和实施。一是对全流域的自然资源、历史资源和文化资源开展全面普查，全方位、分类型、分区域摸清全流域的资源家底，建成流域资源数据库。二是调研流域文化旅游开发现状，弄清进展动态。三是依据四川省文化旅游开发“一核五带”总体布局，突出“红色大渡河文化旅游走廊”建设的区域引领作用。

4.2 精心设计流域文化旅游精品线路

按照“4环+4专”思路，精心设计大渡河的旅游线路，全力打造大渡河文化旅游走廊。

设计“大中小微”4条流域旅游环线。大环线为成都—乐山—沙湾—峨边—金口河—甘洛—汉源—石棉—泸定—康定—丹巴—金川—马尔康—成都；中环线为成都—乐山—沙湾—峨边—金口河—甘洛—汉源—石棉—泸定—康定—丹巴—小金—成都；小环线为成都—乐山—沙湾—峨边—金口河—甘洛—汉源—石棉—泸定—康定—成都；微环线为成都—乐山—沙湾—峨边—金口河—甘洛—汉源—石棉—成都。

设计“红色、风情、名山、特色”4条流域旅游专线。红色专线为成都—石棉—泸定—丹巴—小金—成都；风情专线为成都—小金—丹巴—金川—马尔康—成都；名山专线为成都—二郎山—跑马山—贡嘎山—成都；特色专线为成都—甘孜机场—色达—壤塘—阿坝—红原机场—成都。

4.3 着力开展交旅融合发展示范

大渡河是四川文化旅游全线可进入性和吸引力最强的流域，交通等基础设施较为完善，有条件开展“交旅融合发展示范”。要重点加快泸定至石棉、久治至马尔康高速公路建设，力争康定至马尔康高速公路尽早开工，打通高速公路“最后一千米”，实现大渡河流域全线开通高速公路。坚持推进交通干线、旅游道路、景区景点等周边环境净化美化，加强观景平台、旅游厕所等建设，努力打造智慧信息平台。

4.4 全面创新流域文化旅游工作机制

立足构建独具魅力的文化影响力、特色鲜明的旅游吸引力、优质高效的产品供给力和领先水平的产业竞争力，积极创新流域文化旅游走廊建设推进机制。创新流域文化旅游业态开发机制，开发河谷度假、避暑疗养、看水赏花、登山漂流、科普探险等旅游新产品，让游客慢下来、留下来、住下来。创新流域旅游市场运作机制，推进统一市场营销，培育引进专业营运主体，打造全方位立体化营销矩阵。

参考文献

[1] 郑柳青.大渡河流域旅游扶贫开发的可行性研究[J].乐山师范学院学报，2015，30(12)：42-47.

[2] 郑柳青.大渡河流域文化旅游开发战略构想[J].乐山师范学院学报，2016，31(8)：51-55.

[3] 四川省国民经济和社会发展第十三个五年规划纲要[EB/OL].[2016-02-15].http://www.sc.gov.cn/10462/10464/10797/2016/2/15/10368205.shtml

[4] 李忠东，周江陵，邹蓉.大河奇峡[M].北京：中国旅游出版社，2019：4-19.

《四川省“十四五”文化和旅游发展规划》对大渡河流域的具体部署

规划项目		具体部署
发展布局	文化旅游走廊	长征红色旅游走廊 藏羌彝文化产业走廊 茶马古道历史文化走廊
	文化旅游精品	雪山草地生态观光休闲 藏羌文化体验 大贡嘎乡村旅游集聚区 乡村民宿集群
	特色旅游城市	康定、马尔康
文化产业	保护展示利用	藏羌碉楼与村寨文物保护
	革命文物保护	长征国家文化公园四川段建设
	非遗区域性整体保护	嘉绒文化
文化产品	国家5A级旅游景区培育创建	泸定桥景区、四姑娘山景区
	国家级旅游度假区培育创建	大渡河岷江流域 雪山冰川温泉旅游度假带 甘孜州贡嘎山旅游度假区
	天府旅游名县	甘孜州康定市，乐山市峨眉山市、市中区
	旅游演艺	康定市作响“情歌城”品牌，打造民族地区演艺集群
	国家全域旅游示范区创建	甘孜州、石棉县
公共服务设施	交通网络	川藏公路、川藏铁路
	路景融合示范点	乐山大渡河风景道 都江堰至四姑娘山山地轨道
	重大文化和旅游项目	大渡河岷江流域国家旅游风景道 长征国家文化公园 泸定桥景区核心展示区 阿坝县安多文化旅游就业创业园

大渡河流域基本信息图

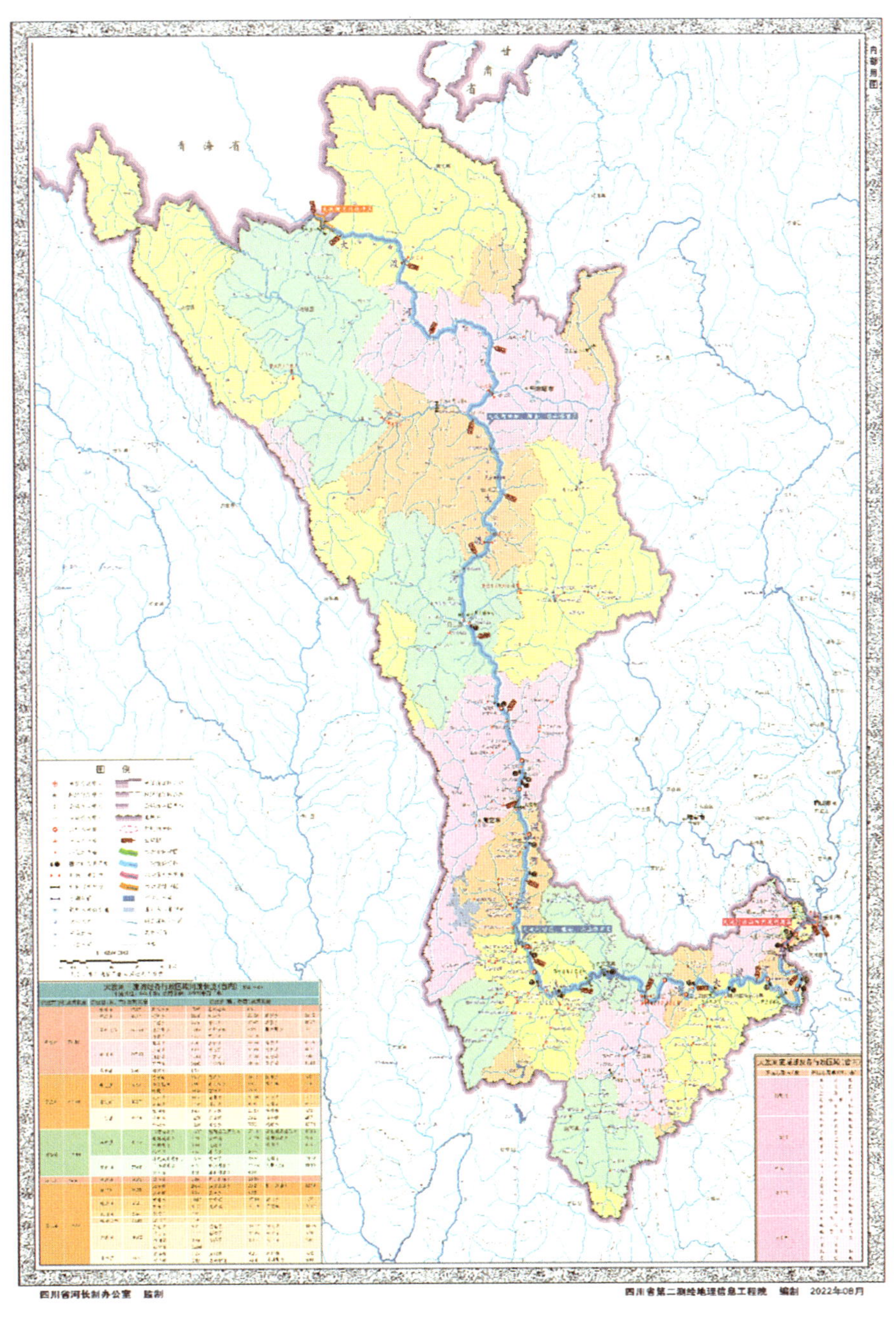

四川省河长制办公室　监制　　　　四川省第二测绘地理信息工程院　编制　2022年08月

大渡河流域主要河流干流流经各行政区域河流长度（四川省内）（单位：千米）

流经市（州）及其长度		流经县（区、市）及其长度		流经乡（镇、街道）及其长度					
阿坝州	338.16	壤塘县	17.97	茸木达乡	17.07	南木达镇	0.9		
		阿坝县	82.73	柯河乡	39.48	垮沙乡	20.39	茸安乡	24.15
		马尔康市	167.90	日部乡	36.46	康山乡	15.82	草登乡	18.27
				龙尔甲乡	16.12	沙尔宗镇	4.86	脚木足乡	37.11
				白湾乡	23.71	党坝乡	22.08		
		金川县	107.62	集沐乡	25.13	庆宁乡	15.9	咯尔乡	15.26
				沙耳乡	3.29	勒乌镇	11.2	马奈乡	10.31
				河西乡	14.14	河东乡	11.98	独松乡	9.18
				安宁镇	10.02	马尔邦乡	15.65	曾达乡	11.49
		小金县	6.56	潘安乡	6.56				
甘孜州	242.84	丹巴县	76.96	巴底镇	23.63	巴旺乡	18.17	聂呷乡	5.25
				革什扎镇	0.91	东女谷乡	4.4	章谷镇	4.56
				梭坡乡	10.82	格宗乡	26.34		
		康定市	83.97	孔玉乡	40.35	鱼通乡	10.4	三合乡	5.51
				麦崩乡	12.81	时济乡	17.91	姑咱镇	13.57
		泸定县	83.24	烹坝镇	9.43	泸桥镇	21.59	冷碛镇	6.75
				杵坭乡	12.76	兴隆镇	5.86	德威乡	15.74
				加郡乡	12.9	田坝乡	7.7	得妥镇	26.71

续表

流经市（州）及其长度		流经县（区、市）及其长度		流经乡（镇、街道）及其长度					
雅安市	149.14	石棉县	83.42	田湾彝族乡	16.23	挖角彝族藏族乡	22.11	新民藏族彝族乡	15.83
				先锋藏族乡	2.29	新棉镇	21.79	安顺彝族乡	9.66
				棉城街道	5.9	迎政乡	5.55	永和乡	11.01
				宰羊乡	8.57	丰乐乡	8.25		
		汉源县	77.08	小堡藏族彝族乡	16.95	富林镇	16.54	大树镇	24.32
				片马彝族乡	5.77	顺河彝族乡	21.83	乌斯河镇	18.86
				皇木镇	2.11	永利彝族乡	6.38		
凉山州	36.66	甘洛县	36.66	黑马乡	6.8	乌史大桥乡	29.86		
乐山市	172.25	金口河区	39.78	永和镇	20.81	共安彝族乡	5.82	和平彝族乡	13.99
				金河镇	9.98	吉星乡	8.98		
		峨边县	68.21	宜坪乡	10.13	沙坪镇	15.8	新场乡	4.59
				共和乡	6.17	毛坪镇	11.1	五渡镇	25.02
		沐川县	7.84	茨竹乡	7.84				
		峨眉山市	15.15	龙门乡	15.15				
		沙湾区	80.62	范店乡	6.24	龚嘴镇	16.02	铜茨乡	18.26
				牛石镇	7.72	福禄镇	11.25	葫芦镇	3.98
				谭坝乡	9.8	沙湾镇	8.17	太平镇	7.01
				嘉农镇	12.04				
		市中区	18.21	安谷镇	1.03	罗汉镇	6.31	水口镇	6.92
				车子镇	0.89	大佛街道	4.84	肖坝街道	0.14

第一章

惊天动地的红军长征

长征精神

伟大长征精神，就是把全国人民和中华民族的根本利益看得高于一切，坚定革命的理想和信念，坚信正义事业必然胜利的精神；就是为了救国救民，不怕任何艰难险阻，不惜付出一切牺牲的精神；就是坚持独立自主、实事求是，一切从实际出发的精神；就是顾全大局、严守纪律、紧密团结的精神；就是紧紧依靠人民群众，同人民群众生死相依、患难与共、艰苦奋斗的精神。

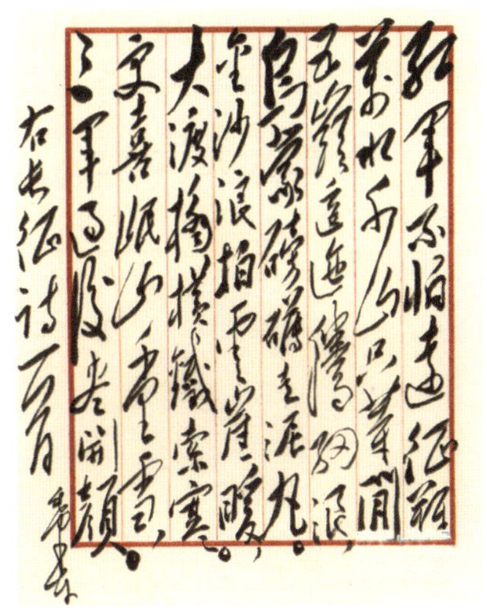

七律·长征

◎ 毛泽东

1935年10月

红军不怕远征难，万水千山只等闲。
五岭逶迤腾细浪，乌蒙磅礴走泥丸。
金沙水拍云崖暖，大渡桥横铁索寒。
更喜岷山千里雪，三军过后尽开颜。

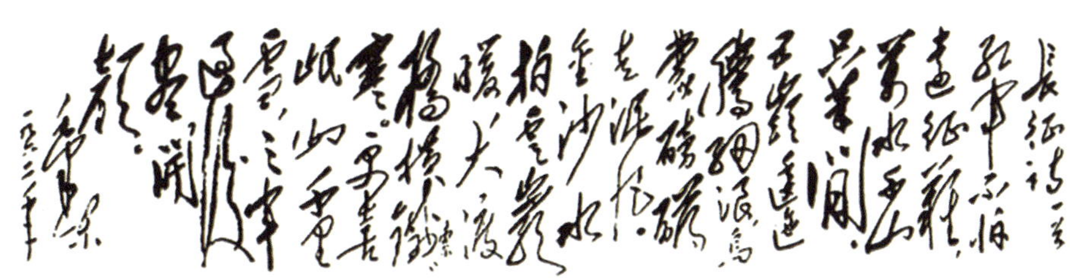

毛泽东谈长征

张素华（中央文献研究室）

2016年10月27日　　来源：人民网-理论频道

长征的原因

1965年3月24日，毛泽东对巴勒斯坦解放组织代表团说：“我们进行了二万五千里长征。外国人认为二万五千里长征很光荣，我们也说光荣，没有被消灭掉。可是，那是犯了错误的结果，三十万军队剩下了二万五千人。这就有收获了，头脑清醒了，高兴了。想一想，为什么会如此？就是因为犯了错误。这时候，腿说话了，因为腿发痛，路走多了。这就是我们犯的错误。于是我们清算了错误。”

1965年8月5日，毛泽东会见印度尼西亚共产党中央主席艾地时，又说：“后来进行了二万五千里长征。现在全世界都说二万五千里长征伟大，你们相信吗？我是相信，又不相信。那是因为犯错误，不得不跑，跑的结果，三十万人只剩二万五千人。这时我们就得到教训。长征走了一年，剩下的人不多了，但这些人是很宝贵的。”

毛泽东的这两段话是事隔近30年之后讲的，多少带点调侃的味道，但他说的是实情。1987年5月12日，邓小平也说：“我们为什么要长征？长征是被迫进行的。”长征是党犯错误的结果，是党和红军被迫退出根据地转移，一路上寻求建立根据地不果，而北上陕甘找到落脚点的结果。

恰恰是这两年的磨难和考验，使红军表现出无与伦比的英雄气概，谱写了中国革命史的光辉篇章；使党和红军认清了形势，总结了经验，开创了中国革命的新局面。

长征时的心情和感受

1958年12月21日，毛泽东对自己的诗词作注说：“一九三四年形势危急，准备长征，心情又是郁闷的。”“万里长征，千回百折，顺利少于困难不知有多少倍，心情是沉郁的。过了岷山，豁然开朗，转化到了反面，柳暗花明又一村了。”

1960年10月22日，斯诺问毛泽东：在你一生中，当你观察中国革命的命运时，哪个时期使你感到是最黑暗的时期？毛泽东说：“我们是有过那样的时候的，比如，打败仗的时候，当然不高兴。我们打过败仗的。在长征中，我们的人员减少了，当然也不高兴了。但是总的来说，我们觉得是有希望的，不管怎样困难。那时的困难主要不在外部，而是在内部。张国焘闹分裂，那是最大的困难。”

这三段话表露了毛泽东同样的心境，那就是在长征期间他的心情是十分沉重的。

在没有根据地做支撑，一路奔袭，常常与数倍于己的敌人作战，大家的心情肯定是沉郁的！但是也带来另外一种感受：

1957年1月27日，毛泽东在省市自治区党委书记会议上又谈到长征说：“柯庆施同志讲，要想尽一切办法。这个话很好，就是要想尽一切办法解决困难。……我们现在遇到的困难不算很大，有什么了不起呀！比起万里长征，爬雪山过草地，总要好一点吧。长征途中，在过了大渡河以后，究竟怎么走呢？北面统是高山，人口又很少，我们那个时候提出要千方百计克服困难。什么叫千方百计呢？千方者，就是九百九十九方加一方；百计者，就是九十九计加一计。……只要想尽一切办法，困难是可以解决的。”

长征的意义

关于长征的意义，毛泽东说：“长征是历史纪录上的第一次，长征是宣言书，长征是宣传队，长征是播种机。自从盘古开天地，三皇五帝到于今，历史上曾经有过我们这样的长征吗？十二个月光阴中间，天上每日几十架飞机侦察轰炸，地下几十万大军围追堵截，路上遇着了说不尽的艰难险阻，我们却开动了每人的两只脚，长驱二万余里，纵横十一个省。请问历史上曾有过我们这样的长征吗？没有，从来没有的。长征又是宣言书。它向全世界宣告，红军是英雄好汉，帝国主义者和他们的走狗蒋介石等辈则是完全无用的。长征宣告了帝国主义和蒋介石围追堵截的破产。长征又是宣传队。它向十一个省内大约两万万人民宣布，只有红军的道路，才是解放他们的道路。不因此一举，那么广大的民众怎会如此迅速地知道世界上还有红军这样一篇大道理呢？长征又是播种机。它散布了许多种子在十一个省内，发芽、长叶、开花、结果，将来是会有收获的。总而言之，长征是以我们胜利、敌人失败的结果而告结束。谁使长征胜利的呢？是共产党。没有共产党，这样的长征是不可能设想的。中国共产党，它的领导机关，它的干部，它的党员，是不怕任何艰难困苦的。谁怀疑我们领导革命战争的能力，谁就会陷进机会主义的泥坑里去。”这是一段非常经典的论断。它形象直白、朗朗上口，已被很多读过它的人牢牢记住，长征也因此在人们心里更加鲜活。

这个论断是毛泽东1935年12月27日在陕北瓦窑堡党的活动分子会议上提出来的。事隔9年之后，1944年5月21日毛泽东在中共六届七中全会上说：“当一九三五年冬季中央苏区红军长征到陕北时，只剩下七千人，成了‘皮包骨’。我们当时说长征是胜利了，长征是播种机和宣传队，留下的这点力量，不要看轻了它，它的发展前途是很大的。当时有些同志发生悲观情绪，其实是很不符合实际的。”

这里提供的信息是，当红军到达陕北时，并不是人人看好革命的前景，也不是对长征有着很高的评价，在党和红军里是有一些悲观情绪的。李一氓回忆说，陕北人民看见来了一支队伍，感到很迷惑，说他是中央红军呢，一个个破衣烂衫，瘦骨嶙峋。有的光着脚，有的穿着草鞋，穿得衣服颜色不一，很单薄、很烂，连老百姓穿的都不如，实在像一群叫花子。这就是红军到达陕北的狼狈形象。8万红军从一个南方的鱼米之乡被追赶到人烟稀少、土地荒芜的陕北，而且只剩下7000多人，个个“皮包骨”，破衣烂衫的，因而有些人发生悲观情绪，也是可以理解的。难得的是以毛泽东为首的党中央，善于抓住事物的本质，并从战略上看问题。毛泽东提出红军在陕北找到落脚点就是胜利，接着讲了长征是宣言书、长征是宣传队、长征是播种机等一大篇道理。他还郑重宣告，中国共产党有领导战争的能力，红军的人数虽然少了，但剩下的都是经过千锤百炼的骨干，因而变得更强了。

事实证明，毛泽东的判断是正确的，红军的队伍虽然缩小了，但它经历了艰苦磨炼，它的骨干还在。同时，恰恰是在长征中，中国共产党正确解决了关乎党和红军前途命运的三个全局性问题，其一是引领红军向哪里去的战略方向问题，其二是使党和红军摆脱被动局面的军事指挥问题，其三是结束“左”倾教条主义错误在中央的统治问题，实现了以毛泽东为主要代表的中国共产党人坚持把马列主义基本原理同中国革命具体实践相结合，从而从组织上、思想上确保了红军长征的胜利，也为党和红军胜利开辟未来奠定了基础。这之后党顺应历史的发展，抓住每一个机遇，阔步向前，取得了一个又一个的胜利，直到夺取整个民主革命的胜利。

长征的意义，毛泽东是如何评价的

◎ 姜廷玉（中国人民革命军事博物馆研究员）

2016年10月08日　　来源：央广军事

1935年7月，共产国际召开第七次代表大会，制定了建立反法西斯统一战线的战略方针。8月1日，中共驻共产国际代表团草拟了《中国苏维埃政府、中国共产党中央为抗日救国告全体同胞书》（即“八一宣言”）。

中共中央结束长征到达陕北后，1935年12月17日至25日在陕西安宁（今子长）瓦窑堡召开中央政治局扩大会议。会议讨论了全国的政治形势和党的策略路线、军事战略问题，通过了张闻天起草的《中央关于目前政治形势与党的任务决议》。会议明确提出党的基本策略任务是建立广泛的抗日民族统一战线。

12月27日，毛泽东根据会议精神，在党的活动分子会议上作题为《论反对日本帝国主义的策略》的报告。

毛泽东在报告中，对红军长征的意义做了高度评价。他满怀激情地说：

“长征是历史纪录上的第一次，长征是宣言书，长征是宣传队，长征是播种机。自从盘古开天地，三皇五帝到于今，历史上曾经有过我们这样的长征吗？十二个月光阴中间，天上每日几十架飞机侦察轰炸，地下几十万大军围追堵截，路上遇着了说不尽的艰难险阻，我们却开动了每人的两只脚，长驱二万余里，纵横十一个省。请问历史上曾有过我们这样的长征吗？没有，从来没有的。长征又是宣言书。它向全世界宣告，红军是英雄好汉，帝国主义者和他们的走狗蒋介石等辈则是完全无用的。长征宣告了帝国主义和蒋介石围追堵截的破产。长征又是宣传队。它向十一个省内大约两万万人民宣布，只有红军的道路，才是解放他们的道路。不因此一举，那么广大的民众怎么会如此迅速地知道世界上还有红军这样一篇大道理呢？长征又是播种机。它散布了许多种子在十一个省内，发芽、长叶、开花，结果，将来是会有收获。总而言之，长征是以我们胜利、敌人失败的结果而告结束。”

习近平总书记在纪念红军长征胜利80周年大会上的讲话

（摘录）

红军长征的那个年代，中国处在半殖民地半封建社会的黑暗境地，社会危机四伏，日寇野蛮侵略，国民党反动派置民族危亡于不顾，向革命根据地连续发动大规模“围剿”，中国共产党和红军到了危急关头，中国革命到了危急关头，中华民族到了危急关头。

面对生死存亡的严峻考验，从1934年10月至1936年10月，红军第一、第二、第四方面军和第二十五军进行了伟大的长征。我们党领导红军，以非凡的智慧和大无畏的英雄气概，战胜千难万险，付出巨大牺牲，胜利完成震撼世界、彪炳史册的长征，宣告了国民党反动派消灭中国共产党和红军的图谋彻底失败，宣告了中国共产党和红军肩负着民族希望胜利实现了北上抗日的战略转移，实现了中国共产党和中国革命事业从挫折走向胜利的伟大转折，开启了中国共产党为实现民族独立、人民解放而斗争的新的伟大进军。

这一惊天动地的革命壮举，是中国共产党和红军谱写的壮丽史诗，是中华民族伟大复兴历史进程中的巍峨丰碑。

……

长征途中，英雄的红军，血战湘江，四渡赤水，巧渡金沙江，强渡大渡河，飞夺泸定桥，鏖战独树镇，勇克包座，转战乌蒙山，击退上百万穷凶极恶的追兵阻敌，征服空气稀薄的冰山雪岭，穿越渺无人烟的沼泽草地，纵横十余省，长驱二万五千里。主力红军长征后，留在根据地的红军队伍和游击队，在极端困难的条件下，紧紧依靠人民群众，坚持游击战争。西北地区红军创建陕甘革命根据地，同先期到达陕北的红二十五军一起打破了敌人的重兵“围剿”，为党中央把中国革命的大本营安置在西北创造了条件。东北抗日联军、坚持在国民党统治区工作的党组织以及党领导的各方面力量都进行了艰苦卓绝的斗争，都为长征胜利作出了不可磨灭的贡献。

……

“艰难困苦，玉汝于成。”长征历时之长、规模之大、行程之远、环境之险恶、战斗之惨烈，在中国历史上是绝无仅有的，在世界战争史乃至人类文明史上也是极为罕见的。

在漫漫征途中，红军将士同敌人进行了600余次战役战斗，跨越近百条江河，攀越40余座高山险峰，其中海拔4000米以上的雪山就有20余座，穿越了被称为“死亡陷阱”的茫茫草地，用顽强意志征服了人类生存极限。红军将士上演了世界军事史上威武雄壮的战争活剧，创造了气吞山河的人间奇迹。

80年来，世界范围内关于红军长征的报道和研究层出不穷，慕名前来寻访长征路的人络绎不绝。国际社会越来越多的人认为，红军长征是20世纪最能影响世界前途的重要事件之一，是充满理想和献身精神、用意志和勇气谱写的人类史诗。长征迸发出的激荡人心的强大力量，跨越时空，跨越民族，是人类为追求真理和光明而不懈努力的伟大史诗。

……

长征这一人类历史上的伟大壮举，留给我们最可宝贵的精神财富，就是中国共产党人和红军将士用生命和热血铸就的伟大长征精神。

伟大长征精神，就是把全国人民和中华民族的根本利益看得高于一切，坚定革命的理想和信念，坚信正义事业必然胜利的精神；就是为了救国救民，不怕任何艰难险阻，不惜付出一切牺牲的精神；就是坚持独立自主、实事求是，一切从实际出发的精神；就是顾全大局、严守纪律、紧密团结的精神；就是紧紧依靠人民群众，同人民群众生死相依、患难与共、艰苦奋斗的精神。

伟大长征精神，是中国共产党人及其领导的人民军队革命风范的生动反映，是中华民族自强不息的民族品格的集中展示，是以爱国主义为核心的民族精神的最高体现。

人无精神则不立，国无精神则不强。精神是一个民族赖以长久生存的灵魂，唯有精神上达到一定的高度，这个民族才能在历史的洪流中屹立不倒、奋勇向前。伟大长征精神，作为中国共产党人红色基因和精神族谱的重要组成部分，已经深深融入中华民族的血脉和灵魂，成为社会主义核心价值观的丰富滋养，成为鼓舞和激励中国人民不断攻坚克难、从胜利走向胜利的强大精神动力。

……

历史是人民创造的，英雄的人民创造英雄的历史。今天中国的进步和发展，就是从长征中走出来的。

早在新中国成立前夕，毛泽东同志就告诫我们："夺取全国胜利，这只是万里长征走完了第一步。"新中国成立后，经过艰苦摸索和曲折实践，我们开启了改革开放新时代，迈上了建设中国特色社会主义新长征之路。

改革开放30多年来，在中国共产党领导下，全国各族人民团结一心、艰苦奋斗，我国改革开放和社会主义现代化事业加速发展，人民生活得到根本改善，我国社会主义制度极大巩固和发展，我们迎来了中华民族实现伟大复兴的光明前景。

坚持和发展中国特色社会主义是一项长期的艰巨的历史任务。邓小平同志说："我们搞社会主义才几十年，还处在初级阶段。巩固和发展社会主义制度，还需要一个很长的历史阶段，需要我们几代人、十几代人，甚至几十代人坚持不懈地努力奋斗，决不能掉以轻心。"

历史是不断向前的，要达到理想的彼岸，就要沿着我们确定的道路不断前进。每一代人有每一代人的长征路，每一代人都要走好自己的长征路。今天，我们这一代人的长征，就是要实现"两个一百年"奋斗目标、实现中华民族伟大复兴的中国梦。

今天的长征同当年的红军长征相比，同改革开放以来我们已经走过的新长征之路相比，虽然在环境、条件、任务、力量等方面有一些差异甚至有很大不同，但都是具有开创性、艰巨性、复杂性的事业。

实现伟大的理想，没有平坦的大道可走。夺取坚持和发展中国特色社会主义伟大事业新进展，夺取推进党的建设新的伟大工程新成效，夺取具有许多新的历史特点的伟大斗争新胜利，我们还有许多“雪山”“草地”需要跨越，还有许多“娄山关”“腊子口”需要征服，一切贪图安逸、不愿继续艰苦奋斗的想法都是要不得的，一切骄傲自满、不愿继续开拓前进的想法都是要不得的。

长征永远在路上。一个不记得来路的民族，是没有出路的民族。不论我们的事业发展到哪一步，不论我们取得了多大成就，我们都要大力弘扬伟大长征精神，在新的长征路上继续奋勇前进。

长征组歌——红军不怕远征难

作词：萧华　　作曲：晨耕、生茂、唐诃、遇秋

告　别

红旗飘，军号响。子弟兵，别故乡。
王明路线滔天罪，五次“围剿”敌猖狂。
红军主力上征途，战略转移去远方。
男女老少来相送，热泪沾衣叙情长。
紧紧握住红军的手，亲人何时返故乡？
乌云遮天难持久，红日永远放光芒。
革命一定要胜利，敌人终将被埋葬。

突破封锁线

路迢迢，秋风凉。敌重重，军情忙。
红军夜渡于都河，跨过五岭抢湘江。
三十昼夜飞行军，突破四道封锁墙。
不怕流血不怕苦，前仆后继杀虎狼。
全军想念毛主席，迷雾途中盼太阳。

遵义会议放光辉

苗岭秀，旭日升。百鸟啼，报新春。
遵义会议放光辉，全党全军齐欢庆。
万众欢呼毛主席，马列路线指航程。
雄师刀坝告大捷，工农踊跃当红军。
英明领袖来掌舵，革命磅礴向前进。

四渡赤水出奇兵

横断山，路难行。天如火来水似银。
亲人送水来解渴，军民鱼水一家人。
横断山，路难行。敌重（zhòng）兵，压黔境。
战士双脚走天下，四渡赤水出奇兵。
乌江天险重飞渡，兵临贵阳逼昆明。
敌人弃甲丢烟枪，我军乘胜赶路程。
调虎离山袭金沙，毛主席用兵真如神。

飞越大渡河

水湍急，山峭耸，雄关险，豺狼凶。
健儿巧渡金沙江，兄弟民族夹道迎。
安顺场边孤舟勇，踩波踏浪歼敌兵。
昼夜兼程二百四，猛打穷追夺泸定。
铁索桥上显威风，勇士万代留英名。

过雪山草地

雪皑皑，野茫茫，高原寒，炊断粮。
红军都是钢铁汉，千锤百炼不怕难。
雪山低头迎远客，草毯泥毡扎营盘。
风雨衣浸骨更硬，野菜充饥志越坚。
官兵一致同甘苦，革命理想高于天。

到吴起镇

锣鼓响，秧歌起。黄河唱，长城喜。
腊子口上降神兵，百丈悬崖当（dàng）云梯。
六盘山上红旗展，势如破竹扫敌骑（jì）。
陕甘军民传喜讯，征师胜利到吴起。
南北兄弟手携手，扩大前进根据地。

祝　捷

大雪飞，洗征尘。敌进犯，送礼品。
长途跋涉足未稳，敌人围攻形势紧。
毛主席战场来指挥，全军振奋杀敌人。
直罗满山炮声急，万余敌兵一网擒。
活捉了敌酋牛师长，军民凯歌高入云。
胜利完成奠基礼，军民凯歌高入云。

报　喜

手足情，同志心。飞捷报，传佳音。
英勇的二、四方面军，转战数省久闻名。
历尽千辛万般苦，胜利会聚甘孜城。
全军怒斥张国焘，高歌北上并肩行。
边区军民喜若狂，红旗招展迎亲人。

大会师

红旗飘，军号响。战马吼，歌声亮。
铁流两万五千里，红军威名天下扬。
各路劲旅大会师，日寇胆破蒋魂丧。
军也乐来民也乐，万水千山齐歌唱。
歌唱领袖毛主席，歌唱伟大的共产党。

《长征组歌》的词作者萧华参加长征时才十八岁，过草地时任红一方面军第二师政委；1964年9月任总政治部主任。1964年4月，萧华同志患肝炎到杭州疗养。他忆起那些在艰苦卓绝的长征路上倒下去的战友，经常夜不能寐，往往夜里从床上爬起来奋笔疾书，写诗作词，激情和泪水湿透了纸背。

为了创作《长征组歌》，萧华同志在杭州西湖畔的一座小楼里，反复学习毛主席关于长征的论述，研读了古今中外的诗词歌赋，不知熬了多少个不眠之夜，体重减轻了好多斤。几个月后终于写出了《长征组歌》初稿，又反复征求意见，于1964年11月中旬基本定稿。

1965年1至4月，战友文工团的晨耕、生茂、唐诃、遇秋四位作曲家合作完成了《长征组歌——红军不怕远征难》的谱曲。战友文工团经过两个多月的排练，于1965年“八一”建军节正式在北京上演，连演了三十多场，在社会上引起了强烈反响。1967年，“一月风暴”骤起，萧华同志被“打倒”，《长征组歌》也被诬蔑。

1967年3月3日晚上，周总理出席人民大会堂的一个六千人的大会，他慷慨而激动地说：“萧华同志从红小鬼到总政治部主任，跟着毛主席几十年，他怎会反对毛主席、反对毛泽东思想呢？‘毛主席用兵真如神’这一句是传神之笔嘛！《长征组歌》我都会唱，我们为什么不唱呢？……”他用《长征组歌》保护了萧华同志。

长征经过的主要高山、河流

李　涛　（军事科学院军事历史和百科研究部副研究员）

2016年10月07日光明日报

红军长征跨越大半个中国，翻越了数十座雪山峻岭、涉过了数十条大江大河。

中央红军（红一方面军）翻越的高山主要有：大庾岭、骑田岭、萌诸岭、都庞岭、越城岭、夹金山、梦笔山、长板山、仓德山、打古山等，涉过的河流主要有：雩都河、湘江、乌江、赤水、金沙江、大渡河、白龙江、腊子河、渭河等。

红2、红6军团（红二方面军）翻越的高山主要有：乌蒙山、玉龙雪山、雅哈雪山、大雪山、小雪山、茨布腊山、扎拉牙卡山、藏巴拉雪山、东隆山、米拉山、六盘山等，涉过的河流主要有：澧水、沅水、资水、巫水、清水江、鸭池河、普渡河、金沙江、渭河等。

红四方面军翻越的高山主要有：伏泉山、千佛山、巴罗山、皇宫山、大坪山、虹桥山、鹧鸪山、梦笔山、长板山、仓德山、打古山、夹金山、格达梁子、党岭山、折多山、罗锅梁子、剪子湾山、卡子拉山等，涉过的河流主要有：嘉陵江、涪江、岷江、大金川、青衣江等。

红25军翻越的高山主要有：桐柏山、伏牛山、秦岭等，涉过的河流主要有：渭河、泾河、汭河、葫芦河等。

红军长征过四川示意图

海
青
甘
肃
甘
肃
阿西茸
求吉
包座
贾诺
阿坝
安坝
查理寺
沙窝
毛儿盖
松潘
西倾寺
壤塘
镇江关
大寨子
镇坪
平武
青川
广元
昭化
元坝
卓木碉
松岗
康猫
芦花
江油
剑阁
北川
安县
苍溪
卓克基
茂县
梓潼
塔子山
甘孜
东谷
炉霍
绥靖
两河口
理番
威州
绵竹
绵阳
汶川
白玉
道孚
崇化
达维
灌县
瞻化
丹巴
懋功
成都
硗碛
泰宁
宝兴
芦山
名山
巴安
理化
雅江
康定
天全
泸定
甲洼
四
川
乐山
重庆
大树堡
安顺
稻城
定乡
泸州
拖乌
得荣
越西
宜宾
冕宁
赤水
土城
叙永
娄山关
古蔺
昭觉
西昌
扎西
中甸
茅台
遵义
普格
德昌
宁南
巧家
石鼓
会理
树桔渡
拱门渡
会泽
姜驿
皎平渡
图例
中央红军长征路线
红四方面军长征北上路线
红四方面军南下路线
红四方面军二次北上路线
红二方面军长征路线
泸定
汉源
中甸
西昌
扎西
遵义
会泽
贵阳
宾川
盘县
昆明

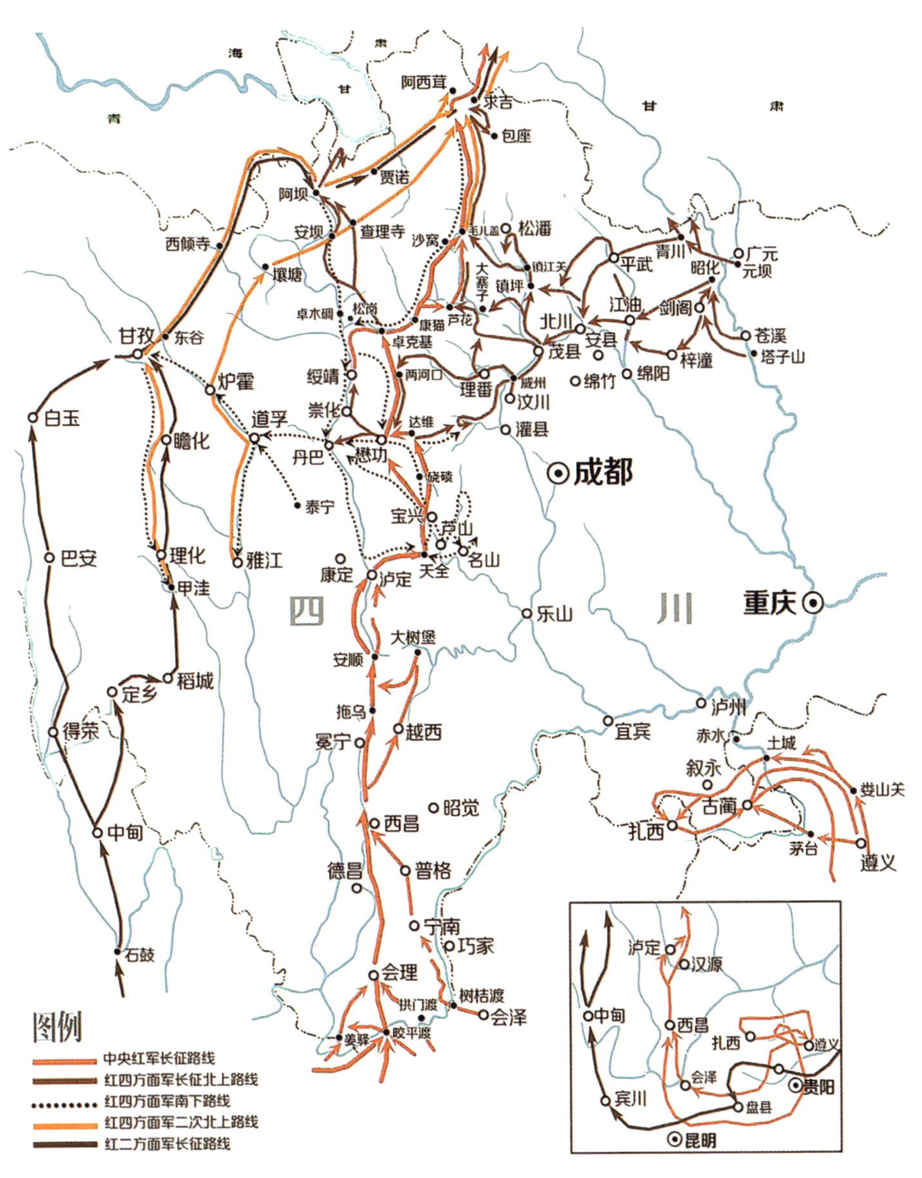

红军征战大渡河

红军长征在四川的历史是整个红军长征史中浓墨重彩的篇章。

在红军长征途经的十五个省（区、市）中，四川具有鲜明的特点：其一，四川是红军长征三大主力经过地域最广、行程最远、时间最长的省；其二，四川是革命战略重心由南向北转移最关键的地区；其三，四川是党中央在长征途中召开会议最多的省；其四，四川是长征中发生重要战役战斗最多的省；其五，四川是红军长征途中经历自然条件最为恶

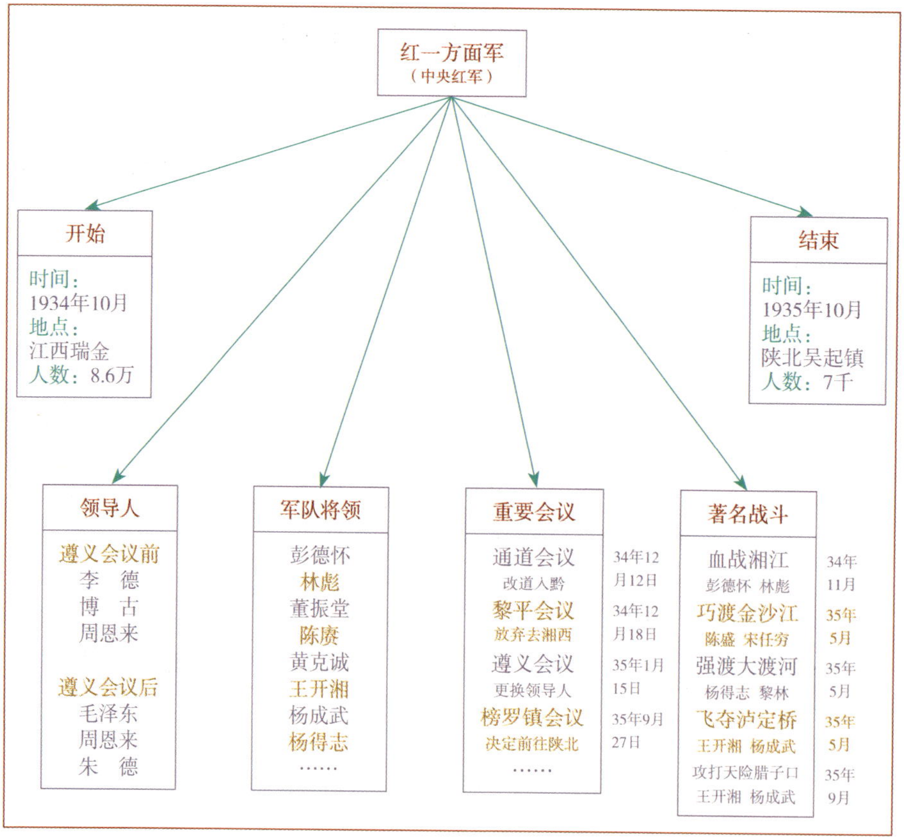

红一方面军
（中央红军）

开始
时间：
1934年10月
地点：
江西瑞金
人数：8.6万

结束
时间：
1935年10月
地点：
陕北吴起镇
人数：7千

领导人
遵义会议前
李　德
博　古
周恩来
遵义会议后
毛泽东
周恩来
朱　德

军队将领
彭德怀
林彪
董振堂
陈赓
黄克诚
王开湘
杨成武
杨得志
……

重要会议
通道会议　34年12月12日
改道入黔
黎平会议　34年12月18日
放弃去湘西
遵义会议　35年1月15日
更换领导人
榜罗镇会议　35年9月27日
决定前往陕北
……

著名战斗
血战湘江　34年11月
彭德怀 林彪
巧渡金沙江　35年5月
陈赓 宋任穷
强渡大渡河　35年5月
杨得志 黎林
飞夺泸定桥　35年5月
王开湘 杨成武
攻打天险腊子口　35年9月
王开湘 杨成武

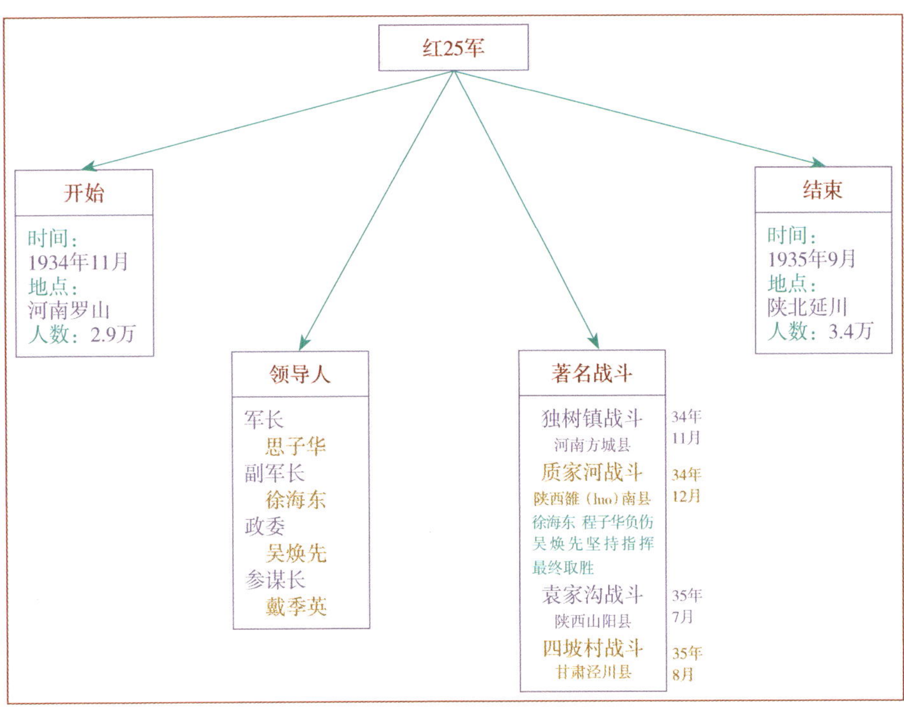

红25军
开始
时间：
1934年11月
地点：
河南罗山
人数：2.9万
领导人
军长
思子华
副军长
徐海东
政委
吴焕先
参谋长
戴季英
著名战斗
独树镇战斗
河南方城县
34年11月
质家河战斗
陕西雒（luo）南县
34年12月
徐海东 程子华负伤
吴焕先坚持指挥
最终取胜
袁家沟战斗
陕西山阳县
35年7月
四坡村战斗
甘肃泾川县
35年8月
结束
时间：
1935年9月
地点：
陕北延川
人数：3.4万

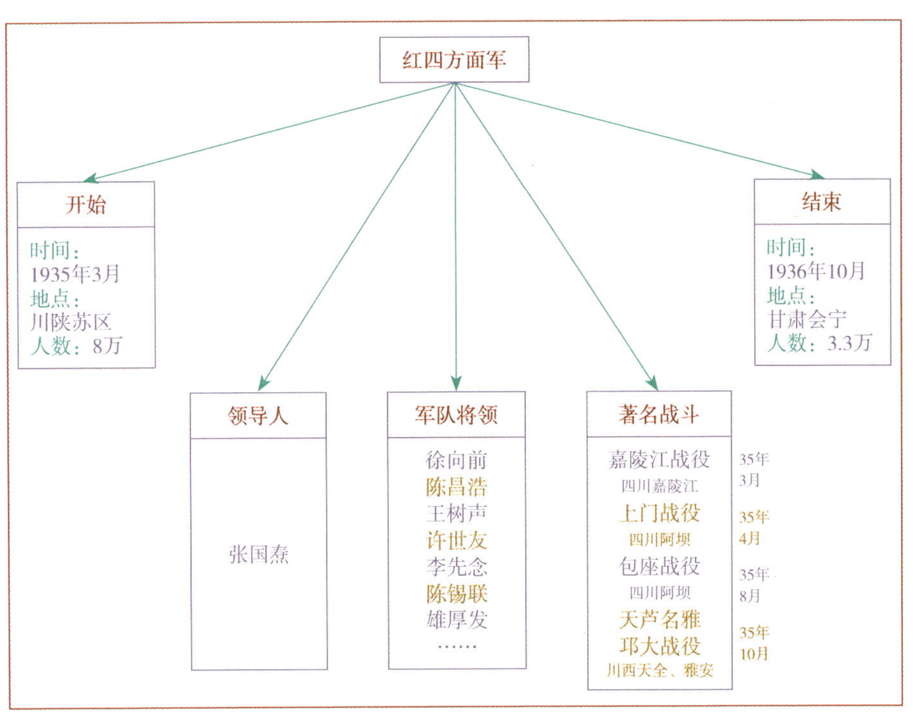

红四方面军
开始
时间：
1935年3月
地点：
川陕苏区
人数：8万
领导人
张国焘
军队将领
徐向前
陈昌浩
王树声
许世友
李先念
陈锡联
雄厚发
……
著名战斗
嘉陵江战役
四川嘉陵江
35年3月
上门战役
四川阿坝
35年4月
包座战役
四川阿坝
35年8月
天芦名雅
邛大战役
川西天全、雅安
35年10月
结束
时间：
1936年10月
地点：
甘肃会宁
人数：3.3万

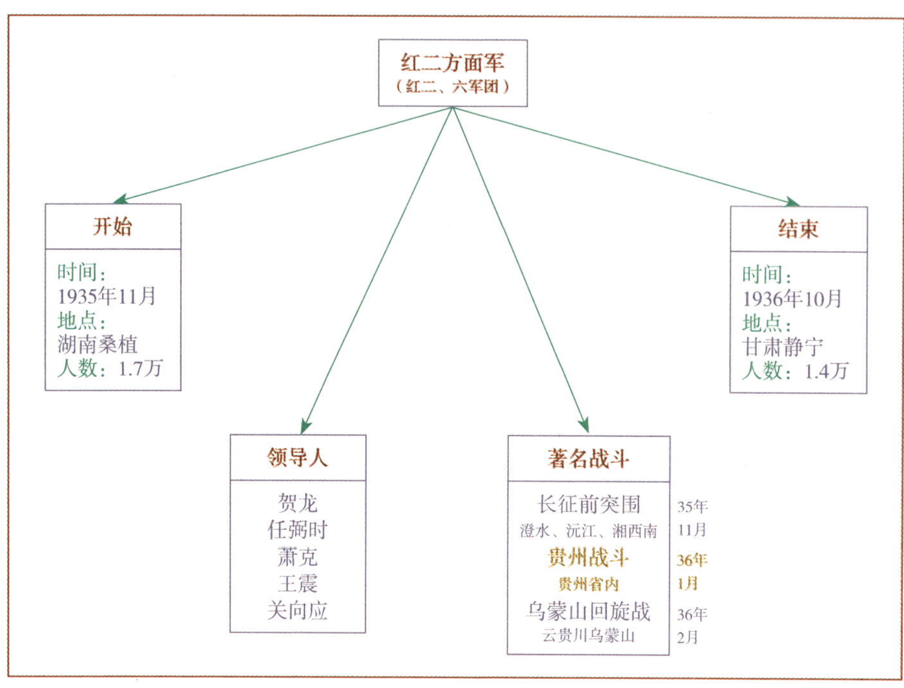
红二方面军
（红二、六军团）
开始
时间：
1935年11月
地点：
湖南桑植
人数：1.7万
领导人
贺龙
任弼时
萧克
王震
关向应
著名战斗
长征前突围
澄水、沅江、湘西南
35年
11月
贵州战斗
贵州省内
36年
1月
乌蒙山回旋战
云贵川乌蒙山
36年
2月
结束
时间：
1936年10月
地点：
甘肃静宁
人数：1.4万

长征中
几次重要会师
第一次会师
1935年6月
四川懋（mao）功
红一方面军
红四方面军
第二次会师
1935年9月
陕北延川
红二十五军（长征结束）
陕甘红军
第三次会师
1935年10月
陕北吴起镇
红一方面军（长征结束）
陕北红军
第四次会师
1936年6月
陕北吴起镇
红二、六军协团
红四方面军
第五次会师
1936年10月
甘肃静宁
红四方面军（长征结束）
红一方面军
第六次会师
1936年10月
甘肃会宁
红二方面军（长征结束）
红一方面军

红军长征过四川示意图

青海
甘肃
甘肃
阿西茸
求吉
包座
贾诺
阿坝
安坝
查理寺
西倾寺
壤塘
沙窝
毛儿盖
松潘
镇江关
大寨子
镇坪
平武
青川
广元
元坝
昭化
剑阁
江油
苍溪
塔子山
梓潼
绵阳
北川
安县
茂县
绵竹
威州
汶川
理番
两河口
卓克基
康猫
芦花
松岗
卓木碉
绥靖
崇化
达维
懋功
丹巴
灌县
甘孜
东谷
炉霍
道孚
泰宁
白玉
瞻化
巴安
理化
雅江
甲洼
稻城
定乡
得荣
中甸
石鼓
碛硗
宝兴
芦山
名山
天全
康定
泸定
成都
乐山
重庆
四川
大树堡
安顺
拖乌
越西
冕宁
泸州
宜宾
赤水
土城
叙永
娄山关
古蔺
扎西
茅台
遵义
西昌
昭觉
德昌
普格
宁南
巧家
会理
树桔渡
拱门渡
会泽
姜驿
皎平渡
泸定
汉源
中甸
西昌
扎西
遵义
会泽
贵阳
宾川
盘县
昆明
图例
中央红军长征路线
红四方面军长征北上路线
红四方面军南下路线
红四方面军二次北上路线
红二方面军长征路线

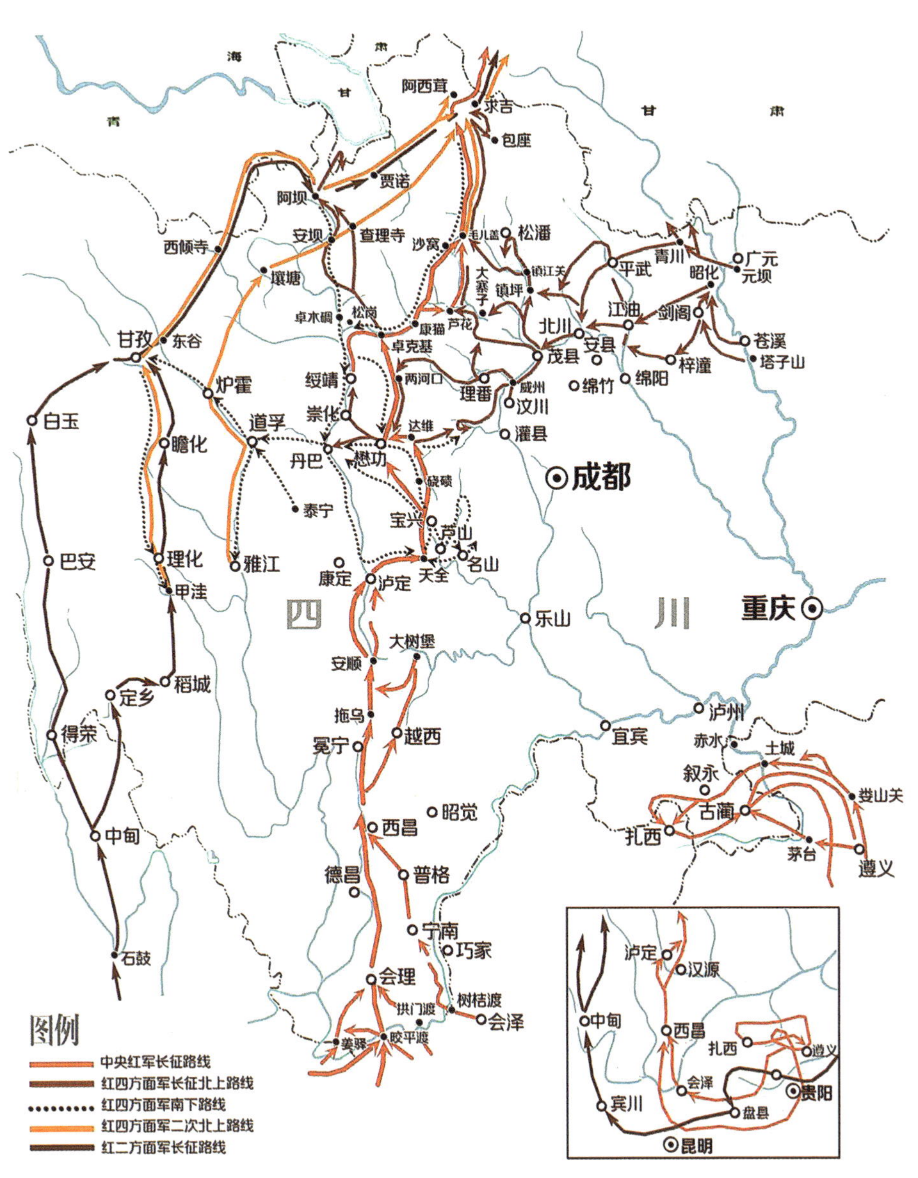

劣的地区；其六，四川是红军长征途中开展民族工作最频繁、成效最显著的地区；其七，四川是为长征提供人力物力支持最多的地方；其八，四川是党中央和广大红军指战员同张国焘分裂活动斗争最尖锐、最激烈的地方。

习近平总书记在纪念红军长征胜利80周年大会上的讲话中指出："长征途中，英雄的红军，血战湘江，四渡赤水，巧渡金沙江，强渡大渡河，飞夺泸定桥，鏖战独树镇，勇克包座，转战乌蒙山，击退上百万穷凶极恶的追兵阻敌，征服空气稀薄的冰山雪岭，穿越渺无人烟的沼泽草地，纵横十余省，长驱二万五千里。"在习近平总书记提到的长征八个著名战斗战役中，有五个发生在四川，红军翻过的雪山和爬过的草地也主要集中在四川。

红军长征在四川经历长达一年又八个月。从1935年5月进入越西，到1936年2月离开丹巴进军道孚（1936年7月，红军二、四方面军北上，在色达、壤塘、阿坝活动近一个月），红军在大渡河流域征战近10个月。

经过《红军长征在四川》编委会王承先、刘晓晨、周锐京先生和《这里是红军走过的地方》作者降边嘉措先生同意，介绍红军在大渡河流域的英雄事迹，主要使用这两部著作的材料，还重点参考了《毛泽东年谱》《周恩来年谱》《朱德年谱》。

1935年5月冕宁

1935年5月19日，中革军委为了迅速北进，达到渡过大渡河、向红四方面军靠拢、在川西北建立苏区的目的，在决定绕西昌而过的同时，命令"第一军团主力应向泸沽方向前进五六十里，其先头团应由二师派出，并带工兵及电台，限二十号赶到泸沽，军委立派刘参谋长赶往为先遣司令，罗瑞卿为政委，指挥该团进行战略侦察，并为渡河先遣队"。次日，军委又指示，"我野战军拟迅速北进取得大渡河点，以便早日渡江消灭敌人，创立川西北苏区之任务"。

19日拂晓，刘伯承和聂荣臻从礼州出发，当晚到达冕宁县境的松林。冕宁地下党派出八个人到松林向红军汇报了冕宁的情况。地下党员陈梁等公开在黄土坡欢迎红军。次日拂晓，红军先遣部队到达冕宁泸沽镇，红军第一团在杨得志、黎林率领下，先期到达待命，并派出侦察组到前面侦察。

1950年拍摄的小叶丹妻子手持沽鸡支队队旗的照片（资料照片）。在中国人民革命军事博物馆，珍藏着一面彝民红军沽鸡（果基）支队的队旗。它见证了一段彝海结盟的珍贵历史，记录了红军和彝族人民的深厚情谊。这是中国共产党和红军民族政策的伟大胜利。新华社发

20日下午，朱德电示先遣队："据报泸沽、越西均无敌，冕宁有少数敌人。""一军团之第一团随刘、聂（罗病聂代）明日向登相营、越西前进，无敌情要走百二十里左右。第五团由左（权）、刘（亚楼）指挥，为第二先遣团，亦带电台暂随第一团后跟进。"

由泸沽到大渡河有两条路：一条经登相营、越西到大树堡，由此渡河，对岸就是富林，这是通往雅安的大道；另一条经冕宁、大桥镇、拖乌到安顺场，是崎岖难行的山路，尤其是要通过一向被汉人视为畏途的彝族聚居区。

21日凌晨1时左右，红军先头部队进入冕宁县城，在大街上露宿。刘伯承、聂荣臻等红军领导人入城后，设司令部于天主教堂。聂荣臻政委亲自召见神职人员，说明共产党和红军保护宗教的政策，并用法语与五个法国修女交谈，劝她们不要惊慌。当红军先遣团终于与军委电台联系上以后，刘伯承以他和聂荣臻的名义立即将《侦察报告》上报军委。中革军委接电后，完全同意刘、聂的建议。红军主力改经冕宁、安顺场北进。

21日18时，朱德电令各军团就红一方面军北上作了具体部署。电令

中说："我先遣第一团今由泸沽经冕宁开大桥两站路，尚有四站路即到江边之纳耳坝；我第五团今到登相营侦察越西、小相岭、登相营一带，仅敌一营。依第一、五军团、军委纵队、三军团次序经冕宁、大桥、拖乌、筲箕湾、岔罗向纳耳坝、安顺场渡口北进，而以我第五团续经越西北进，吸引、迷惑并钳制大道上正面之敌，遇小敌则消灭之。以九军团担任迟阻追敌，其前进路按昨日规定。"并对各兵团从21日晚至22日晚的行动作了部署："刘、聂率我先遣第一团续向拖乌、筲箕湾前进，日行一百二十里，准备至迟二十四号午前赶到渡口；左、刘（亚楼）率我第五团，如查明越西无敌或少敌，应迅速占越西并侦察前至大树堡、富林及由越西及海棠之道，中间向西去的道路里程；如小相岭或越西有敌扼守，则五团应伪装主力先头在登相营或小相岭扼止该敌。第一军团主力今晚21时起开往冕宁，以便随一团前进并策应其战斗。"

21日晚，红军先遣队连夜向拖乌、筲箕湾方向前进。

22日晚，中共中央政治局常委毛泽东在总司令部召集会议，参加会议的有陈野苹、廖志高，红军干部王首道、李井泉、黄应龙等人。毛泽东在会上讲了大渡河两岸形势及游击战争等问题。

23日，冕宁县革命委员会成立大会在冕宁县城文庙（今冕宁中学）大成殿前举行，主席陈野苹，副主席李井泉，委员向德伦、李发明，肖佩雄等。大会由陈野苹主持，中革军委主席朱德在会上讲了工农武装起来闹革命求解放等问题，李井泉也在会上讲了话，有近千彝汉群众参加。

5月22日，举行"彝海结盟"仪式。结盟仪式在海子边举行。这是一个海拔2000多米，以生长细鲤鱼闻名而被称为"鱼海子"（彝语叫"乌勒苏泊"）的高山淡水湖，许多人又把它叫作"彝海"，面积二十万平方米。湖水清澈如镜，古木横卧湖面，山林倒映水中。刘伯承骑着马在萧华等人陪同下来到海子边，小叶丹带着当家娃子沙马尔各等人也来了。双方寒暄问好之后，刘伯承以诚恳的态度重申红军的来意，表示红军打败国民党反动派后，一定帮助彝族人民解除外来的欺压，建设自己美好的生活。

由于结盟是临时安排的，仪式很简单却又很庄重。按照彝族的习惯，由毕摩沙马尔各念了咒语，用刀将一只大公鸡顺着脖子向下剖开，让鸡血滴进刘伯承从腰带上解下来、装上了湖水的一个旧茶缸子里，然后由结盟人喝“血酒”发誓。刘伯承与小叶丹虔诚地并排跪下，面对蔚蓝的天空和清澈的湖水，刘伯承司令先端起“血酒”，大声发出誓言：“上有天，下有地，我刘伯承与小叶丹今天在海子边结义为兄弟，如有反复，天诛地灭。”说罢，喝了茶缸里的“血酒”。小叶丹端起“血酒”激动地说：“我小叶丹今日与刘司令结为兄弟，如有三心二意，同此鸡一样死。”说罢，将剩下的“血酒”一饮而尽。刘伯承当众将自己身上带的小左轮手枪和其他战士的几支步枪送给小叶丹。小叶丹将自己的骡子送给刘伯承。这时，夕阳快落山了，红军先遣部队决定返回三十里，到大桥镇宿营。刘伯承邀请小叶丹叔侄一同到大桥镇。红军把大桥镇的酒全部买来，宴请小叶丹，同时还请了大桥镇的知名人士陈志喜等人。席间，小叶丹对刘伯承说：“明天我要果基家的娃子到山边接应你们过境。罗洪家支抢了你们的东西，还抓了你们的人。如果明天罗洪家支的再来，你们打正面，我们从山上打过去，打到林子里，把全村都给他烧光。”刘伯承连忙向他解释说：“彝族内部要团结，不要打冤家，要和好，汉族彝族是一家，不要隔阂，要共同对付军阀刘文辉。”然后，刘伯承代表红军宣布：将小叶丹的武装编为“中国夷民红军沽鸡支队”，任命小叶丹为队长，并一面写有“中国夷民红军沽鸡支队”的队旗授予小叶丹。

23日晨，红军队伍从大桥镇出发，小叶丹随行到喇嘛房与红军分手回了羊坪子，派沙马尔各、果基于达等送红军到拖乌，再由果基其他支一站一站送到筲箕湾。沿途山上山下，到处是成群结队的彝民，发出“啊呼！啊呼！”的吆喝声。这种吆喝声和过去的吆喝声不一样，这是彝民笑逐颜开地在迎送红军过路。红一方面军穿越大凉山的道路就这样顺利打通了。红军赢得了抢渡大渡河的宝贵时间。

5月23日，朱德主席发出的《关于我军到袁居海子（即彝海）边的行动指示》电文中说：“刘聂率我一团于昨日在冕宁北五十余里处之袁居海子

边，为彝民之罗儿、老五、沽基三族所困，经交涉，沽基与我为盟，老五中立，罗儿截去我工兵一部、器材及枪三十支后，为我击溃。沽基蛮王允令二十三日护送我一团经拖乌、筲箕湾赴岔罗。岔罗到纳儿坝渡口则为汉族居地。”此后，红一方面军在果基家支护送下，顺利地通过了彝区，向大渡河疾进。

1935年5月，越西

在刘伯承、聂荣臻率第一先遣团——红一团由泸沽冕宁前进的同时，第二先遣团——红五团奉命由一军团参谋长左权、二师政委刘亚楼率领，也由泸沽出发，沿西昌通雅安大道向北挺进，摆出一副要经越西通往雅安、成都的大道在大树堡强渡大渡河的架势，执行迷惑敌人的任务。当朱德21日电令红五团“继续经越西北进吸引、迷惑并钳制大道上正面之敌”时，这支佯动部队已经占领了越西县城。

5月21日拂晓，红军先头部队二师五团三营（营长梁兴初）和二师侦察连（由军团侦察科长刘忠带领）占领了登相营。接着，先头部队不顾连续行军、好几天都没有休息的疲惫，直扑小相岭的九盘营。

5月21日下午，红军先头部队进入越西县城。

红军在越西镇压官僚、恶霸的同时，把土豪劣绅的粮仓打开，还抄出各种杂货、布匹、食物，分给彝汉穷苦人民。那几天，越西县城乡人民如赴盛会，人来人往，奔走相告“打喜财”之事。就是离城较远的偏僻山村，彝汉群众也互相邀约进城“打喜财”。

另外，红军在保安区建立了游击队，由1934年越西起义的死难烈士文登朝的弟弟任队长。在海棠区建立了赖溪沟游击分队，王占高任队长，其委任状是由大队长余志林、政委王克洪签署的，此委任状至今还完好地保存在越西。

越西彝汉人民除了参加红军帮助建立的游击队之外，还有不少优秀青年直接参加了红军。1936年红一方面军政治部所编《二万五千里》一书中的《"倮倮"（彝人）投军》一文这样追述道："这里（越西）对红军的认识，是更加清楚了。于是附近群众自动投入红军的愈来愈多，在两三个钟头内，加入（红三军团）十一团的达七百余人，就是"倮倮"加入红军的也有百余人。……彝人在生活上、言语上以及一切习惯都与汉人不同，加入红军的彝民另外编成了一个连。……他们向我们说：没有饭吃都不甚要紧，可是没有了酒吃就不得过，比没有饭吃还要来得难过"。据不完全统计，当时仅越西县城参加红军的就有三百多人。

参加红军的部分彝族战士

红军佯动部队经过白沙河、廖坪、海棠、坪坝、深沟向大树堡开进，去继续完成吸引牵制敌人的任务，保证红军主力在安顺场强渡大渡河。

24日，红三军团亦从泸沽循此路线跟进，奔向大渡河畔。

1935年5月汉源、甘洛

在红一面军主力从冕宁向安顺场疾进的同时，红军佯动部队从越西开向大树堡，吸引敌人，掩护主力。

川军王泽浚旅在大树堡万发店驻了一个连。作为河防的前哨，这个连在越西方向的要隘路口鱼糖地方有一个排，在大树堡渡口有一个排，连部和余下的排驻守在大树堡街上。敌人强迫群众背了很多谷草、麦草、玉米秆等易燃物堆放在街中，企图红军一到就烧街房，以阻挠红军。

红军佯动部队到了晒经关，离大渡河边只有二里路，刘亚楼决定以红军侦察员为主的前卫队化装成国民党官兵，带上小相岭俘虏的敌军排长及几个愿当红军的川军士兵，去夺鱼塘排哨。途中遇上越西大树分县团防局派遣去迎接县长彭灿的几名团丁。因红军战士是外省口音，故由俘虏来的排长与其对话。团丁就把这支红军小分队当成了川军，将大树堡的兵力及布置情况作了详细介绍。左权、刘亚楼得到报告后，立即兵分三路，向敌人发起进攻。一路由团丁做向导夺鱼塘哨所；二路经大坪子，麻家山袭击驻街上的敌人；三路经杨家沟、海螺坝直插大渡河边，消灭渡口守敌。霎时，枪声四起，驻街上的敌人还没来得及纵火烧街，几十名敌兵就被俘了，残兵被追至偏桥岩，红军故意放他们过河去报信。当地的地主武装约二百余人闻风逃跑。是日下午红军即占领了大树堡。

5月23日，左权、刘亚楼亲临大渡河边指挥佯动，命令部队收集木材造船，砍竹扎筏，连自己的红军战士都认为真要在这里渡河。

5月23日，红军主力已顺利通过彝民区，25日在安顺场渡口强渡大渡河成功。在大树堡担任吸引钳制敌人的红五团胜利完成了佯攻任务后，奉军委电令于28日撤离大树堡。由于沿大渡河南岸行军容易被北岸的敌人发现，故又返回晒经关，经过河南站及今甘洛县的坪坝、窑厂，翻竹马垭口，去安顺场与主力部队会合。

红五团在大树堡的佯动成功地迷惑了敌人，掩护了安顺场的强渡战斗，而且使蒋介石、刘文辉一连好几天都摸不清红一方面军主力的真实行动方向。

1935年5月石棉

5月24日，杨得志、黎林带着部队，在刘伯承、聂荣臻率领下，冒着细雨，经姚河坝、老街子、新场向安顺场急行军。天黑了下来，雨水早就湿透了战士们的衣服。战士们在雨夜中认真执行“不准咳嗽，不准点火打手电，不准讲话”的命令。忍受着经过一百二十里路强行军的疲劳，沿着弯弯曲曲的山路，踏着又湿又滑的石子，快步前进。遇到了缺口狭路，就用手摸着跳过去。晚上八九点钟，红一团到了距安顺场不远的马鞍山。刚上山顶，就听见一片隆隆的吼声，那就是有名的大渡河，站在山腰往下望去，透过迷迷蒙蒙的云雾，可以看得见山脚下稀疏的灯光，那就是要夺取的渡口安顺场。

安顺场原名紫打地，紧靠大渡河南岸，位于南北对峙的高山脚下的河谷地带大渡河水由西向东奔腾而过。由于河水汹涌不羁，非熟悉水性的当地船工无法摆渡。七十二年前（1863年），也是5月，石达开大军为滔滔河水所阻，在清军重围下全军覆灭。

红军战士们在马鞍山隐蔽休息的时候，先遣队已从老百姓那里了解到了安顺场和敌人布防的情况。根据分工，黎林带领二营去下游小水一带佯攻，以便吸引安顺场对岸十五里处的一团敌人；杨得志和一营营长孙继先带领一营向安顺场继续前进；三营担任后卫，留在原地掩护指挥机关。

为了检查渡河的准备情况，刘伯承和聂荣臻冒雨前去一营。天黑路难走，聂荣臻用一支刚缴获的法国造手电筒给视力不好的刘伯承照路。到了一营隐蔽处，刘、聂叫孙继先汇报了渡河的准备情况。然后，聂荣臻问孙继先知不知道石达开，孙答不知。聂荣臻说，石达开是太平天国的翼王，率领二万多人来到大渡河边的安顺场。没能渡过这条河，在清兵的追击下，全军覆灭了。蒋介石前几天派飞机撒下传单来，说前有大渡河，后有金沙江，他有十万大军围追堵截，你朱毛红军插翅难逃，让你们变成第二个石达开。孙继先说，管他十达开、九达开，我们一定能过河。刘伯承插上话说，我们会不会成为石达开，就看你们的了。刘伯承向孙继先交代了任务：第一，歼灭安顺场的守敌，歼灭后，点上一堆火，作为信号；第二，迅速找船。找到船后，再点上一堆火；第三、立即渡河。

孙继先接受了任务，把各连干部找来，研究了完成任务的战斗分工。一连攻正面，从安顺场西面冲；三连从西南面冲；二连和营部重机枪排从东南沿河边冲，二连并负责找船。晚上22时，部队开始行动。

红军到来之前十天左右，川军二十四军第五旅第七团（团长余味儒）布防于安顺场的北岸安靖坝至大冲（距富林四十里）之间，团部设在安靖坝。为了把当地的地主武装组织起来，填补安顺场对岸右翼的防务空白，该团的袍哥队伍韩槐阶营被指定在此担任防务。川军部队进入河防时，蒋介石曾三令五申，命令部队确保河防，困厄红军：（一）收缴南岸渡河船只以及可作渡河的材料，全部集中到北岸；（二）搜集南岸民间粮食运送北岸，实行坚壁清野；（三）扫清射界，如南岸居民房屋可资红军利用掩护其接近河岸者，悉加焚毁。5月24日，距富林约八十里的八牌对岸纳耳坝场镇，就被杨学渊部队纵火焚烧，一时火光四起，哭声震天。同一天，驻守在安顺场的韩槐阶也将最后一批物资运过河去，在安顺场遍街堆满柴草，准备烧街。恰在这时，大渡河沿岸另一恶势力、安顺场的彝务总指挥部营长赖执中从凉山地区阻击红军败退回来。由于场上的房屋有一半是赖自己的，他认为红军会走越西到富林那条宁（西昌）雅（安）正道，而不会走安顺场这边的小道；万一红军真的不到安顺场，自己贸然烧街，岂不庸人自扰，白受损失。因此赖便和韩槐阶商定，允其率部留在安顺场，并留下一只木船。如果红军真不走大道而来安顺场，再烧街过河，这样南岸消息还不至于断绝。赖又对韩说，他在安顺场通冕宁道上，已配备有十余哨所，红军远来，不熟悉路径，只要远远发现红军，哨兵会由捷径向他飞报，那时再烧安顺场不迟。

5月24日晚上22点过，当赖执中正在睡大觉，安顺场的哨所里正传出胡琴声和唱戏声的时候，红一营绕过安顺场东南面的碉堡，神不知鬼不觉地插向街心，与赖执中的巡逻兵接上火了。红一营在杨得志和孙继先指挥下，仅二十多分钟就解决了这支袍哥队伍的大部分，包围了赖的“公馆”，赖从梦中惊醒，翻墙逃跑时把脚跌伤，由其卫士把他背往彝区。

离安顺场二百多米处有一条干河岔，河岔上有一座桥，袍哥队伍在桥边专门筑了一个碉堡，这里是他们两岸联络的渡河点，有一个班看守，红一营在插向街心的时候，曾从桥上走过，但没有发觉敌人，敌人也没有

《安顺场全景》　摄影/戈镇洲

发觉红军。战斗打响以后，小桥碉堡里正在赌钱的敌人就慌忙乘上小船向对岸逃跑。恰好这时，红一营二连指导员黄守义正沿河搜索渡船。他们发现水面上有一个黑点在移动，隐隐约约还听得见划水声，仔细一看，是一条船，离岸已经有三四十米了，黄守义立即命令战士们“把船夺过来”。战士们先用机枪兜空一扫，然后跳到水里，奋不顾身地向船冲去。河边水浅，战士们又吓唬了船上的敌人，敌人乖乖地返回来了。红一营营长孙继先在二连夺得船以后，就按照刘伯承司令交代的“立即渡河”的第三个任务，布置战士们把船往上游推去，作好渡河的准备。谁知在大渡河逆水推船，一推转一个圈，十分困难。这时已是25日凌晨3点多钟了。这仅有的一只船关系着全军渡河的成败，万一遭到损失，后果不堪设想，孙继先命令二连指导员黄守义带人继续把船拉到上游渡河点去，并派通讯员跑步去向刘伯承、聂荣臻报告。

刘伯承、聂荣臻心急如焚地等待着消息。他们先派警卫员站在山坡上看信号，一直等了大半夜，虽然听到了枪声，但不见火光。刘、聂又派人侦察，知道安顺场已被红一营占领，而且夺得了一只船。他们亲自赶到河边，当刘伯承问孙继先为什么不发信号时，孙继先才醒悟过来：只顾作战和寻船去了，忘了点火发信号。孙继先汇报了战斗和找船的经过，刘伯承焦虑的心情才平静了下来。

按照原订的计划，夺得了船以后应该立即渡河，占领对岸渡口。但是，水流湍急，旋涡不少，还有大大小小的暗礁，对岸又是峭壁。刘伯承找来老百姓了解，知道要想渡过河去，须得在晴朗的白天，把船拉到上面一里多路的渡口，由当地熟知水性的船夫摆渡，才能斜划到对岸去。如果半夜由红军战士划船，即使不被暗礁碰坏。到了对岸也难以停靠渡口。刘伯承决定改变原订计划，命令一营“好好睡觉。把全街能买到的好东西都给你们吃，明天一早强渡”。然后，刘伯承立即派人去附近村子里，找当地船工帮助摆渡。安顺场的群众因长期受到刘文辉部队和袍哥队伍的欺压剥削，对“刘家军”非常反感，特别是这次要烧安顺场的街房，更使他们愤恨。一经红军动员，就自告奋勇来了二十多个船工。

5月25日天刚亮，红一营就在大渡河岸边集合了，红军总政治部组织部部长萧华作了战斗动员。他简单地讲了渡河的意义，然后问：“谁愿意坐第一船去？”这句话刚出口，全营战士们都要争坐第一船。聂荣臻说：“不要争了。由你们营长下命令，叫谁去谁去。”顿时，几百双眼睛都盯着孙继先。孙继先找团长杨得志交谈了几句，决定由二连组织突击队。二连三个排又是一番争执。当二连连长熊尚林宣布十六个突击队员的姓名后，突然“哇”的一声，一个战士从队伍里冲了出来，他一边哭，一边嚷着；“我也去！我一定去！”原来这是二连的通讯员陈万清。熊尚林和杨得志、孙继先又进行了商量，最后宣布了强渡大渡河十七勇士的名单：“第二连连长熊尚林。第二排排长曾会明。第三班班长刘长发、副班长张表克，战斗员张桂成、肖汉尧、王华停、廖洪山、赖秋发、曾先吉，第四班班长郭世苍、副班长张成球，战斗员肖桂兰、朱祥云、谢良明、丁流民、陈万清。”人员挑选完毕，又给每人配备一支驳壳枪、一挺花机关（冲锋枪）、一把马刀，还有六至八颗手榴弹。勇士们正要登船时，船工们提出，水急浪高，暗礁太多，必须多上几个有经验的船工，才能更有把握保证渡船和渡河人员的安全，否则船毁人亡。团长杨得志采纳了船工的意见，决定十七位勇士分两船强渡。

与此同时，刘伯承用望远镜仔细观察对岸敌人的工事和火力点。待突击队准备完毕，刘伯承叫神炮手赵章成瞄准对岸敌人的两个碉堡："我们就几发炮弹，听命令，一定要打准。"刘伯承看了看手表，正好9点正，他抬头对杨得志说；"开始！"杨得志命令；"轻重机枪掩护，强渡开始！"红军几门八二迫击炮、几十挺轻重机抢，从不同的角度向敌人密集射击，两发炮弹在敌人的碉堡上爆炸了。系在岸上的船缆解开了，在嘹亮的军号中，第一船的勇士们向对岸划去。

渡船随着汹涌的波浪一颠一簸地前进，敌人的步枪，机枪密集地射击渡船，渡船四周满是子弹激起的浪花。突然，一发炮弹落在船边，掀起一个巨浪。小船剧烈地晃荡起来，渡船随着巨浪起伏了儿下，又平稳下来。刘伯承、聂荣臻走出工事、焦急地站在岸边。司号员为了刘、聂的安全，停止了吹号。刘伯承命令继续吹号。萧华从司号员手中夺过号吹了起来。

船一靠岸，勇士们就飞一样跳了上去，冲上台阶。对岸渡口很陡、台阶又高，正好成了勇士们隐蔽的死角。敌人的滚雷、手榴弹在岸边爆炸。勇士们一阵冲锋枪，一排手榴弹，把冲下来的敌人打退了，占领了北岸渡口。当勇士们快要接近碉堡时，敌人从工事里涌出来，开始反冲锋。杨得志命令南岸红军："给我轰！"神炮手赵章成射出的炮弹，不偏不歪在敌群中开了花。接着，李得才的重机枪又打得敌人东倒西歪。在南岸红军猛烈火力的掩护下，勇士们猛扑敌群。敌人溃不成军，拼命往北边山谷逃窜。

空船一返回南岸，孙继先就带着八个勇士和两挺轻机枪、一挺重机枪，立即乘第二船过河。接着，杨得志带领第三船战士也过了河。整个强渡，除了有四名勇士受伤外，没有牺牲的。红军占领了制高点，居高临下向敌人猛射，敌人向富林方向溃逃。这时，后续部队也上来了，红军趁势穷追不放，一口气扫除了沿河四十里的敌人，直到占领了美罗场侧翼的野猪岗山顶，才停止了追击。

红军在追歼逃敌途中，老百姓反映在离北岸渡口下游几里路的地方还有一只船，并帮助红军拉了上来。同时，在安靖坝河边也打捞起一只沉船，当地木工立即将船修好。第二天，红军渡河就有三只船了，船工也增加到五十多人。为了使渡河能顺利进行，还成立了指挥部，由船工刘学仲负责指挥，红军干部团的政治科学员们负责押船。船工们分为六个班，人歇船不停、从早到晚轮班划船，渡口两岸各有一排红军战士负责拉纤，北岸从桃子湾拉到“尖包石”，南岸从陈家湾拉到小河口。后来有一只船不慎翻了，刘元清、宋明清、郑金安、姚贵友、石满意、王有论、陈一金、余正论、刘老七等九名船工牺牲，红军落水牺牲的也有二十多人。当时红军生活非常艰苦，但对船工们却很照顾，特地在南岸河边搭了三个棚子，供他们食宿使用。船工们也不顾疲劳，终日奋战。随着船只的陆续修复，船工队伍也逐渐扩大，最多时增加到七十七人。

5月26日上午，毛泽东、周恩来、朱德随军委纵队到达安顺场。朱德刚一到渡口，就用通俗的四川方言向船工们宣传革命的道理。陈云在1935年所写《随军西行见闻录》中，还记载了李富春在安顺场“召见一老者，年已九十以外，为当地童馆教师，曾亲见当年石达开在此失败者”，“由李富春享之以酒肉，请其讲述石军历史”。新中国成立后经调查，此“老者”名叫宋大顺，他当时还建议红军尽快离开安顺场这个彝汉杂居、隘口险窄、不利于大部队活动的险区。

红军强渡大渡河以后，为了奖励强渡的勇士，专门发给乘坐第一、二船的指战员和杨得志、神炮手赵章成每人一件按列宁穿的军装样式做的衣服“列宁装”。

中革军委负责人于5月26日在安顺场渡口召集刘伯承、聂荣臻、林彪、罗荣桓、罗瑞卿等开了一个小会，研究全军渡过大渡河的问题。由于渡船太少，水流很急，架桥又不可能，架了无数次，被冲塌无数次。红军在岸边越聚越多，而尾追红军的国民党中央军薛岳部五十三师，其时已经到达西昌北部，正向红军赶来。杨森的二十军和“川康边防军”的追击部队，离红军也只有几天路程。如果几万红军仅仅在安顺场一船一船地渡，就会面临着巨大的危险。据此情况，中革军委作出了迅速夺取泸定桥的决定，部署了红一方面军的行动，由红一师和陈赓、宋任穷率领的干部团主力为右纵队，仍由刘伯承、聂荣臻率领，从安顺场渡过大渡河后，沿东岸北进赶向泸定桥，万一和主力红军会合不了，则由刘、聂带着部队到川西开创局面。由林彪带红二师，一军团团部和五军团为左纵队，沿大渡河西岸赶向泸定桥。安顺场到泸定桥三百二十里，限定三日内到达。

1935年5月泸定

按照军委的部署，刘伯承和聂荣臻迅速渡过了大渡河，带着红一师和干部团组成右纵队向泸定城飞奔。

27日下午，沿江而上的红一师到达大渡河边的挖角坝，与三天前到达这里驻防的川军二十四军第五旅第二十团（团长肖绍成）交上了火，肖团全部溃散，在王岗坪山上收拾残部向荥经方向逃去。红二团占了挖角坝，当晚在此宿营。

28日，红二团冒雨翻了一座上下各三十里的大山（中南山），经雨洒坪、洪口，沿途击退民团的袭击，黄昏时分进至得妥。天黑后雨更大了，路滑难走，前面隘口敌人又有重兵把守，当晚只得就地宿营。红二团先头分队当晚进至加郡河口。

29日晨，红二团先头分队从加郡河口出发，在五里外的风杠与敌杨开诚团一个排哨接触，红军将该敌击溃并一路猛追，进至海子山下的石门坎险隘。石门坎要隘地势险恶，左临波涛汹涌的大渡河，右靠峭壁悬岩，敌杨开诚团在此险地固守。红军兵分两路，一路由萧华率二团主力向海子山正面的石门坎守敌吴岗陵营发起猛攻，另一路由邓华率领第二营向纵深抄敌背侧，夺取海子山的最高点。同时对岸红军又用火力支报。敌人受到三面夹击，伤亡很大。红军由晨至午与杨团的曾子佩营在石门坎—小寨子一线前沿阵地激战，曾营伤亡惨重，不得不经海子山下面小道绕过吴营阵地溃退。吴岗陵急派人到龙八铺向旅长袁国瑞求援。袁派手枪连前去增援，这时红三团一部恰好赶到，战士们勇气倍增。从正面、侧面向敌人夹攻，敌军不支，全部向龙八铺撤退。这一仗缴枪百余支，俘敌五六十名，获子弹、手榴弹甚多，有力地促成红四团飞夺泸定桥的胜利。

下午16时左右，红一师击破海子山守敌后，在沈村附近兵分两路，一路由李聚奎师长率领，向龙八铺敌第四旅旅部发起攻击。敌旅长袁国瑞见抵挡不住，即率杨团残部向盐水溪、化林坪方向撤逃，红军次日凌晨占领盐水溪；另一路则沿大渡河东岸继续向泸定桥前进，并于当晚（29日）22时进抵泸定桥。

红军左纵队的前卫是红二师四团。团长王开湘（本名黄开湘），政委杨成武，总支书记罗华生。

27日，红四团沿河北行四十里，到了海尔洼（今石棉县的新民）。由于对岸敌人不断射击，河边的小道不能通过，只好绕道到了叶坪。刘文辉部第五旅二十一团肖绍成部正在这里搜索民间粮食，派了一个连押着老百姓，要把粮食运过河去，恰好被红军碰上，敌兵丢下粮食没命地逃跑了。中午，红军到达菩萨岗脚下。

菩萨岗是一座险峻的高山，位于今石棉县田湾场东北，海拔1200米，好似一堵石壁横挡在通往泸定的路上。山右边紧靠田湾河，无路可绕，左边连接着另一座高山，正面只有一条陡得像天梯的小道通向隘口。红军到来之前，刘文辉部川康屯垦司令部第二旅第一团第三营营长肖毓率两个连新兵在此驻守。敌人在隘口上修了碉堡，红军来到山脚即遭到敌人阻击。由于敌人居高临下，封锁了路口，正面强攻难以取胜，一时双方形成对峙局面。红军为了争取时间，找来了青年农民苏光先，在向他了解到地形情况以后，决定兵分两路进攻：一路由苏光先带路从正面到半山腰的麦地坡桑树下，隐蔽在崖穴里佯攻，诱惑敌人把全部注意力都集中到正面；另一路由农民杨篾匠带路，从左边张家凼两家人的院坝水井坎上去，攀藤附葛，翻越高山，包抄敌后。正当敌人还在正面耀武扬威，用机枪不断向佯攻的红军扫射时，突然山顶上的枪声、喊杀声响震四方，攀藤上山的红军从敌人背后杀了下来。正面红军指挥员立即命令司号员吹起冲锋号，前后两面猛烈夹击，敌人顿时乱成一团，四散奔命。敌营长骑上马逃跑，被红军把马打死，将其活捉。敌军两个连长企图用枪制止士兵后退，反被士兵打死一个，另一个当了俘虏。红军占了隘口，继续追击敌人，傍晚到什月坪宿营，这一天行程八十里。

菩萨岗战斗消灭敌人三个连，俘虏一百余名，缴获步枪一百余支，手提机关枪十多挺，其他军用品甚多。经菩萨岗到什月坪，当时红军在那里统计了一下，有三十八具川军的尸体，而红军只牺牲一人，受伤两人。

28日拂晓，红四团比原来规定的时间提前一小时吃饭，5时就出发了。没有走多远，就接到红一军团军团长林彪的命令信："王（开湘）、杨（成武），军委来电，限左路军于明天夺取泸定桥，你们要用最高度的行军速度和坚决机动的手段，去完成这一光荣伟大的任务。你们要在此战斗中突破过去夺取道州和五团夺鸭溪一天跑一百六十里的记录。"

就是说，军委要求红四团比原来部署提前一天夺取泸定桥。这是因为敌情发生了新的变化。

5月26日，蒋介石与宋美龄、顾问瑞纳、参谋团主任贺国光等一道，由重庆飞成都，督导"剿匪"军事。当日凌晨时分，因得悉"安顺场方面有赤匪便衣队扰乱肖（绍成）团防线"、刘文辉即电令其第四旅旅长袁国瑞派队前往挖角坝增援肖团。当日傍晚，因担心川康要道上的飞越岭有失，又改变部署，令袁部主力前往飞越岭、化林坪、海子山一线布防；27日晨，刘文辉“由雅安出发，亲赶前方督剿、同行有参谋长张巽中，交通处长姚仲岚”，拟“第一步驻汉源，第二步驻越嶲”，27日晚，正在赶往汉源途中的刘文辉得悉红一方面军正沿大渡河两岸溯河上行的消息，担心西岸红军进取康定、泸定，急令袁国瑞派第四旅一部赶往泸定桥增防。袁国瑞遂令第三十八团（团长李全山）火速开往泸定桥，阻击红军左纵队从桥上过河。同时令第十一团（团长杨开诚）沿大渡河东岸海子山、冷碛一带堵击沿江而上的红一师，令第十团（团长谢洪康）驻守于飞越岭东麓的头道桥到飞越岭山顶为总预备队，旅部驻龙八铺。

28日凌晨1时，从左右两路纵队侦悉川军在大渡河两岸部署的情况的中革军委，遂电令两岸部队首长林彪、刘伯承、聂荣臻，要求左纵队红一军团先头部队加速前进，“万一途程过远，今日不及赶到泸定桥，应明二十九日赶到”，而右纵队“刘、聂率第二团亦应迅速追击北岸之敌一营，以便配合四团夹江行动”。”林彪接到该电后，又向红四团指挥员发出了时限更为苛刻的命令函。

红四团接到“提前一天夺取泸定桥”的命令时，离限期已不足一个昼夜，而距泸定桥还有二百四十里。两天的路必须一天走完，还要突破敌人的堵截，时间真是太紧了。但这关系到全军安危的重大任务，一定要坚决执行，不容许一分钟、一秒钟的迟疑。红四团指挥员边行军边召集营、连干部和司令部、政治处干部，共同研究怎样完成这一紧急任务。会后，大家便分头深入连队进行动员。杨成武快速赶到队伍的最前头，站在一个小土墩上传达军委命令及敌人动态。经动员后，部队士气高昂，加速前进，不久就到了猛虎岗的山脚下。

猛虎岗垭口海按两千一百米，山顶上有川康屯垦司令部第二旅第一团第二营营长陈月江部两个连，北麓下的弯东有第二旅特务营李国俊连驻守，红军到此正值大雾迷漫，敌人看不清红军的动向，只是在工事里无目的地乱放枪。红军利用大雾为掩护，悄悄地摸上隘口工事边，一排手榴弹和机枪扫射，敌军即弃阵而走，溃敌与弯东的李国俊连会合则继续向桂花坪撤逃。红军乘胜追入泸定县境，在桂花坪再度击破溃敌后继续经共和、咱地、磨西，翻越磨杠岭，于黄昏时分赶到了奎武村。从奎武到泸定桥还有九十五里，这时，大雨滂沱，道路泥泞。战士们还是拂晓前吃过饭了，但为了抢时间，决定不等做饭，大家吃生米，喝冷水。干部立即分头在连队里进行动员，战士们忍住饥渴、疲劳，急速前进。

天黑时，又下起了大雨，行至杵泥坝时，是对岸的敌军（李全山团）正打着火把向泸定桥疾进，情况非常紧急。在这争分夺秒的关键时对刻，团领导决定也打起火把前进，立即传令各部全都点火，加速赶路，对岸川军看见河对面也有火把，就问“啥子部队啊！”红军的司号员就按敌人的联络信号，吹起了军号，由四川籍的红军和刚捉来的川军俘虏大声回答，就这样，骗过了敌人、两路火、两路人、两支敌对的军队、朝着泸定桥这个同一个目标前进！

29日的黎明即将来临的时候，经过一昼夜急行军的红军战士们又累又饿，疲倦极了，衣服也湿透了，他们终于到达了离泸定桥十里远的上田坝。这时，红军兵分两路，一路沿河而上，一路向左侧包抄、夺取控制泸定桥的制高点海子山。红军飞速而来，很快占领了泸定桥西桥头。

在蒋介石“大渡河会战计划”及其补充修订的预案中，对红军渡河点的判定是“一线中道”的宁雅正道，泸定桥在防御部署中处于“边角位置”。所以，当刘文辉发现红军从安顺场夹河而上时，这才感觉到了泸定桥所受到的威胁，开始紧急调动人马去防守泸定桥。实际上，泸定桥守军只比红四团先到一个晚上。

当红军进到西桥头时，守桥的敌人还未来得及拆完桥上的全部桥板。但敌李团周桂三营已在东桥头附近构筑了工事，并用重机枪、迫击炮不断向西桥头密集射击，同时，位于柏秧林的敌李昭营，也用火力封锁红军从沙坝到桥头的通路。

红四团在沙坝的天主教堂召开了干部会，决定在二营二连挑选二十二名战士（包括从三连抽调来的支部书记刘金山），组成夺桥突击队。突击队都配备短枪、手榴弹、马刀，由连长廖大珠和指导员王海云负责。二营三连由连长王友才率领担任第二梯队，紧跟在突击队之后铺桥板，以便后续部队冲过去。红四团还在桥头配备了强大火力，堆放好木板，一切准备停当。

29日下午16时左右，王开湘、杨成武在桥头指挥，全团的司号员集中

在桥头附近吹起了冲锋号，顿时，机关枪、迫击炮、手榴弹的爆炸声和呐喊声震天动地，打响了夺桥激战。廖大珠、王海云带领李友林、刘梓华、刘金山等，一手扶铁索桥栏，一手持枪，踏着铁索在前冲。二十二名英雄刚到对岸桥头，敌人放火把桥头的亭子点燃，顿时火光冲天。红军奋不顾身地冲去，不顾衣服、帽子着火，一直冲进城和敌人展开了巷战。敌人集中力量反扑过来，红军极力抵抗，子弹打完了，形势万分紧急。正在这严重关头，王有才带着第二梯队三连冲进来了，接着杨成武和王开湘带着后援部队也迅速过桥进了城，经过一场激战，终于将守城敌军彻底打垮。

夺桥战斗开始时，敌团长李全山曾向驻龙八铺的旅长袁国瑞求援，而此刻的第四旅旅部正遭受东岸红一师的攻击，李求援无果，守桥决心动摇。为免遭全歼，李全山决定由周桂三营的饶杰连为后卫，自己率残部经四湾、五里沟翻马鞍山向天全逃窜。这时红军以一小部继续追击敌人，其余都在泸定城内宿营。在这次飞夺泸定桥战斗中，红军伤亡三人。而敌人饶杰一个连，却只剩下十多人活着逃命。

与此同时，红军右纵队占领了龙八铺以后，由刘伯承、聂荣臻率领向泸定桥开来。右纵队到泸定桥时已是深夜时分。刘、聂由杨成武陪同，持马灯观看了这座从此闻名于世的铁索桥。

随后，毛泽东、周恩来和红一方面军大部队就浩浩荡荡从泸定桥上越过了天险大渡河。蒋介石南攻北堵的大渡河会战及其要使红军成为“石达开第二”的梦想，尚未把人马调拢，就彻底破产了。

29日傍晚，毛泽东同志随一军团团部进入磨西镇，宿营天主教堂神甫房。30日凌晨，毛泽东得悉了红四团夺桥成功并攻占泸定的消息，于4时动身

磨西天主教堂

毛泽东住地旧址

出发前往泸定，下午16时左右到达泸定。

红军夺取泸定桥后，党中央即随军来到了泸定，在泸定县召开了一次会议。参加会议的有毛泽东、朱德、周恩来、张闻天、王稼祥、陈云等人。会议分析了中央红军渡过大渡河以后的形势，决定了两件事：一是避开人烟稠密地区，向北走雪山草地一线；二是派陈云去上海恢复白区党的组织。泸定桥会议以后不久，陈云离开长征队伍，由当地的地下党组织派党员席懋昭和随红军长征的冕宁地下党员陈梁护送，经成都、重庆转赴上海。

中央红军在渡过大渡河以后，本来准备由一军团回过头去，南向清溪、富林、以扼阻国民党军队渡河北上。后中革军委得知清溪有川军守敌，为了避免与敌纠缠，尽快与四方面军会合，又命令一军团继续北上。

蒋介石鉴于他“南追北堵”的大渡河会战计划遭到惨败，便以刘文辉对构筑金沙江、大渡河沿岸碉堡封锁线“一味敷衍，实未遵办”，“至

令”红军“自由渡过”为由，特通令刘文辉“记大过一次，戴罪图功”，刘文辉所部“各负责长官查明严处。”5月31日，“在蓉城坐镇指挥”的蒋介石电令薛岳、孙震、邓锡侯、刘文辉、杨森各部合围红军。6月2日，蒋介石在《劝告四川绅耆服务桑梓，协助剿匪拯救民众书》中说：“朱毛溃奔川南，徐匪倾巢西窜，察其企图，实欲会股川西，另创苏区。”“蒋介石对于中央红军与红四方面军的会合目的是清楚的。因此，他又于6月5日在成都召集川军高级将领开会，大讲所谓“剿匪与整军之要道”，并进行新的部署，妄图将中央红军围困在今雅安地区，将红四方面军阻击在川西北，以便分别“围歼”。

1935年6月汉源

红军胜利飞夺泸定桥后，主力部队沿河而下，经大坝、冷碛、兴隆，于5月31日攻占了化林坪。化林坪当时属汉源县，是个不大的场镇，四面有土围子，川军杨开诚团退守镇北飞越岭半山腰的瓦窑坪一带，加紧布雷，构筑工事，妄图凭险据守。是夜，红二团又向杨开诚团阵地发起猛攻，杨团败阵，退经袁国瑞旅的总预备队谢洪康团阵地，到山后休整。红军乘胜又攻入谢团的前沿阵地，谢洪康见红军势不可当，惊恐万状，趁激战之机，用手枪打伤自己的手臂，扮着伤员模样向雅安逃去。袁国瑞急将杨开诚、谢洪康两个团的败兵合并，命杨统一指挥，固守飞越关阵地，由于山势险峻，敌军占领制高点，红军正面仰攻受阻。

飞越岭位于泸定县的东南，汉源县的西北，是今两县的分界线。山顶有一个垭口，就是飞越关，海拔2800多米。从汉源县的三交坪上山，经头道桥、二道桥、三道桥至关口三十里，全是崎岖小道，犹如鸟道蛇盘，一线中通。从伏龙寺到山顶一段，路更陡，拾级如登天梯。从关口西下至泸定县的龙八铺也是三十里，陡峭崎岖较东坡尤甚。飞越关的北侧为桌子山，海拔3000米，而南侧为马鞍腰，海拔3600多米，双峰左右耸立，形成一个天然隘口。此一险地自古就是内地至康藏的必经官道，是一军事要隘。

6月1日，红二师四团奉命攻打飞越关垭口。是日大清早，陈光带王开湘、杨成武到山脚下，交代任务，根据敌情、地形研究了进攻方案。王开湘说：这样的地形，大股兵力展不开，山上有雾，对敌有利也有弊，我们摸不清他们，他们也摸不清我们，小股部队随机应变，可以出奇制胜。大家同意他的意见，决定把任务交给二营六连，并增配一个机枪排。

六连连长是二营副营长黄霖兼任，六连接受任务时，王开湘指着山岭对他说："上面垭口两边是悬崔，连猴子都难爬上去，敌人就守在上面。如今通上去的这条羊肠小道，敌人埋了地雷，昨天夜里我军多次冲锋没有成功。因此，只有从侧翼选道而上。你们一定要拿下这个阵地，否则对我进军不利。

自飞夺泸定桥以来，四团战士们生活十分艰苦。打下泸定，敌人纵火烧房，缴获的粮食有限，还要留给后续部队吃。山区贫瘠，打土豪所得也寥寥无几。沿途人烟稀少，攻下化林坪，十室九空。这几天部队没有好好地吃过一顿饱饭。二师首长叫师机关直属队把剩余的干粮全都拿了出来，勉强供六连战士吃了一顿。杨成武作了简短的战斗动员，战士们精神抖擞，斗志昂扬。黄霖和指导员走在一百四十多名钢铁战士的最前面出发了。他们越过丛林，跨过雷坑，直向前奔。到山腰往上看，能见度好多了，但仍分辨不清地貌的细部。这时，刚好从天空刮过一股劲风，云雾飞驰，右边山巅露出了一小片蓝天，衬托出一痕异常险峻的山峰。黄霖抓住这个时机，又看了看左边山峰，古木参天，怪岩林立，陡壁绝峭，无疑它成了敌人放心的侧翼。如果从那里向右边压，在一团雨雾之中，只要连队打得猛、打得巧，就能以一当十、以十当百。眼下正面是敌人阵地，被雾霭遮掩着，迷茫一片。他带着连队，悄悄向左翼山峰迂回攀缘而上，决心从那里发起攻势。他们从乱麻一样盘根错节的野藤、荆棘丛中爬了过去，遇上一面陡峭的石壁挡住了去路。战士们搭起人梯爬石壁，越往上爬越是困难，有的战士从苔藓上滑了下来，又继续往上登。他们到了最后一个屏障脚下稍事休息，然后先由一个战士爬上一棵大树，把这棵树的树梢作为一个立足点，爬上另一棵大树，接连利用大树做梯子，这个战士居然到了屏障的顶端。他从那里放下连接起来的长长的绑腿，下面的战士抓住这垂直的“索道”，一个接着一个地攀缘而上。四个排一百几十个战士，终于胜利地爬上海拔3000米的桌子山顶峰。时间正是中午时分。

战士们稍稍喘过气来，开始检查枪支，作好战斗准备。黄霖带着几个排长观察敌情，寻找进攻目标，看到在一片茫茫白雾里腾起了一团很浓的烟柱。他们判断那里有敌人，便带领战士们，怀里抱着枪从陡坡上向下滑，滑到厚厚的碎枝烂叶上，跳起来就向冒烟的地方扑了过去。原来敌人怕冷，正烧起两堆大火，围着取暖。这里就是敌方侧翼的警戒阵地，约有一百多人。敌人万没料到会从云端里飞下一支红军队伍。红军机枪排立即用七挺轻机枪从高处压住敌人。黄霖带着三个排，一个猛虎扑食，敌人垮了，七十多人成了俘虏，剩下的向后溃逃。过了这个警戒阵地，就是敌人的主阵地了。

敌人失去侧翼阵地，惊恐万分，立即疯狂反扑。在敌我力量极端悬殊的情况下，六连打得非常顽强，不管敌人怎样反扑，他们就像钉子一样钉在阵地上。战士们的子弹不多了，手榴弹也快完了，许多同志负了伤，连包扎都顾不上，有的负伤两次，也还在坚持战斗。到敌人最后一次冲来时，黄霖叫战士们上了刺刀，手握各自最后的一颗手榴弹，等敌人靠近，一声喊“打！”战士们冒着手榴弹爆炸的浓烟，像决堤的洪水，奔腾而下，冲入敌群。敌人怕死，扭头就跑，六连战士乘胜夺取了敌军飞越岭垭口阵地。

与此同时，从正面仰攻的红军部队也奋不顾身地冲了上去，占了伏龙寺后，又向东面三道桥敌阵地俯冲。山沟里的敌人崩溃无主，互相践踏，死尸枕藉。战士们从敌人手里缴获了大批武器弹药，火力猛增。激战至深夜，红军攻破了敌军在飞越岭山前山后所有阵地。这次战斗，红军击伤敌谢团一营营长陈子春，击毙敌连长孙冶文等军官，俘敌两百多，缴获枪两百余支，手榴弹数百枚和大批子弹，敌旅长带着残兵败将退至距三交坪百里外的汉源县城。

六连指战员机智勇敢地夺取了飞越岭垭口，为全军打开了通向汉源、荥经、天全、芦山、宝兴的通道口，立下了不可磨灭的功勋。他们在这次战斗中伤亡三十多人，三排长壮烈牺牲了，二排长身负重伤，受伤者中间不少人染着殷红的血迹，还在向敌人冲锋。

中央红军过荥经县境时，沿途基本无战斗，顺利通过了杨森的防卫区，争取了时间，使敌人在天、芦、宝来不及筑碉防守。

6月3日，红军主力先头部队从荥经、天全交界处的青山垭入天全县境，经青元、干河、马渡，6日到达天全城关青衣江对岸的沙坝村。7日晚，红九军团攻入城内。8日晨红军主力过河入城。另一路红军于6日经荥经县的荥河乡翻垭子口入天全县境，经陈家坝、铜厂、后阳到柳家沟，抵始阳的三谷椿渡口。

6月4日，毛泽东离开化林坪，至水子地宿营。在翻越一座山时，遇国民党军飞机轰炸，身边警卫班长胡昌保牺牲。毛泽东悲痛地双手抱胡昌保放平躺下，用自己的毛毯盖在胡的遗体上。

6月7日在水子地指挥中央红军突破国民党军的天全、芦山、宝兴防线，占领天全。

7日夜晚敌王泽凌旅星夜从飞仙关赶杜芦山，8日晨到达。他立即以第十八团的一、三两营守备城东南河岸，防堵自天全来的红军过河，团部与第一营守县城，第十六、十七两个团在城东北芦山岗高地构筑第二线阵地。

6月7日晚红军攻克天全后，城内受了欺骗宣传的群众纷纷向芦山逃跑，红军战士化装混在群众中进了芦山县城。8日半夜，隐蔽的红军向守城的十八团团部和该团第一营防地发起突然袭击，顿时，红军的猛烈枪声和“缴枪不杀”的喊声，惊醒了敌人。敌人惊慌失措，不敢应战即弃城逃跑。

中央红军攻下芦山之后，自6月9日起，日夜兼程地开向宝兴。

1935年6月夹金山

1935年6月8日晚，红军先头部队占了灵关场，9日顺利通过宝兴县城，由陈光率领，担任先遣队的红二师四团随即开始向中央红军长征途中的第一座大雪山——夹金山进军。

红军先遣队沿东河向盐井方向前进，6月10日早晨到达野猫坪。当日午后赶到崖店子，前进的路突然中断。这里的地势十分险恶，河水咆哮奔腾，山崖陡峭，荆棘丛生，仰首只见一线天。这里已无路可走。

当日晚，先遣队在崖店子宿营。为了让大部队通过，保证主力红军前进，次日，先遣队一方面派人返回蜂桶寨，通知后续部队抢修栈道和木桥；一方面继续向锅巴崖、硗碛方向疾进。蜂桶寨的群众对修桥、修栈道很有经验，经过红军动员，他们和红军一起很快把拱桥搭了起来，而且比过去的还宽还牢固，部队可成单行在上面行进。栈道也很快修复。中央红军在这里历时七天七夜，终于胜利地通过了崖店子，进入宝兴藏民聚居的硗碛地区。

夹金山位于宝兴县以北，懋功（今小金）县达维镇以南，王母寨垭口海拔4114米。

11日，硗碛分外热闹。硗碛位于宝兴县的北部、夹金山的南面、地处偏僻，气候寒冷，生产落后，人民生活贫困，居住的大部分是贫苦的藏

民，还有少量汉人。藏汉人民听说红军将至，寨民在小街上挂起三道欢迎红军的横额（当时居民叫“天花”），街头摆起了“吉露”，用红布围着大方桌，桌上放着一个盘子，盘内放着十样果品（谓之“十样锦”）和长颈水壶。家家门前放着开水，迎接红军到来。当时情景热闹万分，简直像过节一样。

中午时分，红军先遣队到了硗碛寨。顿时，喇嘛吹起了莽筒唢呐，群众放起鞭炮，敲锣打鼓把红军迎进村寨。

11日下午15时左右，先遣队在向导带领下，又继续出发，经头道桥、凉水井、扎角坝，在天黑时到了夹金山脚下的菩萨岗。先遣队从硗碛出来沿途都要放一张约二寸宽、三寸长印有字的纸条，特别是到了岔路口，隔不了几步就要放一张，为后面跟上来的红军指方向。

为先头部队带路的是当地叫旺堆的藏民，他经常为当地汉商赶马帮，熟悉道路，懂一点汉语，既能当向导，又能当翻译，还取了一个汉名，叫马登洪。地下党从众多的向导中选了马登洪，推荐给红军先头部队。

12日拂晓，红军战士们沿着崎岖狭窄的泥路，穿过寒冷透骨的晨雾，经烧鸡窝、一直箭、五倒拐等地，向夹金山顶爬去。战士们到了烧鸡窝才

天亮，爬上顶时已中午。

12日下午，王开湘、杨成武率领的先遣队翻过夹金山，与红四方面军七十四团在靠懋功县达维一边山上突然相遇，两军意外地在此会合了。

13日，在硗碛附近头道桥的一块大空地上，搭起了一个简易台子，成千上万的红军战士聚集在这里，开了一次大会。领导干部作了翻越大雪山的动员，会后由宣传队表演了节目。中央红军的战士多数是南方人，从未遇到过这样的大雪山和严寒气候。本来衣服就单薄，又经过遥远的征途，加之粮食严重不足，就在这样艰难的日子里，红军战士包括伤病员，女战士在内，仍个个精神饱满，信心百倍。他们在藏民的帮助下，用柏树皮、干竹子扎起了一把把“火照”，砍来竹竿、树条做成一根根路杖，又把在天全、芦山一带买来的干海椒分给每个战士，作为翻雪山时的御寒品。战士们扔掉了一些不必要的物品，束紧腰带，开始向长征以来的第一座雪山夹金山挺进，去迎接又一次严峻的考验。

6月14日晨，毛泽东和其他中央领导吃过早饭，喝了一碗热乎乎的辣椒水，身上穿着夹衣夹裤，几乎每个人都配发了一件在宝兴等地缴获的国民

党军队的军大衣，还有一件新缝制的羊皮坎肩，脚上穿着一双毛皮鞋，骑马翻越夹金山。

中央红军于1935年6月12日至18日胜利翻越了夹金山。

1935年6月小金

6月8日晚，红四方面军七十四团占领了夹金山北脚之达维镇。

11日，红一方面军先遣部队一军团二师四团也进抵夹金山南麓的硗碛村。

12日清晨，四团在硗碛村进行翻雪山的动员以后 便向夹金山进发。这时夹金山上雨雪交加，寒风吹得衣着单薄的战士们浑身哆嗦牙齿打颤。将到山顶，突然下起一阵冰雹，核桃大的雹子打在战士们的头上、身上。下山时，已不像上山那么吃力，战士们兴奋得唱起了山歌。

在夹金山下，两大主力先头部队胜利会师，会师的喜讯很快传遍了远在天（全）、芦（山）地区和岷江上游的整个红军部队，全军一片欢腾。

13日，中国工农红军总政治部给各军团发出关于红一、四方面军会合后加强政治工作的指令，要求各军团政治部迅速传布这一捷报，提高红军战士的情绪，迅速争取与红四方面军的全部会合，并在部队中发动与红四方面军联欢与慰问的盛大运动。

17日，毛泽东、周恩来、朱德等中共中央和中革军委的负责人率军委纵队，翻越夹金山，进抵达维，受到当地红四方面军指战员热烈的夹道欢迎。当晚，在达维喇嘛寺前的一块开阔地上，两个方面军驻达维部队，共同举行了胜利会师庆祝大会。庆祝会由周恩来主持，毛泽东、朱德先后讲话。

从6月12日到18日，几乎每天都有红一方面军部队进抵达维。连续几天晚上，红一、四方面军驻达维部队都举行了联欢晚会，指战员们沉浸在团结欢乐的兄弟情谊之中。

18日，中央机关继红一军团之后，抵达懋功县城，受到李先念等红四方面军指战员的列队欢迎。当天，总司令部和总政治部联合发出《关于

一、四方面军会合后部队整休的规定》。要求各部在休整期间，以团为单位召开同乐会，与红四方面军部队进行广泛的联欢和学习活动。

21日，红一方面军在懋功天主教堂举行干部同乐会，红四方面军驻懋功部队的干部全部参加。会上，党中央和总政治部的代表博古和朱总司令讲了话，接着会餐、开晚会。

23日下午，红一方面军篮球队和红四方面军驻懋功部队篮球队举行了友谊比赛。

23日，毛泽东、周恩来、朱德、张闻天、刘伯承等人从懋功出发取道双柏、八角、木坡、抚边前往懋功以北七十公里的两河口。当天晚上，毛泽东等人在抚边屯的屯治所在地抚边宿营。抚边，大约在懋功县城至两河

口的中间。

24日，毛泽东等人抵达两河口。

25日早晨，住在两河口关帝庙大殿里的毛泽东起了个大早，他带上警卫员陈昌奉，来到两河口镇外梦笔河与虹桥河交汇的地方。

只有百余户人家的两河口镇，这一天按毛泽东的要求，打扮得格外漂亮。这个默默无闻的穷乡僻壤，第一次用石灰水在高大的藏式墙壁上刷出了“欢庆一、四方面军胜利会师！”等大幅标语。

下午3点钟过后，毛泽东、朱德、张闻天、博古、刘伯承等领导人和他们的随行人员，冒着大雨，溯虹桥河而上，步行了近两公里路，来到一个草坪上。

按照毛泽东的安排，草坪上已搭好了一个讲台，以便举行欢迎张国焘的仪式。毛泽东等人到了这里，就一面在讲台旁边的帐篷里躲雨，一面等待张国焘的到来。

下午5点钟过，已于21日从理番东门外启程、经杂谷脑、翻越虹桥雪山的张国焘到达草坪。

26日，为了统一战略方针，根据形势变化决定红军的战略行动，中共中央政治局在两河口召开会议。参加会议的有：毛泽东、朱德、周恩来、刘伯承、王稼祥、洛甫、博古、刘少奇、凯丰、邓发、林彪、彭德怀、聂荣臻、张国焘、林伯渠、李富春。会议首先由周恩来代表中共中央和中革军委作目前战略方针的报告。他在回顾了红一方面军离开中央苏区以来战略方针的几度变化之后，着重讲了战略方针、战略行动和战争指挥三个问题。

28日，根据两河口会议的精神，中共中央政治局发出《关于一、四方面军会师后战略方针的决定》，明确规定：“在一、四方面军会合后我们的战略方针是集中主力向北进攻，在运动战中大量消灭敌人，首先取得甘肃南部，以创造川陕甘苏区根据地，使中国苏维埃运动放在更巩固更广大的基础上，以争取中国西北各省以至全中国的胜利。”

当日，中革军委进攻松潘的部署要点下达两个方面军首长。

29日，中共中央政治局在两河口召开了常委会议，决定张国焘任中革军委副主席，并增补徐向前、陈昌浩为军委委员；同日，以中革军委主席朱德、副主席周恩来、张国焘、王稼祥联合签署的《松潘战役计划》正式下达。

30日，林伯渠、李富春、刘伯承等人所率的中央慰问团随同张国焘从两河口出发，前往理番县红四方面军总部机关所在地杂谷脑（今理县县城）、薛城、东门外地区慰问红四方面军将士。

7月20日，红军放弃懋功县城后，于8月9日放弃抚边。8月31日，红九军二十七师七十九、八十团放弃两河口，退至木城、梦笔山，与二十军杨森部及邓锡侯之李树华旅相持。

1935年6月马尔康

1935年6月，红一、四方面军相继进入马尔康地区。1936年7月，最后一批红军北上。

6月中旬，红四方面军第三十军八十九师师长柴洪儒率二六七团，由理县薛城出发，经杂谷脑、夹壁翻越海拔4600米的鹧鸪山，在距马塘18里处的可儿朗，遭遇康猫寺日头喇嘛所率寺院僧众及士兵阻击。士兵缺乏训练，相持不久，便溃逃康猫寺内。二六七团旋即占领马塘。

红一军团于6月中旬进驻懋功，旋即奉中国革命军事委员会命令向马尔康卓克基进发，逆抚边河而上，经小金双柏、八角、抚边、两河口，进入大板昭沟。

24日，前卫红六团翻越海拔4564米的梦笔山，于山北麓纳足沟通往卓克基途中的一段深谷中，遭遇卓克基土司索观瀛所率土兵阻击，并率先开枪击毙红军向导。在一再喊话宣传无效后，红军进行有选择的还击。他们依托有利地形，与红军相持，当夜骤降大雨，火枪失效。红军乘机进攻，土兵退守卓克基官寨。

25日，进逼卓克基的红六团由于高达7层的土司官寨紧固，无法进寨。相持至夜晚，红军先头部队为联络后续部队，发射数颗照明弹。土兵认为红军施法术，放“神火”烧毁官寨，慌忙弃寨而逃。红六团及其后跟进的红四团旋即进驻卓克基官寨。该部稍加休整后于6月底、7月初陆续经梭磨、马塘、刷经寺向黑水芦花方向北进。

6月底，红一军团主力、红九军团、红三十军一部分部队相继抵达卓克基及松岗、马尔康、梭磨、马塘一线。

这时，卓克基以东之马塘、梭磨、康猫等地，已为由理番经米亚罗、尽头寨翻鹧鸪山西来的红三十军八十九师二六七团等部占领。至6月底，党坝、松岗、马尔康、卓克基 梭磨、马塘等地，皆为红军所占。

《松潘战役计划》发布后，驻上述地区的部队首先开始行动。6月底，进至马塘地区的红一军团先头部队和红六团及红五团一个营，由红二师师长陈光和红一军团政治部主任朱瑞率领（又称“陈、朱支队”），作为开路先锋开始

向草地进军。当部队到达中壤口（今属红原县）时，与麦桑（即阿坝）土官、国民党西北“剿匪”第一路第五纵队麦桑支队司令杨俊扎西率领的千余骑兵相遇，展开了激烈拼杀。中壤口一带，地势开阔，颇利骑兵作战。六团战士缺乏打骑兵的知识与经验，损失较大，作战失利，被迫退出战斗，撤至康猫。

7月初，红一军团和红三十军奉命由康猫寺等地出发，翻越海拔4460米的长坂山（又称亚克夏山或马塘梁子）垭口，经马河坝、寡古、生长寨、羊茸、昌德等地，翻昌德山（即昌德梁子），再经上、中　　下三打古，翻塔鲁岗（拖罗岗，即打古山）到达沙窝（今松潘县血洛）。

7月1日，毛泽东、朱德、周恩来及中央机关从懋功（今小金）两河口出发，翻越梦笔山进抵卓克基土司官寨休整一周，7月中旬经梭磨、马塘前往黑水，10日达到上芦花。

7月上旬，红四方面军三十一军、九军、三十三军从理县胆杆尽头寨出发，越过鹧鸪山进入马尔康境内，散集于马塘、梭磨、卓克基一线。

松潘战役因各种主客观因素影响和限制，最终流产。红军没有能够从松潘一线打开“北出陕甘”的大门，何去何从的问题，再一次摆在了红军面前。

7月31日，中共中央、中革军委决定撤销松潘战役计划，改经草地北上。

8月1日13时，朱德、张国焘以红军总部的名义分别发往各部队的电报中，提出了一个新的战役目标——夏河、洮河地区：“为进行新的战役部署，以攻取阿坝、向北发展为目的，决以二十五师、九十三师、五军及二七一团共九个团，组成第一纵队，以王树声为司令员兼政委，迅经卓克基、大藏寺向阿坝疾进，以争取到夏河流域的先机”。

同日14时，朱、张又电示倪志亮、周纯全、詹才芳、陈伯钧等：“我军改以攻占阿坝、北向夏河流域消灭敌人为战役目的，对松潘之敌则钳制之，对岷江两岸李（家钰）、邓（锡侯）、杨（森），大金川两岸刘（文辉）、李（抱冰）等敌则监视之。在有利时机得集中一部兵力实行回击……依此目的，现将原第四、第五纵队合并为第二纵队，以倪志亮为司令员、周纯全为政委，詹才芳为副司令员。”

8月3日，中共中央制定《夏洮战役计划》规定：

以王树声任司令兼政委，率二十五师、九十三师、五军及二七一团共9个团兵力组成第一纵队，任务是迅经卓克基，打通到大藏寺、查理寺及阿坝的道路，消灭番兵马队。阿坝攻下，则应急以主力向北探进，以一部打通阿坝至墨洼路，以接应右路军。

以红三十军和红一军为右路军，三十军6个团兵力为右路北进的先头兵团，一军6个团兵力为右路预备队，任务是由卡龙、毛儿盖向班佑、阿西侦察准备走此路，遭遇和消灭胡敌一部；然后向北转移以争取进占夏河流域的先机。

以第二纵队司令员倪志亮、副司令员詹才芳、政委周纯全率二十七师、三十二军（原九军团、三十三军、九十一师及二六二团共11个团为各方钳制部队，分驻于松岗、党坝、抚边、杂谷脑、耿达、草坡、梭磨等地。其任务是：“尽力控制要点，隐蔽企图，特别是镇坪方向我军要配合河西支队，向松潘方向积极佯动，以便吸住松敌于自己方面。抚边、党坝之线的钳制支队，应坚守要点，积极打反，以掩护我军主力转移，同时川敌如进，应坚决扼阻，在有利时机应集中兵力一部，实施回击而消灭之”。各钳制支队“目前须坚决向敌方活动，以掩护杂谷脑、卓克基地带之安全”。其中，九军二十七师八十一团维护大藏寺到卓克基一带交通；三十二军开往松岗、卓木碉（今脚木足）一线；二十七师（缺八十一团）守党坝、抚边；三十三军集中于汶川耿达、草坡方面；二六二团集中于梭磨。

以第三纵队司令员彭德怀、副司令员王宏坤、政委杨尚昆率驻黑水流域的红三军、二六九团及在茂县渭门关的二十九团共6个团为总预备队，“策应各方，并首先打通茨坝杂窝到波罗子道路，以便在有利时机，经此路随右路军后北进，如情况不允，则准备亦经卓克基北进阿坝”。

8月上、中旬，各部均按计划行动。驻守在理番杂谷脑、黑水芦花等地的后方机关均向卓克基一带转移，汶川、理番一线的钳制部队也逐渐向马尔康集中。

正当红军各部按照《夏洮战役计划》积极准备北上时，张国焘又节外生枝，要中央召开政治局会议，解决“政治路线问题”。于是，中央于8月4日至6日在毛儿盖地区的沙窝寨子（即今血洛村俄灯寨子）再次召开政治局会议（沙窝会议）。

出席这次会议的有张闻天、毛泽东、朱德、张国焘、陈昌浩、刘伯承、傅钟、凯丰、邓发、博古等。会议议程有二：讨论红一、四方面军会师后的形势与任务的决议案；解决组织问题。

会议召开之前，中央政治局委托张闻天草拟了红一、四方面军会合后形势与任务的决议案。会议开始后的8月5日，首先由张闻天就所拟草案作报告。接着，与会者进行了讨论。

张国焘在讨论中发言，拒绝草案对他在红四方面军的工作所提出的批评，并多方辩解。他坚持说，放弃川陕根据地和在少数民族地区建立联邦政府的做法都是正确的。红四方面军是工农干部领导的，走上了布尔什维克道路。他否认自己有反党行为，强调由于自己的领导，红四方面军英勇作战，开拓了赤区，打了很多胜仗。他进一步批评红一方面军退出中央革命根据地以后，是打掩护战，纪律松弛、部队疲劳，减员太大，并有失败情绪。他提出，红一方面军的领导应检查自己的错误并企图挑拨红一、四方面军之间和红一方面军内部各兄弟部队的团结。陈昌浩在发言中认为，草案对张国焘的批评完全是误会，担保张没有反党的意思，并说张批评红一方面军是希望其改好，并非歧视，等等。

其他与会者也都发了言，表示同意决议案中对张国焘的错误所作的批评，并对决议案的内容作了一些补充。

当会议进入第二项议程，讨论关于组织问题时，张国焘以红四方面军人多和提拔工农干部为由，建议在中共中央领导中增加红四方面军干部。当时，在川西北地区的中共中央政治局委员、候补委员总共只有十人（即朱德、毛泽东、周恩来、张闻天、张国焘、王稼祥、博古、邓发、刘少奇、凯丰），张却提出再增加红四方面军干部九人作政治局委员。党中央为了争取和团结红四方面军干部共同北上，对张国焘作了一些必要的妥协和让步，同意在组织上作些适当的调整，增补在红四方面军工作的一些干部为中央委员，并决定陈昌浩、周纯全等三人参加政治局，会议还对红军的指挥机构作了调整，并作出了恢复红一、四方面军番号等相应的决定。此后，红军指挥机构及其负责人情况是：

中国工农红军革命军事委员会

主　席　　朱　德
副主席　　张国焘　周恩来　王稼祥

中国工农红军总司令部

总司令员　　朱　德
总政治委员　　张国焘
总参谋长　　刘伯承
总政治部主任　　陈昌浩
副主任　　杨尚昆　周纯全

红军前敌总指挥部

总指挥　　徐向前
政治委员　　陈昌浩
参谋长　　叶剑英
副参谋长　　李　特
政治部主任　　陈昌浩
副主任　　傅　钟

工农红军第一方面军

司令员兼政治委员　　周恩来
参谋长　　周　昆
政治部主任　　朱　瑞
副主任　　罗荣桓

工农红军第四方面军

总指挥　　徐向前
副总指挥　　王树声
政治委员　　陈昌浩
参谋长　　倪志亮
副参谋长　　王宏坤
政治部主任　　李卓然
副主任　　傅　钟　曾传六

沙窝会议通过的《关于一、四方面军会合后的政治形势与任务的决议》于8月9日颁布。

《决议》重申了创造川陕甘苏区根据地战略方针的正确性，并指出："红军根本的严重责任，就是在川陕甘及西北广大地区创造出这样一个根据地。"

《决议》从革命大局出发，拒绝了张国焘提出的解决政治路线的要求，仍然维持了遵义会议对此问题作出的结论，即中央的政治总路线是正确的，没有粉碎敌人的第五次"围剿"，主要原因是军事路线的错误，且已由遵义会议所纠正。

《决议》针对张国焘的宗派活动，提出："为了创造川陕甘苏区的历史任务，必须在一、四方面军中更进一步的加强党的绝对领导，提高党中央在红军中的威信。"

《决议》还对张国焘只看到中央苏区变为游击区、红一方面军减员、党在某些工作特别是军事工作中的错误与弱点，而把党的部分错误，误解为全部的错误，作了恰当的不指名的批评。同时强调：红一、四方面军的兄弟团结，是完成创造川陕甘苏区，建立中华苏维埃共和国的历史任务的必要条件，一切有意无意地破坏红一、四方面军团结一致的倾向，都是对红军有害，对敌人有利的。必须使红一、四方面军的每一个同志了解，红一、四方面军都是中国工农红军的一部分，都是中国共产党所领导的。

由于党中央同张国焘的错误作了坚决的斗争，特别是沙窝会议上的严肃批评，使张国焘对自己的错误行为不得不暂时有所收敛，再次表示同意中央的北上方针。

会后，军委纵队也一分为二，红军总部各局除二局外，其余大部分随朱德、张国焘、刘伯承等返回了卓克基、马尔康地区，准备随左路部队北上。

左路军三十一军九十三师、五军、九军二十五师等在马尔康、马塘、大藏一带集结；三十一军九十一师驻守理番至卓克基一线；三十二军驻马尔康至松岗一线；九军二十七师驻党坝、抚边一线；三十三军在耿达、草坡至理番一带；三十军二六二团驻梭磨。驻守党坝一带的红七十六团与尾追而至的国民党川康军余松琳旅部分军队、绥靖游击司令杜铁樵武装发生小规模战事。

1935年8月阿坝

《夏洮战役计划》颁布后，左路军各部即按计划向卓克基集中。8月7日，第一纵队先头团——二十五师七十四团翻越海拔4272米的卡子山，首先占领了大藏寺，并继续向阿坝方向前进。

沙窝会议后，党中央为了迅速北上，达到实施《夏洮战役计划》的目的，对《夏洮战役计划》的行军路线和兵力部署又进行了一系列的调整。

8月15日，中共中央致电朱德、张国焘，指出：“一、四方面军主力均宜走右路，左路阿坝只出一部，掩护后方前进”，“不论从地形、气候、敌情、粮食任何方面计算，均须即以主力从班佑向夏河疾进，左路军及一方面军全部应即日开始行动”，“毛儿盖到班佑仅五天，到夏河十二天，班佑以北，粮、房不缺，因此一、四两方面军主力，均宜走右路，左路阿坝，只出支队，掩护后方前进”，且“目前应专力北向，万不宜抽兵回击抚边、理番之敌。”

至此，中共中央实际上改变了《夏洮战役计划》预计的北进主轴线：将原来的“左路为主要行军轴线”，改成了“以右路军主要行军轴线”，而原计划中“经阿坝以主力向北探进”，变成了“左路阿坝，只出支队，掩护后方前进”这是一个极其重要的调整。

但是，张国焘始终没有放弃其退却主张，并未真正拥护北上方针。沙窝会议后回到卓克基，他又提出经阿坝向青海、宁夏、新疆的主张，并置中央指示于不顾，仍率左路军主力向阿坝进发，以期造成打阿坝的既成事实，实现其西出的意图。

于是，因沙窝会议而表面上趋于统一的战略方针和战略行动，再次出现了分歧。

张国焘置中央指示于不顾，仍于15日率左路军主力向阿坝进发。左路军大部由卓克基出发，进大郎足沟，经大藏寺，翻越卡尔古山，向阿坝前进。左路军三十二军等部在倪志亮、周纯全领导下，驻留在松岗、孟沽、卓克基一线作全军后卫，兼就地筹粮、整训、做群众工作，为北上准备。

红三十一军九十三师由康猫寺经龙日坝草地向阿坝进发。九十三师先头部队在进到档格哈里玛山西南约三十里之时，同杨俊扎西率领之两千余骑兵相遇。红军初战不利，被迫后撤，旋因后续部队赶到，乃将土兵击退，该部红军遂转进至四寨（今查尔玛）一带。另一路以红九军二十五师和红五军从马尔康、大藏寺一带出发，经过阿坝草地，经卡尔古翻越海拔4253米的安得山（今格地山），在四寨会合九十三师后继续前进。

18日，陈昌浩、徐向前致电张国焘，指出：从速紧靠右路，速齐并进，以免力分。”

19日，张国焘回电，以“财粮策源”“多辟北进路”“后方根据”为由，提出“阿坝仍需取得”，拒不引兵东指。

19日，一纵队二十五师击溃土司武装阻击，占领查理寺。

21日，红军占领阿坝。

是以主力经阿坝向青海，还是以主力经班佑入甘南再向东发展？在主客观种种因素的逼迫下，党中央再一次面临着选择。于是，有了中央政治局毛儿盖会议。

22日，中共中央政治局在毛儿盖索花寺再次召开政治局会议。

会议明确决定，左路军的行动应以右路军的进展而转移。毛泽东受会议委托起草了《关于目前战略方针之补充决定》。指出了夏洮战役后红军主力的行动方向："在目前具体的敌人情况之下，为实现6月28日关于目前战略方针之基本的决定，要求我们的主力迅速占取以岷州为中心之洮河流域（主要是洮河东岸）地区，并依据这个地区，向东进攻，以便取得陕甘之广大地区，为中国苏维埃运动继续发展之有力支柱与根据地"，"政治局认为在目前将我们的主力西渡黄河，深入青宁新僻地，是不适当的，是极不利的（但政治局并不拒绝并认为必须派遣一个支队到该地区去活动）"。

《决定》强调："当前的战役应力争控制洮河，首先是其东岸地区，粉碎敌人兰州松潘封锁之计划，以处于有利的机动地位，而便利于继续战胜敌人。集结最大限度的主力于主要方向，坚决果敢作战，灵活与巧妙的机动，是这个战役胜利之保证。"

早在8月中旬，党中央就电告张国焘红军主力不宜深入阿坝，被张置之不理。左路军占领阿坝后，张国焘即命新成立不久的中共川康省委以阿坝为中心，"大大开展工作"，争取赤化草地，使阿坝成为苏区一部。

同时，他还命令第一纵队一部向黄河及其以北探进。该部奉命之后，于8月23日以阿坝格尔登寺喇嘛罗车儿兄弟俩为向导，由上阿坝翻越加绒拉热尔雪山和西洛羊玛尔雪山，沿杜柯河北行，进占了黄河南岸的齐哈玛寺院（今属甘肃省玛曲县）。因未能找到适当渡河点，且黄河北岸有"南番"牧主唐隆古洼武装的阻击，该部红军驻齐哈玛数日后由原路返回阿坝。这也说明张国焘在此前后，已经在打"西进甘青"的主意了。

24日，正在草地中艰难行进的中央政治局将会议所作的关于目前战略方针之补充决定电告张国焘。电报说："我军到甘南后，应迅以主力出洮河东岸，占领岷州、天水间地区，打破敌人兰州、松潘封锁计划，并依据以岷州为中心之洮河地区，有计划的大胆的向东进攻，以便取得甘陕两省广大地区，为中国苏维埃运动的有力根据地……这一方针是估计到政治、军事、经济、民众各种条件而决定的。而且目前为我们主观力量能够执行。"针对张国焘的西进思想，电报指出："以主力向洮河以西，令敌沿洮河封锁则我被迫向黄河以西，然后敌沿黄河东岸向我封锁，则我将处于地形上、经济上、居民条件上比较大不利之地位。"电报最后强调："目前应令右路军全力迅速夺取哈达铺，控制西固、岷州间地段，并相机夺取岷州为第一要务。左路军则迅速出墨洼、班佑，出洮河左岸，然后并肩东进。断不宜以右路突出黑错、旧城，致失先机之利。"

同时，徐向前、陈昌浩也致电张国焘敦促左路军向右路靠拢，以便两路集中向夏、洮、岷前进。徐、陈特别指出："主力合而后分，兵家大忌。前途所关，盼立决复示，迟疑则误尽中国革命大事。"

29日，陈昌浩在给张国焘的电报中，再次催促说："左路宜很快向此方进，不然前进道路必为敌阻。"

30日，在党中央和右路军的不断催促之下，张国焘不得不有所表示，他向位于卓克基、马尔康等地的左路军第二纵队发出向北集中、准备向右路军靠拢的电令，同时，率第一纵队向班佑移动。

9月1日，徐向前、陈昌浩、毛泽东等联名致电张国焘，根据新的敌情，对红军迅速向前的有利因素作了具体说明。

在等待左路军期间，中央政治局于9月2日在前政总指挥部在巴西的驻地班佑寺召开会议，张闻天、毛泽东、博古、王稼祥、凯丰、陈昌浩、刘少奇、彭德怀、杨尚昆、李富春、徐向前、傅钟等与会（周恩来因病未能与会），会议讨论了红一方面军工作方针问题。毛泽东在发言中说："战略方针已确定向东，向汉人集聚区发展，给养条件是可以改善的，休息时间除作战任务外是可以争取的。"会后，前敌总指挥部移驻潘州村，中央领导人几乎每天都在前总讨论红军行动问题，并耐心等待左路军。

但是张国焘始终不愿放弃西进或南下的方针，更不同意党中央关于两路军集中北进，创造陕甘苏区的部署。

3日，左路军第一纵队大部及红军总司令部进到了噶曲河边。张国焘排斥朱德、刘伯承对左路军的领导，借口河水上涨渡河不能，强行率部西返。

当天，张国焘致电中央，明确反对北上。电报全文是：（甲）上游侦察七十里，亦不能徒涉和架桥，各部粮只能吃三天，二十五师只二天，电台已绝粮，茫茫草地，前进不能，坐待自毙，无向导，结果痛苦如此，决于明晨分三天全部赶回阿坝。（乙）如此影响整个战局，上次毛儿盖绝粮，部队受大损失，这次又强向班佑进，结果如此。再北进，不但时机已失，恐亦多阻碍。（丙）拟乘势诱敌北进，右路军即乘胜回击松潘敌，左路备粮后亦向松潘进。时机迫切，须即决即行。

张国焘致电中央后，立即重新布置左路军的行动。

5日，他在由噶曲返阿坝途中的箭步塘（今甲本塘）电令倪志亮、周纯全，要第二纵队之前沿各部在巩固阵地的同时，向敌方游击，其余部队就地备粮待命。

8日上午9时，徐向前、陈昌浩致电朱、张：胡（宗南）不开岷，目前突击南、岷时间甚易。总的行动究竟如何？一军是否速占罗达？三军是否跟进？敌人是否快打？飞示，再延实令人痛心。……中央局正考虑是否南进，毛、张皆言只有南进便有利，可以交换意见，同意北进便有出路，我们意以不分散主力为原则，左路速来北上为上策，右路南去南进为下策。请即明电中央局商议，我们决执行……万一左路若无法北进，只有实行下策。如能乘（敌）向北调时，取松潘、南坪仍为上策。请即明电中央局商议，我们决执行。

这实际上对张国焘表达了一种无可奈何的妥协态度。

8日当晚，党中央在周恩来住处开了一个会议，参加人有周恩来、张闻天、博古、徐向前、陈昌浩、毛泽东、王稼祥等。会议决定致电张国焘，促其北进。

晚22时党中央以周恩来、张闻天、博古、徐向前、陈昌浩、毛泽东、王稼祥七人名义，致电朱德、张国焘、刘伯承，电文指出：左路军如果向南行动，则前途将极端不利……因此务望兄等熟思深虑，立下决心，在阿坝、卓克基补充粮食后，改道北进，行军中即有较大之减员，然甘南富庶之区，补充有望。在地形上、经济上、居民上、战略退路上，均有胜利前途。即以往青宁新说，已远胜西康地区……望兄等当机立断，则革命之福。

除了详陈北上的战略意义和利害攸关之所在，这份联署电报还委婉表达了如果红四方面军不愿意北上，党中央拟率红一、三军先行北上之意图：目前胡敌不敢动，周、王两部到达需时，北面仍空虚，弟等并拟于右路军抽出一部，先行出动，与廿五、（廿）六军配合行动，吸引敌人追随他们，以利我左路军进入甘肃，开展新局（面）。

当时红一军主力已进至拉界（今那盖）、俄界（今高吉），先头红一师已进至白龙江峡谷的旺藏寺、麻牙寺，正拟向前探路前进，而右路军中的红四方面军部队要根据张国焘的定夺作取舍。如此，这个“右路军抽出”之“一部”，最有可能的就只能是右路军中的红一方面军部队。

同日，张国焘还以“朱张”名义电令右路军后方部队指挥员、红三十一军政治委员詹才芳：“飞令军委纵队政委蔡树藩将所率人员移到马尔康待命。如其听则将其扣留，电复处置。”

同日22时，又以“朱张”名义电令徐向前、陈昌浩：“一、三军暂停留向罗达进，右路即准备南下，立即设法解决南下的具体问题。右路皮衣已备否？即复。”

9月9日下午13时，徐向前、陈昌浩电令已率部进至俄界、旺藏寺的红一军部队停止前进，集结整理，“补足十天米粮和衣鞋”。午后，前敌总指挥部收到了来自红军总部的一份密电，前敌总指挥部参谋长叶剑英收到了这份电报，感觉其中“语气很强硬”，随即向正在附近的毛泽东报告，毛泽东抄下电令，告诉叶剑英处境危险，要赶快回去，务必提高警惕，以防意外。叶剑英随即将电报送交了陈昌浩。而毛泽东也同张闻天、博古等紧急磋商，一致认为再继续说服等待张国焘率部北上，不仅没有可能，而且会招致严重后果。中央政治局常委遂于当晚在牙弄寨周恩来住处召开紧急会议，决定率红一、三军先行北上，速出甘南。

据徐向前回忆，那天晚上，毛泽东前往牙弄寨开会途经潘州村时，还亲自来到他的驻地征询他的意见。而他当时表示的态度是："两军既然已经会合，就不宜再分开，四方面军如分成两半恐怕也不好"，而"毛主席见我是这种态度，便没再说别的，要我早点休息，遂告辞而归"。

牙弄寨政治局常委紧急会议后，中央还致电张国焘和徐向前、陈昌浩：

陈谈右路军南下电令，中央认为完全不适宜的。中央现恳切的指出，目前方针只有向北是出路，向南则敌情、地形、居民、给养都对我极端不利，将要使红军受空前未有之困难环境，中央认为：北上方针绝对不应改变，左路军应速即北上，在东出不利时。可以西渡黄河占领甘、青交通新地区，再行向东发展。

10日凌晨，中共中央在北进途中再电张国焘，表达了同样态度。

9月9日24时，张国焘复电徐、陈并转中央，依然反对北上坚持南下。他认为现在部队有很大减员，若再北进，减员将在半数以上，红军向东突击，将成无休止的运动战，没有前途，若到夏河、洮河流域，便再无南返之机，且能否立住脚跟还成问题。相反，南面川敌弱，不善守碉，"山地隘路战为我特长"，懋丹绥一带地形不如通南巴险；南方粮食多、从阿坝南下，红军既有房可宿，也有粮可食；丹巴、甘孜、道孚、天全、芦山，在各方面均优于夏洮，邛崃、大邑更好。因此，他再次提出"现宜以一部向东北佯动，诱敌北进，我则乘势南下"，并强调"南下又为真正进攻，绝不会做瓮中之鳖"。但徐向前、陈昌浩收悉该电时，党中央已率红一、三军北上了，所以没有看到这份电报。

鉴于张国焘抗拒中央指示，拒不执行北上方针，而右路军中红四方面军部队又已准备南下，9月10日凌晨，党中央率红三军、红军大学离开巴西地区，向俄界进发。同时，军委纵队各单位也以“上山打粮”为名，同党中央一道北上。

9月10日凌晨，党中央在从阿西茸出发北上前，再次致电徐向前、陈昌浩并特别强调：“目前战略方针之唯一正确的决定，为向北疾进，其多方考虑之理由，已详屡次决定及电文”，“八日朱张电令你们南下，显系违背中央累次之决定及电文，中央已另电朱张取消该电”，“中央已令一方面军向罗达俄界前进，四、三十军归你们指挥，应于日内尾一、三军后前进，有策应一、三军之任务。以后右路军统归军委副主席周恩来同志指挥之”，“本指令因张总政治委员不能实行政治委员之责任，违背中央战略方针，中央为贯彻自己之决定，特直接指令前敌指挥员（党员）及其政委并责成实现之”。

党中央还派人向徐、陈送达了《为执行北上方针告同志书》，并电令徐、陈首长率右路军主力跟进，未果。陈昌浩曾以徐、陈名义拟写了一封信函派人送交彭德怀，彭德怀根据毛泽东指示，签了收条。当日1时，前敌总指挥部首长还致电红一、三军首长：“吾兄在红军久经战斗，当振臂高呼，揭开黑幕。勿跟毛周路线逃跑，应率部返回随张主席南下。”

党中央从阿西茸地区开始北进时，在潘州村前敌总指挥部的徐向前、陈昌浩部均在熟睡中，次日清晨才得悉党中央已率红三军北进的情况。陈昌浩即命前敌总指挥部副参谋长李特率一连骑兵前往追赶。李特赶上并企图阻止党中央北上，被毛泽东等劝止。但李特仍叫回了红军大学的大部分红四方面军学员。同日，前敌总指挥部也扣留了前去包座慰问部队而未能追上党中央的军委纵队部分人员。

党中央率红三军单独北进后，一些不明真相的干部请示前敌总指挥部打不打，徐向前当即严正斥责：“天下哪有红军打红军的道理！”徐向前的态度得到了陈昌浩的支持，他们果断制止了红军间可能发生的冲突和流血牺牲。

当日，红四方面军总政治部《红旗》附刊第1期中，刊出了《为争取南下每一战役的全部胜利而斗争！》，该文声称：“南下战略方针已经定下来了”，“一切夸大敌人力量，不相信自己力量，丧失创造新苏区的信心，企（图）逃跑到偏僻地区的倾向，是我们目前主要的危险，必须开展无情的斗争。”

11日，党中央和红三军等到达俄界，会合了红一军团。为了争取张国焘北上中央再次电张指出：“中央为贯彻自己的战略方针，再一次指令张总政委立刻率左路军向班佑、巴西开进，不得违误。”

“中央已决定右路军统归军委副主席周恩来同志指导，并已令一、三军在罗达、俄界集中。”“左路军立即答复左路军北上具体部署。”

中央这一指示，没有得到积极的回应。

12日，从徐向前、陈昌浩报告中得悉了党中央已率红一、三军率先北上的消息后，张国焘致电红一、三军首长并转党中央领导人，指责中央“不图领导全部红军，竟率一部秘密出走”，他要红一、三军“速归来受徐、陈指挥，南下首先赤化四川”，还说红一、三军单独东出，将成无止境的逃跑，不会拖死也会冻死，断送红一、三军，将来会悔之无及。

张国焘拒不执行中央指令，还向前敌总指挥部发出语气强硬的电报，直接导致了两大主力红军在会师三个月后发生分裂。

面对张国焘分裂红军所造成的危局，党中央于9月12日在今甘肃省迭部县的高吉村（即俄界）召开了中央政治局紧急扩大会议。到会的有毛泽东、张闻天、博古、王稼祥、凯丰、刘少奇、邓发、蔡树藩、叶剑英、林伯渠、李维汉、杨尚昆、李德、林彪、聂荣臻、朱瑞、罗瑞卿、彭德怀、李富春、袁国平、张纯青等，共二十一人。

会议首先听取了毛泽东关于与四方面军领导者的争论及今后战略方针的报告。由于时间紧迫，俄界会议只开了一天。

会议对毛泽东的报告进行了认真的讨论。大家一致拥护北上方针，严厉批判张国焘抗拒中央、企图分裂党的严重错误并指出同张国焘的斗争是路线斗争。与会者一致同意毛泽东对张国焘要有步骤地处理的意见。会议通过了《关于张国焘同志错误的决定》。为了挽救张国焘，给他以改正错误的机会，《决定》只发给中央委员。

13日，党中央即率红一、三军离开俄界继续北上。

17日，先头部队红四团一举夺得天险腊子口，歼灭守敌鲁大昌部两个营，打开了北进通道。

18日，先头部队继翻过岷山之后占领哈达铺。从哈达铺获得的报刊信息中，党中央得悉了刘志丹等在陕甘地区已经创建了一个苏区，根据此前他们从敌方电报中得悉的红二十五军在甘南两当等地活动情况，判断红二十五军已与刘志丹领导的陕甘红军会师，遂决定直奔陕甘苏区。

党中央利用在哈达铺休息的短暂时间，根据俄界会议决定，对部队进行了整编。正式宣布成立中国工农红军陕甘支队，下设三个纵队，原红一军团为第一纵队，原红三军团改为第二纵队，原军委纵队改为第三纵队。

整编后的陕甘支队共约七千人，于9月下旬从哈达铺出发，摆脱敌军阻击，通过敌人武山、漳县间之封锁线，从鸳鸯镇和山丹之间渡过渭河，于9月27日抵达通渭县榜罗镇。

28日，中央政治局召开会议，根据新的情况，正式作出把长征落脚点放在陕北的决策，宣布以陕北苏区作为领导全国革命的大本营。此后，党中央率陕甘支队经通渭，越过西（安）兰（州）大道和平（凉）固（原）大道，翻六盘山，于10月19日抵达陕北革命根据地吴起镇（即今吴起县），与陕北红十五军团胜利会师。

至此，红一方面军长驱两万五千里的伟大远征，胜利结束了！

自1934年10月17日夜渡于都河开始“西征”算起，到1935年10月19日到陕北吴起镇为止，中国工农红军第一方面军主力跨越了闽、赣、粤、湘、桂、黔、川、康、滇、甘、陕等十一个省，翻越了五座海拔4000米以上的雪山，穿越了茫茫水草地，行程两万五千里，众多的红色战士们把生命铺垫在了这次伟大远征的坎坷征途中。当时八万六千余人的大军，只有六千余人到达吴起镇，这还包括途中“扩红”而来的兵员。

1935年9月初，身为红军总政委的张国焘抗拒执行中央指令和中央政治局会议决定，拒不引兵东指北上，反而要求红军南下。张国焘便公开进行分裂党和红军的活动。

9月中旬，张国焘以川康省委名义，在阿坝格尔登寺大殿内，召开“川康省委扩大会议”（即阿坝会议）。张在会上提出南下行动方针，煽动一部分不明真相者，非难中央路线，批评党中央率红一、三军北上是分裂逃跑，并对拥护中央北上方针的朱德、刘伯承进行围攻。最后，不顾朱德、刘伯承等人反对，通过了《阿坝会议决议》。

9月18日，张国焘开始部署卓克基一带的红三十一军进行南下准备：“右路已能排除第一道难关，坚决南下，现在就看你们能否速取绥、崇、丹、懋。南下打开绥、崇、丹进路，关系全军生死存亡。望用全力完成任务，并大大提高全军坚决南下，再不往草地的战斗意志。”

除了“川康省委扩大会议”之外，张国焘还以总政治部、总司令部党总支等名义，开“活动分子会议”“党团大会”“干部会议”等一系列大小会议。为了攻击中央而抬高自己，为其另立“中央”作舆论准备，张国焘以红军总政委的名义，不断在这些会上作报告，大力向部队灌输“反对中央政治局个别右倾分子的逃跑路线”“反对右倾机会主义的向北逃跑”，只有南下“才是真正的进攻路线”等思想，并在部队中提出“打到成都吃大米”的鼓动口号，以期在部队中造成广泛的影响。同时，张国焘迅速地在各军中贯彻《阿坝会议决议》，并大肆迫害反对他的错误的干部。

由于朱德、刘伯承处于信息被封锁状态，难以对党中央率红一、三军北上的行动作出令人信服的解释，张国焘的煽动仍然还是迷惑和蒙蔽了很多红四方面军的将士——“再不往草地”的口号的的确确有着很强的煽动性和说服力。

朱德、刘伯承对张国焘的错误行为提出了严厉的批评，因而首先受到张国焘的打击。他一方面在大小会议上直接点名批评朱、刘，说朱、刘“右倾”“保守”等等，发动一些人围攻，要二人与党中央的所谓“右倾机会主义路线”划清界限；另一方面，采取多种手段，架空朱、刘，剥夺二人所应行使的权力。派人严密监视二人的行动，尽可能减少他们与外界的接触，并停止总参谋长刘伯承应该行使的一切权力，甚至连电报也不让看。

朱德、刘伯承在这种十分困难的情况下，仍然同张国焘的错误作了坚决的斗争。在阿坝召开的一系列会议上，朱、刘二人同张国焘进行了面对面的交锋。朱德在会上一再说：党中央的北上方针是正确的；北上决议，我在政治局会议上是举过手的。我不反对北上，我是拥护北上的；我是一个共产党员，我的义务是执行党的决定。

张国焘还企图用“纪律制裁”来压制不同的意见，以保证其所谓“进攻路线”的贯彻执行。对朱德等人拥护党中央，反对分裂南下，感到极为恼火。他们谩骂朱德是“老右倾”“老顽固”“老糊涂”。由于朱、刘在红军享有极高的威望，张国焘出于种种顾虑，终于未敢采取极端措施，但对于其他反对分裂和南下的干部，张国焘则实行残酷的打击和迫害。

鉴于张国焘打击迫害反对他的错误的干部，为了保护革命同志，同时顾全大局，对于广大干部战士的斗争，朱德及时地给予了正确的引导，使之采取切实可行的斗争策略和方式，以达到尽可能多地保存革命力量的目的。

朱德当时还通过各种途径，指示原红一方面军的干部战士，“红四方面军全体指战员都是雇农出身，阶级成分很好。我们红一方面军留在红四方面军中工作的所有同志，都应当全心全意地关心爱护这支兄弟部队，要少讲空话，多做实际工作，不作无意义的牺牲，用红一方面军在建党、建军、建立地方政权以及练兵作战的经验，诚心诚意地帮助红四方面军，把它建设成为一支党所领导的更加坚强的武装力量”。

由于朱德的正确引导，许多拥护党中央、反对分裂的干部战士，在受到张国焘的排斥、打击、迫害的困难处境中，从大局出发，安下心来，埋头工作，未做出过火的冒险行动，避免了无谓的牺牲，保持和加强了红军内部的团结。

1935年9月马尔康

阿坝会议后，红四方面军主力分别从阿坝、毛儿盖地区南移，至9月下旬，陆续集结于党坝、松岗、马塘等地区，准备大举南下川康边。

1935年9月15日，张国焘以中国工农红军总政治部名义，制定颁布了《大举南进政治保障计划》，提出了南进战略方针。

就在《大举南进政治保障计划》制定的同时，在包座、班佑地区的红三十军、红四军已奉命向南行动。经过了几天又一次艰苦的草地行军，相继于9月17日、18日返回毛儿盖，稍事休息后又继续向卓克基、松岗一带移动。

9月中下旬，驻在阿坝一带的左路军第一纵队大部奉命南返，经查理寺后分兵两路：一部经四寨（今查尔玛）、卡尔古、大藏寺到脚木足（即卓木碉）一带，总部随此；一部经安坝、草登，到达松岗。

到9月底，南返红军会合了留守后方的左路军第二纵队。此时，红军紧紧控制着阿坝、查理寺、雅尔都、松岗、党坝、马尔康、卓克基、马塘、壤口等地区，主力则集结于马塘、卓克基、马尔康、松岗、党坝一线，并完成了向南进攻的准备工作。

1935年10月初，奉张国焘命令分别由阿坝和包座南下的红军，逐渐集中于卓克基、马尔康、松岗、党坝一线。此时，张国焘通过9月中旬以来的一系列会议和各种活动，从舆论上、政治上、组织上完成了另立“中央”的准备工作，于是，他迫不及待地拉开了“黄袍加身”的闹剧帷幕。

10月5日，张国焘在卓木碉（今马尔康市脚木足）的白莎喇嘛寺里，主持召开高级干部会议。出席会议的有朱德、张国焘、徐向前、陈昌浩、刘伯承、王树声、周纯全、李卓然、罗炳辉、何长工、余天云、曾传六、李特、黄超、方强、刘志坚等军以上干部约五六十人。张国焘在会上再次攻击毛（泽东）周（恩来）张（闻天）博（古）的所谓“右倾机会主义逃跑路线”，声称这样的中央不堪担负领导中国革命之大任，发动一些人对中央“向北逃跑”再次进行声讨。会上，张还提出，应仿效列宁和第二国际决裂的办法，成立以他为首的“临时中央”，并宣布了名单。

张国焘宣布名单后，即要与会者表态，首先要朱德表态反对毛泽东等人和北上方针。朱德严厉拒绝说，你这种做法我不赞成，我们不能反对中央，要接受中央领导。北上决议，我是举过手的，不能反对，我永远不会做墙头草。过去人们都把朱毛当成一个人，朱怎么能反毛？你们就是把我劈成两半，也割不断我和毛泽东的关系。

最后，会议宣布成立“中国共产党临时中央委员会”“中央政治局”“中央书记处”“中革军委”“团中央”等，宣布：

（一）毛泽东、周恩来、博古、洛甫应撤销工作，开除中央委员及党籍、并下令通缉。杨尚昆、叶剑英应免职查办。

（二）以任弼时、陈铁铮、陈绍禹、项英、陈云、曾洪易、朱阿根、关向应、李立三、夏曦、朱德、张国焘、周纯全、陈昌浩、徐向前、陈毅、李先念、何畏、傅钟、何长工、李维汉、曾传六、王树声、周光坦、黄苏（甦）彭德怀、徐彦刚、吴志明、萧克、王震、李卓然、罗炳辉、吴焕先、高敬亭、曾山、刘英、郑义斋、林彪组织中央委员会。

（三）以任弼时、陈绍禹、项英、陈云、朱德、张国焘、陈昌浩、周纯全、徐向前、李维汉、曾传六组织中央政治局，以何长工、傅钟为后（候）补委员。

（四）以朱德、张国焘、陈昌浩、周纯全、徐向前组织中央书记处。

（五）以朱德、张国焘、陈昌浩、徐向前、林彪、彭德怀、刘伯承、周纯全、倪志亮、王树声、董振堂组织军事委员会，以朱德、张国焘、徐向前、陈昌浩、周纯全为常务委员。

这样，张国焘分裂党分裂红军的活动就达到了顶点。

突如其来的分裂，在部队中引起了思想混乱，也引起部分红四方面军指战员的反对。红四方面军总指挥徐向前不仅在卓木碉会议上没有发言，也未举手赞成，而且在会后明确对张国焘表示，不赞成这种做法，开除这个，通缉那个，只能使亲者痛，仇者快。红四方面军不少指战员也都感到疑惑不解。这样做对吗？符合党章吗？有利于一致对敌吗？他们虽然在张国焘一贯的家长式的统治下，不敢公开表示自己的意见，但对张的盲目崇拜心理，开始怀疑动摇。原在右路军随党中央北上的红四方面军的指战员，奉张国焘之令南下途中，“许多人想不通：为什么不跟党中央北上？为什么又要经草地向南走呢？”

张国焘第二“中央”成立后，于1935年12月5日以“党团中央”名义致电彭德怀、毛泽东，电报说：“甲、此间已用党中央、中共中央、中央政府、中革军委、总司令部等名义对外发表文件，并和你发生关系。乙、你们应以党北方局，陕甘政府和北路军，不得再营用党中央名义。丙，一、四方面军名义已取消。丁、你们应将北方局，北路军和政权组织状况报告前来，以便批准。”

基于对形势的错误估计和日益膨胀起来的熏心权欲，张国焘于红一，四方面军会师之后，逐步将同党中央在战略方针上的分歧，发展到路线上、政治上、组织上的尖锐对立，从抗拒中央指令，命令红四方面军南下，到公开成立第二“中央”，张国焘迈出了右倾分裂主义的最后一步，在中国共产党的历史上制造了反党分裂活动的空前纪录。

1935年10月金川、丹巴、小金

10月7日，张国焘以“中革军委主席”名义，下达了《绥崇丹懋战役计划》。战役纲领为：“我军主力采取秘密迅雷的手段，分由观音铁桥及党坝沿大金川两岸夹河并进，配合夺取绥靖、崇化。赓即分取丹巴、懋功，以作南下出天全、芦山、邛崃、大邑的策源地。另以一部牵制并扼止鹧鸪山、马塘、梭磨、梦笔山一带之敌，以使主力得以各个击破消灭敌人，略取目的地。”

计划的相应部署为：第一，右纵队由第二十五师、第九十三师、第五军共八个团编成，以王树声同志为纵队司令员，詹才芳为政委。该纵队应于明八日由观音铁桥出动，经卓斯甲约于十二日攻取绥靖，十六日攻取丹巴，即以第五军守备之，后准备向懋或汗牛行动。第二，左纵队由第四军、第三十军、第二十七师、第三十二军共十六个团编成，为总部直接指挥。这一纵队主力应于十日由党坝出动，约于十三日攻取崇化，注意与右纵队隔岸呼应行动，并约于十六日攻取懋功。该纵队另一部则取道得胜梯、万里城山，出抚边大路，截断消灭懋功两河口中间之敌，以助攻懋功，并察明由抚边经别思满沟出将军碑、达维的道路。第三，左侧支队由第七十九团、第三十三军共三个团编成，以罗南辉同志为司令员，张广才为政委。这一支队应以一个团守梦笔山，两个营分守鹧鸪山及马塘要点，并出小部向尽头寨方向游击，主力则控制于卓克基、马尔康地带策应。

8日午后，右纵队红九军二十五师七十四团在观音桥下游三十公里处乘船向西强渡，由于受敌余旅一部及千余绰斯甲土兵的猛烈堵击，未能奏效。

9日夜，七十四团改由观音桥上游半公里处乘木筏偷渡。此处对岸几乎全是悬崖峭壁，敌疏于防守。红军偷渡成功，即向敌据点猛袭。敌见红军已渡河，惊惶无比，向深山老林溃逃，七十四团迅速翻越海拔4290米的亚顶山、海拔4283米的白鹤山向周山进击。

9日夜，红四军由党坝西渡大金川。当时党坝对岸有敌余松琳旅两个营，绥崇游击司令杜铁樵的反动武装数百及部分寨兵近两千人防守。红军首先在党坝上游三里处将扎有草人、挂有马灯的木筏推到河中，并向西岸射击。木筏顺流而下，吸引了敌人的主要火力。同时，红四军一部乘隙在党坝麻壤乘船偷渡，击溃西岸寨兵，摧毁敌几个碉堡，夺得西岸滩头阵地。当敌发觉红军已在上游渡河成功后，向西逃遁。红四军大部渡河后，立即组织力量向绥靖前进。踞守绥靖之敌一个团，见红军由北向南席卷而来，自料难守，遂向丹巴逃跑。

12日夜间，红四军进占绥靖后，主力稍事休息，即猛进丹巴，经巴底、巴旺。

16日，进占丹巴县城。

21日，进入东谷河谷，并向大炮山守敌第五十三师李韫珩部发起攻击……

在红四军西渡大金川的同时，红三十军也沿东岸向南进攻。

10日，红军采取迂回战术，在得胜梯附近歼敌三百余名。次日经过四次进攻，又击溃据守咯尔丹斯之敌一个团。

12日夜，红军乘胜南追，在梅花山全歼守敌一个连。

13日晨，红三十军在崇化以北之黄草坪，遭到敌张行团及部分地方反动武装的阻击。红军派出的左侧迂回部队因故来能按时到达，遂从正面强攻。敌据险死守，拼命抵抗，激战至午，红军加强攻势，敌力不支，大都向南逃跑。红军在战斗中歼敌二百余，俘获百余。

15日，红三十军占领几乎成为无敌之境的崇化屯。

红三十军占领崇化后，即分两路挥师东进懋功：一由喇嘛桥、卡垭桥、三岔沟到新格宗，一由崇德沟到八家寨。

20日晚，两路红军向懋功城进攻。敌旅长杨汉域、李朝信，因达维已为红军所占，深恐被夹击围歼，乃率第三、第四两混成旅大部溃退美诺沟，再翻夹金山逃往宝兴。八十九师在歼敌一部后，于当夜占领懋功县城。

在红三十军占领崇化的同时，

15日夜，红九军政委陈海松率二十七师之八十、八十一团向两河口发起了进攻。敌杨森部团务精练司令向廷瑞率驻两河口的曾彦臣团和陈亮团仓促应战，指挥混乱，而具有夜战特长的红军不断向敌进攻，历三小时，将敌全部击溃，并星夜追踪。

17日下午，攻克抚边。驻守抚边的杨汉域第三混成旅一部逃向懋功，向廷瑞部则渡河（抚边河）毁桥逃往达维。两天后，红军在抚边河上架桥告成，即派一部迂回包抄敌第四混成旅驻守火药坪之一个团，歼敌营余。继之，红八十、八十一团入别思满沟向达维猛进。

19日，红军一举夺得官寨桥、日尔寨，切断了懋功通达维的道路。当夜，八十一团乘胜攻进达维。此时，敌第四混成旅旅长高德周正在呼呼大睡，闻枪声骤起，立即逃奔。红军占达维后，兵分两路：一路抄懋功后路，灭敌两营；一路追击敌上夹金山，击溃山上敌第十团。并击退山下由懋功小路退来的敌第三混成旅一个团，占领了夹金山。

22日，以大部向东进攻的红二十七师，在日隆关将据守该地的邓锡侯部李勋伯团击溃，歼敌一个连，占领日隆要镇。接着红军乘胜追击，经巴朗山、邓生，直抵三道桥，沿途再创李团。

1935年10月，建立中共大金省委员会（即中共金川省委），省委机关驻绥靖老街。省委书记邵式平，副书记何柱成，组织部部长何柱成（兼，后陈毅先），宣传部部长李中权，裁判部部长曾广澜，军事部部长李采云，经济部部长赖义，妇女部部长吴朝祥，财务部部长郑义斋，内务部部长祝义亭，民族事务部部长张然和。

1935年10月，建立金汤（原为设治局，相当县的建制）苏维埃政府，政府驻原金汤，主席姜××，副主席唐显云、陈国玉。

1935年11月18日，建立“格勒得沙共和国中央革命政府”（又称番人共和国中央革命政府，简称“番人革命政府”），政府驻绥靖，主席克基（藏族），副主席杨海山（藏族）、孟兴发（藏族）、马显文（回族）。格勒得沙共和国的区域基本上是以绥靖为中心包括丹巴、小金、金川、马尔康四县和壤塘、阿坝两县的部分地区。中央革命政府下设有绥靖、崇化、丹巴、懋功、卓斯甲、阿坝六个县级革命政府（阿坝为人民政府）。

各级党、政、军组织在发动和领导群众进行斗争时，各地先后建立了

独立师（团）、革命军、游击队、赤卫队（军）以及工会、农会、共青团、少先队等革命群众组织。金川独立师（又称大金川红军独立一师、藏民独立一师），师长陈××（五军团干部），政委何志宇，下辖两个团，兵力千余人。丹巴独立师（又称大金川红军独立二师，藏民独立二师），师长马骏（藏名阿布），政委李中权，副师长金世伯，下辖两个团，兵力约两千人。金川独立师、丹巴独立师隶属于大金省军区。还成立了隶属于大金省军区的绥靖回民支队和番民骑兵队，1936年7月均随主力红军北上。在马尔康、小金、丹巴、康定、泸定、越西等县，也都成立了游击队或赤卫队。

从10月8日战役开始到22日结束，半个月时间里，南下的红四方面军主力在雪山险隘间神速机动，艰苦转战，翻越了梦笔山、亚顶山、白鹤山、万里城梁子、向花坡、空卡梁子、双柏树、巴朗山、夹金山等九座雪山，击溃敌杨森部三个旅又一个团务精练司令部队、刘文辉部两个旅、邓锡侯部一个团，共计十七个团及部分地方武装，俘获人枪三千，占领了丹巴、懋功两县城及绥靖、崇化、抚边三屯和达维、日隆关等要镇，达到了夺取《绥崇丹懋战役计划》所设计的“南下出天全、芦山、邛崃、大邑的策源地”的战役目的，还创造了诸多堪称经典的战例。

10月底，张国焘以“朱、张、徐、陈”的名义致电已经到达陕北的林彪、聂荣臻、彭德怀、李富春：“我军于本月十三日起开始进攻，当将绥、崇、丹、抚，懋次第占领，击溃刘文辉、杨森共十七团，俘缴各约三千，我伤亡不到三百人。现中路已到宝兴、金汤附近，右翼迫近康定，左翼已占牛头山，准备与刘湘主力在天、芦、邛大决战。”

虽然，红四方面军大举南下在战略上是错误、失策的，但绥、崇、丹、抚、懋战役却是我军历史上首次在高原缺氧地域的战役作战，战役和战术本身是非常成功也非常经典的，红四方面军英勇顽强的战斗作风和神速机动的战斗能力也是值得后人景仰、后人弘扬的。

然而，战役和战术上的胜利却难以补救战略上的失策所带来的后果。在接下来“准备与刘湘主力在天、芦、邛、大决战”中，红四方面军很快就遇到了很大困难，遭受了严重失利。

10月20日，绥崇丹懋战役尚未结束，张国焘就以“中革军委主席”名义，下达了《天芦名雅邛大战役计划》，计划宣布的战役纲领为：“我军击溃刘（文辉）杨（森）共十四个团，占领绥崇丹懋后，以主力乘胜速向天、芦、名出动，彻底消灭杨（森）、刘（文辉），并迎出主要的敌人刘湘、邓锡侯部，取得天全、芦山、名山、雅州、邛州、大邑广大的根据地为目的。对康定、汉源、荥经、灌县方向，采取佯攻姿势，配合主力行动。”

为了实现这个战役纲领的部署是：红四方面军分为左、中，右三个纵队，向夹金山以南的天全、芦山、雅安、大邑、邛崃等地区进攻，以进入川西平原，逼近成都。

其任务区分为：

右纵队：红四军、红三十二军组成，倪志亮任司令员兼政治委员。任务：许世友、王建安率领红四军从丹巴渡过大金川，经懋功县的汗牛、金汤设治局（今康定县境内）、昂州（今泸定县岚安），翻越马鞍山，夺取天全；罗炳辉、何长工率领红三十二军从懋功翻越蛇皮梁子，经汗牛、金汤向泸定、荥经、汉源、石棉方面佯攻，以掩护红四军的行动。

中纵队：红三十军、红三十一军的九十三师、红九军的二十五师组成，王树声为司令员，李先念为政治委员。任务：由程世才率领八十八师、八十九师，孙玉清率领二十五师，王树声兼率领九十三师在夺取宝兴、芦山后，立即向雅安、名山和川西平原进攻，直抵岷江西岸。

左纵队：红九军二十七师和军直属七十六团组成，陈海松为司令员兼政治委员。任务是：翻过夹金山向芦山大川场进攻，得手后立即兵分两路大邑、出击邛崃，向敌后方纵深发展，夺取敌军防区阵地。

另由红五军及红三十一军的一部分为右支队，董振堂任司令员、黄超为政治委员，驻守丹巴地区。任务是“尽可能攻占大炮山及其以南通康定路上一带地区，并向康定之敌威胁”；红三十三军为左支队仍留驻马塘、懋功以北地区，巩固马塘、两河口的原有阵地，开辟地方工作。

24日，红三十军、红九军二十七师从懋功出发，以迅猛之势，追击溃敌杨森残部。

25日夜，许世友率红四军从丹巴沿大渡河东岸疾进，经梭坡、格宗、莫玉、孔玉，翻越海拔4123米的木瓦梁子垭口，于28日进至金汤。

27日，红八十八师越过夹金山。

27日，李先念率领的中纵队一部从硗碛向宝兴西河挺进。

29日，从懋功翻越海拔4553米的蛇皮梁子而来的红三十二军亦赶到金汤。红四军在前穷追逃敌，红三十二军紧随其后继续南进，再经麦崩、前溪、进至昂州（今岚安乡）。两军在此略事休息，整顿队伍后按战役计划继续攻进。

11月5日，红三十二军进至泸定以北的五里沟、九叉村，与守军中央军第五十三师李韫珩部对峙，掩护红四军向天全前进。

7日，红四军则翻越铅厂梁子，开始沿昂州河向天全的两河口攻进……

这段时间里，为配合主力南下天芦名雅邛大的行动，接替红四军进入丹巴东谷河谷的红五军也频频向大炮山守敌第五十三师李韫珩部黄英团发起攻击，双方在大炮山一线阵地频频拉锯，渐成对峙相持之势。

1935年11月中下旬，红四方面军在百丈及其附近二十里以内的弧形地带，与四川各路军阀进行了一场殊死恶战。

敌人在飞机大炮掩护下，先后调集八十多个团的兵力对付红军十五个团。两军对峙，激战七天七夜。红军虽予敌以重创，歼敌一万五千余人，但自己损失也很大，伤亡近万，主力受挫。张国焘的南下方针已使四方面军陷入困境，敌援军又纷至沓来。

21日，红四方面军总指挥部作出决定：不在名（山）邛（崃）大（邑）阵地上与敌拼消耗，全线转移到北起九顶山，南经天台山、五家口至名山的莲花山一线山地扼险防守。

21日，红军撤出百丈，向新店、万古退却。

张国焘的《天（全）芦（山）名（山）雅（安）邛（崃）大（邑）战役计划》，就此被迫宣告结束。

天芦名雅邛大战役历时十八个昼夜，仗愈打愈大，是南下以来最惨烈的一次战役。战斗中广大红军指战员表现了高度的革命英雄主义精神，奋不顾身，前仆后继，日夜奋战，与敌展开了顽强的搏斗，虽然取得一些战术上的局部胜利，但未能取得决定性的全局胜利，没有能挽回局面。特别是在百丈、黑竹、夹关、鹤林场、观音场一带战斗的失败，是张国焘率兵南下从战略进攻转人战略防御、继而退却的一个转折点。造成这次战役失败的主要原因，是张国焘擅自率军南下，所犯战略路线错误造成的。

11月中旬，红四方面军主力在百丈地区与敌鏖战的同时，红三十二军在红四军之后离开泸定岚安，翻越马鞍山垭口（泸定—天全）进入天全县境，之后又由长河坝、两河口、紫石关、天全进入荥经县境的垭子口、荥河、花滩、望鱼、凰仪堡。之后翻越大相岭，于11月23日进抵当时的汉源县城（今清溪），将敌第二十四军第一三七师刘元瑭所部围困在城内。同日，先头部队经九襄、唐家坝，直抵大渡河北岸的富林镇，并在这一带宣传、组织群众参军参战，打土豪，分浮财，捉贪官，筹粮款。百丈战斗失利后又奉命陆续撤离富林及汉源、荥经县境，于12月初折返天全与主力会合。

百丈关战斗失利造成了红军日趋窘迫的处境：川军主力集于东面名山、邛崃、大邑一带，薛岳部六个师在南面雅安及天全以南一带，李抱冰和刘文辉一部在西面康定、泸定一带，筑碉封锁。红军这时东进、南出均不可能，处境极为被动，不得不在天、芦、宝地区休整并准备过冬。由于所控制的地区物产不丰，人口不过数十万，红军的兵员、被服、粮食补充，均发生极大困难。指战员每日只能吃两稀一干。且时日一长，难以为继。当地虽有不少群众积极参军，但毕竟人口基数有限仍补充不了战斗和疾病造成的大量减员，有生力量日益削减。加之一些地方反动武装的骚扰，红军处境日趋艰难，南下恶果日渐明显。

同时，党中央多次要求红四方面军北上陕甘。

1935年11月，中国共产党驻共产国际代表团成员张浩（林育英）回国，到达陕北，在瓦窑堡向中共中央传达了共产国际七大关于建立反法西斯统一战线的方针和共产国际不反对中国红军主力靠近苏联的指示。

1935年12月17~25日，中共中央在瓦窑堡召开了政治局会议，史称“瓦窑堡会议”。会议主要讨论全国政治形势与党的策略方针及军事战略问题，通过了张闻天起草的《关于目前政治形势与党的任务的决议》瓦窑堡会议决议）。

1936年1月16日，中共中央秘书处将瓦窑堡会议关于建立抗日民族统一战线的内容电告红四方面军和张国焘。

22日，中共中央政治局作出《关于张国焘同志成立第二“中央”的决定》，《决定》指出，这是张国焘“自绝于党，自绝于中国革命”，并责令其立即取消第二“中央”，放弃一切反党活动。

24日，张闻天致电朱德总司令，同意双方暂取“平行关系”，以求“党内统一一致”。

同日，林育英代表中共驻共产国际代表团电告张国焘，说明“国际完全同意中国党中央的政治路线”，“红一方面军的万里长征是胜利了”，并要张国焘取消第二“中央”。

同日，张闻天代表中共中央电告张国焘，提出只要“放弃第二党，则他事更好商量”。

之后，中央又两次致电，希望红四方面军北上陕甘。

27日，由于上述种种原因，张国焘被迫致电中央，表示“原则同意”中央路线，同时也不得不被迫考虑放弃建立川康根据地的计划，开始准备向西北发展。

1936年2月小金

2月10日前后，张国焘、朱德、陈昌浩、徐向前、刘伯承、程世才等领导人先后到了宝兴灵关。这时，红军的防线不断被敌人突破。前有强敌，后无根据地。红四方面军南下前（1935年9月）有六十五个团和一个骑兵师，约八万余人，在南下后不到半年的时间，已锐减到二十八个团、四万多人了。许多指战员都意识到，再这样拖下去非把部队拖垮不可。张国焘迫于上下内外的压力，也不得不承认“难以在此与敌人长期周旋”。

张国焘吹嘘的南下方针的正确，已在铁的事实面前被粉碎；党中央关于“南下是绝路”的预见，已完全得到证实。就连张国焘自己也不得不承认：“我们的南下计划，显然没有什么收获，不到一个月就结束了。”

2月上旬，红四方面军发布《康（定）道（孚）炉（霍）战役计划》。计划指出，我军为继续扩大南下胜利，扩大民族统一战线，更有力地策应红二、六军团行动，并求得在广大地区在运动战中粉碎蒋介石卖国军，决以一部在邛生、硗碛、达维、抚边钳制南东两方之敌，主力迅速向西征进，取得道孚、炉霍、康定一带地区，以便尔后之发展。其具体部署为：红三十一军九十一师和红九军二十七师，分别位于盐井坪、硗碛、邛生、达维、抚边一线，并以一部向牛头山佯动，钳制东南两方之敌，掩护后方机关向西转移。红四方面军主力三十军、四军、九军二十五师与驻丹巴之五军配合，大部出泰宁、牦牛村，消灭敌李抱冰在牦牛村、大炮山一线的两个团，然后进击康定，以消灭国民党在康定的部队，确占康定，控制康区东部门户。同时，主力部队还应以一部向西攻占道孚，然后向炉霍发展，红三十一军九十三师和红三十二军，进取康定的金汤、鱼通，然后设法南越大渡河，截断牦牛村、大炮山李抱冰两个团的退路，配合主力进攻康定，并警戒天全、泸定之敌。

战役计划发布之后，红四方面军立即进行紧急动员，作西进康北的各种准备。

恰好在这个时候，林育英、张闻天给朱德、张国焘发来了一个电报，就红四方面军下一步行动方针提出三个方案供选择。

红军总部得悉此电后，朱德、张国焘即召集红四方面军领导人在宝兴县灵关镇集会，讨论这三个方案。

这次会议达成的共识是：继续执行《康道炉战役计划》，但目的已不再是"继续扩大南下胜利"，而是要准备"会合红二、六军团继续北上"！

灵关会议后，朱德、徐向前马上找来红三十军代军长程世才交代任务：红三十军八十九师为全军先头部队，由红军总参谋长刘伯承任先遣队司令员，马上翻越夹金山，执行《康道炉战役计划》。

1935年2月19日、刘伯承、程世才率领红三十军八十九师为西进康北的先遣队率先翻越夹金山，前往丹巴，开始执行《康道炉战役计划》。

1936年2月丹巴道孚炉霍

2月20日，由于有了刚在灵关达成的共识，红八十九师到达丹巴与红五军会合后，先遣队司令员刘伯承决定改变原部署，放弃"向康定进击"而"先取道孚"，刘伯承的决心得到了红五军首长董振堂等的支持。

23日，徐向前、陈昌浩也来电予以肯定："我军因粮道及完成战略计划，应先取道孚，然后再转取泰宁，截牦牛后路，开展新方向的发展。"

3月初，在朱德、徐向前、陈昌浩、刘伯承等人的努力之下，《康（定）道（孚）炉（霍）战役补充计划》正式下达，对战役目标进行了修订："决取康定"，变成了"相机取康定"；"首先消灭李抱冰匪部，取

得康定”，变成了“准备消灭由康定方面进攻之敌”；而“开展新方向的发展”进一步被明确：北进！

主力北进，灵关会议达成的共识，终于出现在红四方面军领导层的计划文字之中，这也是南下失败以来红四方面军战役部署中第一次出现的“主力北进”之声！

红四方面军翻越夹金山后，主力经达维、懋功进入丹巴。红三十一军九十一师则留巴朗山、头道桥、达维一线，警戒东南方向的敌人，掩护主力西进。红四方面军到丹巴后，决定暂缓进攻康定，拟先取道孚，然后再转攻泰宁，截牦牛村后路。

刘伯承、程世才等率先遣队转向边耳的党岭。党岭也是一座大雪山，位于今四川省甘孜藏族自治州丹巴县城西北约六十公里的原边耳乡党岭村西南部，为丹巴、道孚的界山，属于横断山系大雪山脉北段，主峰海拔高度为5470米。“党岭”之名，应该是丹巴方言革什扎“达拉”（黑虎）的音译。

在经过几天准备后，刘伯承、程世才率先遣队翻越了党岭海拔4810米的夏羌涅阿（涅阿是藏语“垭口”之意），当日进至道孚境内的党洛寺。

2月下旬，红军翻越党岭雪山的消息传到了道孚。正在道孚“宣慰”的诺那十分惊骇，连忙召集道孚最大的喇嘛寺——灵雀寺的喇嘛开会，研究

防堵红军的部署。诺那在会上对灵雀寺喇嘛威胁利诱，煽动他们与红军对抗，并赠送了一些枪支弹药。会后诺那即带上卫队和公署人员，匆匆奔向炉霍。道孚县长熊起本是诺那的傀儡，没有一兵一卒，见诺那已走，也只身潜逃。只有灵雀寺喇嘛，按照诺那的部署，防守道孚县城。灵雀寺派出三十多人，到道孚城东面的龙普沟凭险阻击红军，但他们刚走到觉洛寺，见大队红军浩浩荡荡而来，不敢与红军接触，落荒而逃。

28日夜，先头红三十军进入道孚县城。

3月1日，住持堪布麻倾翁率众弃寺逃跑，红三十军不加追击，乘势占领灵雀寺，控制了道孚县城。

5日，红三十军在占领道孚后，派所部二六九团从道孚南下，直取泰宁。二六九团南下后，在龙灯坝击溃了当地头人降错扎西的武装阻击，进逼泰宁。泰宁民团一触即溃，团总杨章瑞率部逃向康定。红军攻占泰宁后，从西面形成对康定的威胁。

5日，在佯攻康定的同时，红四方面军主力继续向西挺进。红三十军八十八师在刘伯承、程世才的率领下，从道孚出发，沿鲜水河向炉霍进发。

7日，八十八师在炉霍城东，将寿灵寺派驻的武装击溃后，乘胜进占炉霍县城老街。

驻丹巴的红三十一军九十三师，也在红五军一部的配合下，进至牦牛村、大炮山一线，向大炮山守敌李抱冰部黄士英团频频发起攻击，作出进攻康定的架势，从丹巴方向威胁康定之敌。

红三十二军则游击于金汤，作出直插泸定的姿态，使敌人不得不考虑到后方交通运输线被红军切断的危险。

1936年7月色达壤塘班玛

5月以来，中央给红军总部的来电和回电，精辟透彻地分析形势，不同意北出夏、洮的计划，希望红二、四方面军北出甘南，配合全国抗日形势的发展。

6月25日，中央又电在甘孜的红军总部，认为："……时局发展，两广部队向闽、赣、湘三路进击，组织独立军委，陈济堂正、李宗仁副，对南进行趋向积极，日增兵华北达三万人，人心震动。蒋介石进退维谷，南京空气悲观，胡宗南业已南调，空军亦大部调去。兄弟如能迅出甘南，对时局助益非浅。"中央的来电，再一次要求红二、四方面军迅速北上，并明确指出北上的战略目标是甘南。

25日，即中央来电要求红二、四方面军迅速北上的同一天，红军总部电告徐向前，决定红二、四方面军分左、中、右三个纵队北上。第一步向靠近甘南的松潘、包座一线前进。规定："（一）董（振堂）、黄（超）指挥五军，九十一师在丹（巴）两团及留绥靖各部为右纵队，由绥经梭磨、河马、侧格、杂窝、哈龙进，但到侧格须抽检并与中纵队行程调节。（二）你指挥九军、三十一军两个团、四军两个团，红大，总供、卫两部由炉（霍）色科（即色柯）经诺科（即杜柯）、让倘（即壤塘）、三沙湾、按坝（阿坝县茸安）、查理寺、上让口、毛儿盖进。（三）我们指挥三十军、四军两个团，三十二军、二方面军及总直各部为左纵队，由甘孜、东谷，经日庆（即色达洛若日清沟）、西倾寺、让倘进。其先头须查报西倾寺或让倘到阿坝路状，再定前进路线。""已令（孙）玉清两师二十六日由炉（霍）向色科前进。"

从这个部署来看，张国焘接受了党中央出甘南的方案。

26日，按红军总部的部署，已进至色达色尔坝和杨各地区的徐向前，即率部翻越海拔4747米的扎格海格山垭口，进至杜柯河畔。

28日，红四方面军发布《四方面军二次北上政治命令》“……首先向松潘、甘南行动，消灭该地区之敌王均、毛炳文等部，进而与一方面军呼应，横扫而东援，应两广坚决抗日，扩大与加深民族革命战争，争取全中国人民苏维埃的胜利。”

1936年6月22日和30日，红二、六军团分别到达甘孜。

7月1日，朱德、张国焘、陈昌浩等在甘孜喇嘛寺与贺龙、任弼时、关向应、萧克、王震等会面。当日，两军领导在甘孜喇嘛寺内召开了会议。会议根据会师前党中央的指示，决定由红二、六军团组成红二方面军。同时，因红二、六军团缺乏通过草地的经验，应贺龙等要求将红三十二军划归红二方面军指挥。红二方面军组成后，辖二军、六军、三十二军，约一万六千人。

7月2日，两个方面军为庆祝胜利会师，在甘孜县城举行了隆重的大会。

7月2日后，红二、四方面军兵分三路，开始北进。其行军序列和日程大致为：

（一）已先行一步进至色达地区的李先念所率骑兵师和八十九师为先遣军，经色达、壤塘及川青边境开路筹粮；

（二）朱德、张国焘、任弼时等率红军总部、红四军十师和十一师、红三十军主力为左纵队，于7月3日从甘孜出发，沿李先念所率先遣军路线跟进，经阿坝穿越草地，向包座地区前进；

（三）7月2日，红九军、红三十一军九十三师、红四军十二师、独立师、红军大学、总供和总卫两部从炉霍出发，沿已先行出发已到达壤塘的红四方面军总指挥部及直属队路线跟进，组成中纵队，由徐向前指挥，经杜柯、壤塘、查理寺，穿越草地，向包座地区开进；

（四）自7月7日起，贺龙、关向应等率红二方面军分作两个梯队，沿左纵队路线跟进；

（五）董振堂、黄超率红五军、红三十一军九十一师组成右纵队，于7月10日从绥靖（即金川）、崇化地区出发，经卓克基、芦花、毛儿盖，穿越草地，向包座地区开进。

根据朱德总司令的建议，任弼时也随红军总部一起踏上了北进的征程。红二方面军在甘孜作短暂休整并筹粮后，以红六军先导，方面军总部和红二军殿后的行军序列，紧随红军总部之后离开甘孜，开始北上。而在色达日清沟筹粮的红三十二军与红六军团会合后，也加入了红二方面军的建制。

7月1日，先遣军在色达筹得一批牛羊后，从色达的日清沟出发，继续向西倾寺（今西穷寺）前进。

7月3日，后续部队陆续从东谷和甘孜县城出发，翻越海拔4000~4100米的洛戈梁子、海拔4530米的乃陆山垭口、海拔4175米的雅布山垭口，进至色达日庆（今日清沟）。之后翻越海拔4469米的日利玛垭口，经唐牙（今搪摇沟），渡过杜柯河。再经鱼郎沟翻越海拔4420米的鱼郎山垭口、海拔4390米的楼赛山垭口进入青海班玛县玛柯河畔的绒玉（今班前）地区筹粮。

朱德、张国焘、任弼时等率红军总部及红四军一部及红三十军主力进至西倾寺后，即令陈昌浩、王建安率红四军一部翻越海拔4225米的约郎山垭口，经南木达进至壤塘，与徐向前所率的中纵队会合（陈因故未去，仍随左纵队行动）。

7月10日，红军总部及直属部队和红三十二军则翻越海拔4390米的楼赛山垭口，进入青海班玛的绒玉地区。

但班玛地区仍然是地广人稀的高寒地区，因民族隔阂和反动宣传，红军未到之时群众往往逃避一空，筹粮非常困难。朱德、张国焘、任弼时遂于12日急电继进的红二方面军各军首长，通报粮食困难情况，“王楼”到哑龚寺五十里，哑龚有五百户，粮牛均搬走，“绒玉、王楼、哑龚寺一带，均不能补充二方面军粮牛，从鱼火寺到阿坝至少六天，沿途只有野菜和湾[豌]豆苗”，红二方面军在目前粮食最严重状况下，只有如下办法：（一）二军[团]之四、五师既有七天粮，在加紧节省及吃野菜下可按程向阿坝继进。军直及六师，尽可能在东谷、大吉寺及前进途中搜山挖窖，前面

红军长征纪念碑

红军烈士永垂不朽
红军墓
2015年10月3日立

各梯队很少挖窖搜山，用一切方法带足十天粮。（二）军直及六师到日庆后，速向上游甲溪寺以上远出筹牛粮，向东翻过一个山即到西倾寺河，顺河下即到西倾寺沿途打牛厂。（三）六军[团]利用今天休息时间，在西倾、鱼头筹粮牛。（四）两军均须大找野菜，宿营须在野菜多的地方，每天以野菜当正粮，杀牛羊连皮带骨和血不可半点浪费，牛肉及粮食只可当菜吃，每天吃四两，无论如何每人须存三斤干粮不准吃，此事万分严重，望各首长亲自督促执行，“在停止筹粮时刻，应全吃野菜。”

7月13日，先遣军进至班玛县的作木沟后继续向阿坝前进。

7月15日，红六军全部到达绒玉地区，军长陈伯钧、政治委员王震电告红军总部：“本十五日六军全部到绒玉，明十六日除留两营收容外，余向王楼运动[行]进三天，我大部尽吃野菜及干皮，现表现严重饥疲状态，死亡四十余。”红六军在绒玉期间，政治委员王震曾率模范师和十七师到久治县的白玉寺筹粮，结果是筹粮未成反遭“饿困”，不得不中途折返，向先行出发去阿坝的部队求援。直到红四方面军先遣军从阿坝赶来数十牛羊来救急，才脱离了困境。随后跟进的红二军到达阿坝时，“已完全无粮”。

7月22日到28日，随红军总部跟进的红二方面军相继抵达阿坝，经短暂筹粮体整后，也陆续从阿坝出发，进入草地，经麦尔玛、箭步塘（甲本塘）、噶曲河、色既塘、热拉哇尔玛谷地进至年朵坝，在结束草地行进程后，又翻越浪架岭山脉，经包座河谷的马蹄子，于8月上、中旬陆续进至包座地区。

7月28日，陈昌浩率左纵队先头部队占领了上包座。

徐向前所率红军中纵队是最早踏上北上行程的。早在两军会师前的6月14日，他就率红四方面军总指挥部直属部队从炉霍启程，翻越海拔4358米的老则嘎登山垭口，进人色达的杨各地区筹粮。红军总部6月25日确定“北出陕甘”的目的地后，他即率队连续翻越海拔4747米的扎格海格山垭口、海拔4545米的斯盖德山垭口，进至中壤塘地区筹粮十来天。

7月14日，中纵队先头部队翻越了海拔4435米的昂木尼尕垭口，经阿坝的伊俄沿柯河下行，于17日进至沙湾。7月18日，从沙湾出发，翻越了红军长征中的最后一座雪山、海拔4290米的沃日卡垭口，当晚进至安坝（今茸安乡）。7月25日，进至查理寺。26日，进入草地。

8月5日，到达上包座。

这次北上，红军右纵队是沿年前红一、四方面军右路军北进路线前进的，这条路线是这次北进各路纵队中行程最短的，所翻越了三座雪山都是年前北上和南下时都翻越过的：长坂山、昌德山、打古山。而且至少有部分部队只需要翻越一座长坂山，到达黑水后经从杂窝沿毛儿盖河北进，而不再需要翻越昌德山、打古山。而红五军和红九十一师一共也不超过万人，相对而言，沿途的筹粮情况不会比左、中纵队更差。

红二、四方面军并肩北上，始终受到党中央的极大关怀和注视。7月22日，党中央电示正在草地行军中的红军总部，希望北上后："二、四方面军以迅速出至甘南为有利，待你们进至甘南适当地点时，即令一方面军与你们配合南北夹击，消灭何柱国、毛炳文等部，取得三个方面军的完全会合，开展西北伟大的局面。"

7月27日，党中央正式批准成立西北局，统一领导红二、四方面军，西北局由张国焘任书记，任弼时任副书记。

7月28日，中央又十分关心地电询红二、四方面军："目前确至何地？8月中旬可出甘南否？"并指出："三个方面军会合之后，即能引起西北局面最大变化。"

7月28日，红四方面军先头部队走出草地，占领包座。

7月29日，红军总部进抵包座。

8月1日，党中央电红军总部，对红四方面军进占包座表示"无限欣慰"，指出："四方面军到包座略作休息，宜迅速北进，二方面军随后跟进到哈达铺后再大休息，以免敌人封锁岷西线，北出发生困难。"

同日，红军总部回电中央，同意中央的意见，表示："俟兵力稍集结后，即向洮、岷、西固，约八月中旬主力可向天水、兰州大道出击，以消灭毛炳文，于学忠部为目的来配合你军。"并表明："我二、四方面军全体指战员对三个方面军的大会合和配合行动，一致兴奋，并准备牺牲一切，谋西北首先胜利奋斗到底！”

8月3日，党中央复电红军总部：“接八月一日电，为之欣慰。团结一致牺牲一切，实现西北抗日新局面的伟大任务。我们的心和你们的心是完全一致的。”“我们已将你们的来电通知全苏区红军，并号召他们以热烈的同志精神，准备一切条件欢迎你们，达到三个方面军的大会合。”

丹巴藏民独立师*

大渡河畔——古城

丹巴是坐落在大渡河畔的一座古老的县城，红军长征经过这里，给这座高原古城增添了新的光彩。

丹巴人杰地灵，从藏族内部来讲，她是嘉绒文化与康巴文化的交汇点；从民族关系方面来讲，她是汉族与藏族这两个兄弟民族聚居的地方；从地域上讲，是青藏高原与川西平原的接合部。因此，她总是得风气之先，工农红军历史上第一支藏族人民自己的革命武装在这个地方诞生，绝非偶然，有着历史的必然性！

丹巴地处青藏高原东南边缘，位于甘孜藏族自治州东部，东与阿坝藏族羌族自治州的小金县接壤，南和东南与康定县交界，西与道孚县毗邻，

---

* 选自降边嘉措先生的《这里是红军走过的地方》，2012年出版。

北和东北与阿坝州金川县相连，是连接甘孜、阿坝两个自治州的交通要道。波涛汹涌的大渡河横穿县境，两岸悬崖壁立，雄伟而险峻，因而称作“绒麦扎果宗”，意为下部农区的群岩之首。境内山川交错，江河奔涌，森林茂密，土地肥沃，气候宜人。

全县面积5649平方公里，境内高山对峙、峰峦重叠、峡谷深邃、景色独特。地势西高东低，海拔1700~5521米，县城位于大渡河畔的章谷镇，海拔1800米。

民国时期，也就是红军来到丹巴县的时候，丹巴有“三土司两雍二十四村”之说。“三土司”指巴旺、巴底、丹东三个土司辖区，“两雍”指上、下宅垄雍姓千总和守备统治地区。“二十四村”指梭坡、中路、东谷、水子、城厢、格宗六乡原明正土司属下百户统治区域，有二十四个自然村。1935年国民党为防堵红军，推行保甲制度，委任土司头人为联保主任，并把土司武装编为民团，以国民党所派县长任团长，土司、千总、千户分任大队长，土司属下小头人任小队长。

丹巴也是红四方面军南下和西进康北的重要通道，1935年10月7日，张国焘在卓木碉以“中革军委主席”的名义，发布《绥（靖）崇（化）丹（巴）懋（功）战役计划》，将丹巴作为战役进攻方向。

红军重占丹巴后，当即建立丹巴县委。县委机关驻丹巴县城，下辖七个区委。县委书记韩文炳（1935年10月~1935年12月），后为曾旭清（1936年1月~1936年7月）。丹巴县委设有组织部、宣传部、少共部、军事指挥部、妇女部、保卫部。在县委的领导下，驻守丹巴的红军选派大批干部，宣传党的民族政策和抗日主张，开展民族工作，帮助建立各级红色政权和乡村游击武装。

在县委领导下，很快成立了丹巴县格勒得沙政府，属格勒得沙共和国中央革命政府领导。丹巴县格勒得沙政府的前身为丹巴县苏维埃政府，建立于1935年10月下旬，曾广才为主席，麻孜阿交（麻孜阿布的父亲）、麻孜阿布、吴盛云、董青云为副主席。1935年11月15日，丹巴县苏维埃政府派代表到绥靖参加金川地区番民代表大会，大会决定取消苏维埃名义，成立格勒得沙共和国人民革命政府，游击队改为人民革命军。11月下旬，丹巴县苏维埃政府改称格勒得沙政府，主席、副主席人选未变，丹巴县格勒得沙政府主席：曾广才；副主席：麻孜阿交（藏）、麻孜阿布（藏）、吴盛云、董青云（藏）。

丹巴县格勒得沙政府（苏维埃）下辖区、乡、村政权有：

大桑区苏维埃政府：主席宋才富
半扇门区苏维埃政府：主席郑冰武
巴底乡苏维埃政府：主席格支兰
边耳乡苏维埃政府：主席恩泽射
牦牛村苏维埃政府：主席目却
巴郎村苏维埃政府：主席桂拉降初
瓦足村苏维埃政府：主席俄日甲嘎
麦龙沟村苏维埃政府：主席康光远
喇嘛寺村苏维埃政府：主席袁绍明
大平桥村苏维埃政府：主席吴显召
卡椏村苏维埃政府：主席袁文华

丹巴县格勒得沙政府内部设有粮食、宣传、内务、土地、调解、妇女、少共等部。其主要任务是配合和支援红军作战，为红军筹集粮食物资，同时还要领导人民群众开展反对国民党军阀统治，废除封建剥削，进行土地革命，实现民族自决和独立解放的斗争。丹巴格勒得沙政府在丹巴部分地区没收了封建地主和土司头人的土地和财物、分给贫苦的农民和农奴。如牦牛村的贫苦群众就在村苏维埃政府的领导和红军的帮助下，把村上的汪登、克舍米、夺巴、格斗阿加等地主抓来游斗，对他们罚粮、罚款，村政府把收来的粮款一部分分给群众，一部分用来支援红军。巴底乡苏维埃政府除了没收富人的粮食财产外，还进行了土地改革，没收地主和土司头人的土地，分给贫苦群众。

丹巴县的第一支革命武装

在建立县委、县苏维埃政权和地方各级党组织和苏维埃政权的基础上，组建了党领导下的第一支藏族人民自己的革命武装——丹巴番民独立团，马骏被任命为团长。

组织少数民族人民自己的革命武装，是党的民族政策的一项基本方针。1935年10月16日，红四方面军南下占领丹巴后，在组建丹巴县苏维埃政府的同时，即开始组建丹巴民族地方武装。据当时驻丹巴的红五军军长董振堂、政委黄超、副军长罗南辉给红军总部的《关于敌情及部队情况的报告》记载："丹巴县及区均已建立了番族人民革命政权，共分七个区，群众很好。武装除独立团外，各区有二十个、三十个不等的游击队……番民独立团现成立了三个营，约八百人，有枪二百余支，每连我们都派有军队干部去领导。"

马骏，丹巴县白呷山人，藏族，藏名阿布，家族名为麻孜，当地人称麻孜阿布，1906年7月生，排行第三。四岁丧母，其父麻孜阿交，以种地和骡马驮运为业，抚养子女。为人正直、仗义豪爽、爱交朋友、乐于助人。丹巴建立苏维埃政权时，父子俩均当选为县格勒得沙政府副主席。

马骏少年时，常随父到县城卖柴，为天主教堂老师所识。民国八年（1919年），教堂为推行天主教，免费招生授学。其父为了减轻家庭负担，让孩子学点文化，将十三岁的阿布送到教堂读书，得到教堂老师赞许。阿布入学后，勤奋好学，克服语言障碍，数年后，不仅学习成绩优异，而且能说一口流利的汉语。十七岁时，他已成为一个有主见的青年，遇事冷静、头脑机智、行为果敢。十几岁时，他即随父帮人驮运货物以补家庭收人。二十岁时，他独立经营茶、盐、粮、油、布匹、牛羊、皮毛等商品、与周边地区及汉族同胞有较多的交往。他为人诚恳、讲义气、守信用、性格豪爽、乐善好施。因此，不仅在读书时结识了不少藏、汉、回族青年，成为他后来参加红军的可靠帮手，就是在经商时亦得到朋友提供的资金，因而获利颇丰，除解决家庭生计外，多数用于资助穷困朋友，由此朋友越来越多。

1935年5月，红三十军政委李先念率该军88师和红九军的25、27两个师向金川地区进军，6月8日，攻占懋功（今小金县）。那时，国民党反动派散布各种谣言，诬蔑红军，闹得人心惶惶。二十四村千户杨国林十分惊慌。为了探察红军的情况，杨遂派会说汉语的麻孜阿布（时为千户衙门译字房翻译）和纳交村的杨哈基前往懋功打探红军的动向。

9日，二人连夜赶到懋功，受到红军的热情接待。红军首长握着他们的手说："红军是共产党领导的人民军队，是穷人的队伍，是保护老百姓的"，"共产党的政策是各民族一律平等，尊重各民族的风俗习惯与宗教信仰自由"。二人听后，加上在懋功看到红军纪律严明，待人平等和气，受到穷苦百姓的欢迎，深为感动和敬佩。听说红军要到丹巴，便自愿给红军做向导、当翻译。

14日，红九军27师81团在他们的带领下，抵达丹巴县城大渡河对岸一带。因甲楚桥（索桥）板已被敌军拆除，河水暴涨，部队无法过河。22日，麻孜阿布带领一部分红军，经中路乡翻越大寨梁子进占梭坡乡，立即找朋友寻熟人，宣传群众，组织群众，为红军筹粮。当天，他又带领部分红军在梭坡乡真波喇嘛寺下面使用牛皮船和木排抢渡大渡河。过河部队向宋达寨敌守军发起攻击，他则带领部分红军战士绕过敌军，经蒲角顶村到白呷山，以期配合进攻宋达的红军进攻县城。因红军后续部队渡河受阻敌军一个团兵力居高坚壁固守，在敌众我寡的态势下，攻击宋达的红军决定，交替掩护，撤回河东。是日深夜，麻孜阿布只好将到达白呷山的红军干部战士，护送回河东归队。一个多月后，红军部队撤离丹巴北上。红军首长让他留在故乡，给他的任务是："发动群众，等待机遇，迎接红军。"

红军走了以后，麻孜阿布隐藏家中不出，亲朋好友悄悄来到他家，听他讲述担任红军向导的所见所闻，询问红军对藏民的态度，想了解国民党和共产党两个军队究竟有什么不同。他就自己所了解的情况、自己的感受，向乡亲们作了详细介绍。他说：共产党与国民党不同，共产党讲民族平等，对我们藏民好，尤其对穷人好。过去国民党和土司头人说共产党"杀人放火""共产共妻""不信佛，也不让藏民信佛"，还要"灭族灭教”，完全是造谣诬蔑，不可信。在他的启发引导后，大家白天进入深山老林，晚上串门宣传，消除了群众对红军的误会，群众都陆续返回家园，并按照藏族风俗煨“桑烟”祝福红军，准备粮草迎接红军。

10月15日，南返红军右纵队沿大金川右岸而下，傍晚时分抵达丹巴县城外西河桥北，桥被逃敌破坏，过不了河。没有办法，红军战士只好举起火把，整齐地连续高呼：“麻孜阿布，你的红军朋友回来了，快来架桥迎接！”麻孜阿布听到后，立即组织十几名青年朋友，下山赶到西河桥，就近到乡亲们家借来木材，连夜抢修便桥，迎接红军入城。16日，红军部队占领县城。从此，他正式参加了红军，经过党的培养教育和红军干部的帮助，提高了觉悟，增长了才干，深得红军首长的信任和喜爱。一位首长说：“麻孜阿布不好，不好叫，也不好听。你这么个英俊的美男子，人家光听名字，还以为你是个大麻子。”说得周围的人哈哈大笑，麻孜阿布自己也不太好意思。红军首长正经地说：“我给你取个名字好不好？”麻孜阿布爽快地说：“谢谢首长，那您给我取个好听的。”红军首长想了想说：“保留你们家族的姓氏，麻孜，就姓马；叫马骏吧！”借用“麻孜”的谐音，取名马骏，意为他是藏族人民的俊杰。

马骏担任番民独立团团长后，积极配合主力红军，维护地方治安，打击反动民团和地主武装。那一年的11月，伪区长周文玉纠集地方反动武装数百人，乘红军驻三岔沟长胜店陈家房征粮队势单力薄，晚间突袭包围红军征粮队驻地，激战一夜，百余名红军干部战士全部壮烈牺牲。之后，周文玉又在喇嘛寺（一地名）和龙王庙杀害少工书记和妇女部部长等多人。

针对这种严重的反革命事件，马骏奉命清剿地方反动武装，他与各地红色游击队联系，让他们夹击周部两侧，羌民游击队断周后部，马骏亲率独立团正面攻击。12月中，经激战，一举扫平周文玉反动武装数百人，为被杀害的红军战士和地方干部报了仇。接着，马骏又率部清剿上宅垄千总雍鹤龄民团和懋功属汉牛地区周绍清反动武装，将周绍清反动武装击溃，赶出丹巴县境，千总雍鹤龄逃到汉牛隐匿。马骏率部修复被雍、周反动民团武装破坏的道路，又率部清剿蒲角顶、井备、白玉等头人的反动武装。

为发挥番民独立团在军事战斗、宣传群众、组织群众和维护地方治安等方面的优势，红军总部决定扩编团的建制，调金世柏（宝兴县委书记）、李中权（天全县委书记）等百余名红军干部战士到丹巴，与马骏父子和格勒得沙政府的干部反复磋商，决定以番民独立团为基础，动员各民族青年参军，加上各区乡游击队，扩编为丹巴番民独立师。红军领导人了解到，旧时统治阶级将藏族同胞称作“番民”，将藏族地区称作“番地”，有歧视的意思。故在成立独立师时，改称为“藏民独立师”。

丹巴藏民独立师正式建立

1936年1月中旬，丹巴藏民独立师正式建立，建制三个团、九个营、二十七个连和一个警卫通信连，员额约两千人。马骏任师长，李中权任政治委员，金世柏任副师长，团营连排干部正职由原番民独立团骨干担任，副职和政治工作干部及军事、文化教员由主力红军干部战士担任。杨义文任师直属警卫通信连连长，负责师部的警卫和通信联络。

丹巴藏民独立师成立大会上，马骏身着藏装，脚蹬藏靴，头戴狐皮帽，英俊高大，魁梧健壮，精神抖擞地走进会场。副师长金世柏宣布丹巴藏民独立师的建制和师团营连任职人员名单，政委李中权和丹巴县格勒得沙政府副主席麻孜阿交讲话。然后由师长马骏讲话，马骏以其洪亮的声音，诚挚的语调，先用藏语，后用汉语说：“丹巴藏民独立师正式建立了，热烈欢迎各民族青年参加。今后，新老干部战士都要发扬红军革命到底的精神，要团结得像一个人，打倒我们的所有敌人。”他强调指出：“民族有别不是冤家，敌我之分才是对头。在共产党的领导下，团结抗日，实现民族解放，民族平等，是我们的奋斗目标。”会后，各民族青壮年纷纷报名参加红军，员额超过两千人。

丹巴藏民独立师经过短暂的政治教育和军事训练，即配合红军主力开展对敌作战。1936年1月11日，驻康定的国民党军李抱冰部，为配合国民党东线部队与天（全）芦（山）雅（安）邛（崃）大（邑）一线的红军作战，以两个团的兵力袭击驻守大炮山牦牛沟等地的红五军第37团，并占据这一带。37团退守铜炉房，与敌军对峙。为打退敌军的进攻，马骏建议：藏民独立师派便衣侦察敌情，并诱使敌军深入，红军主力增派三个团设伏沙冲沟两山密林中，待敌军入伏击圈一举围歼。上级采纳了马骏的建议，并立即部署。结果在沙冲沟歼敌一个营，俘敌百余，并乘胜追击。2月底，将敌军赶到大炮山以西康定县属的新店子，从此敌军不敢出动，保证了根据地各项事业的顺利开展。

1936年春节期间，国民党西康宣慰使诺那，拨枪一百五十支，资助丹东土司登昆山袭击驻丹巴红军。并令道孚民团三百余人守党岭山，做丹东土司后盾。于是，丹东土司集结土兵二百余人，袭击革什扎乡独狼沟一带，配合诺那所率卫队攻击驻泰宁的红军。马骏奉命率藏民独立师一部，分三路沿大桑河两岸而上，打击丹东土司民团。代理营长甘底甲干率一分队走北岸山冈，马骏率一分队居中，营长陈东元率一分队走南岸山坡。北岸属阳山日照强，冰雪易融化，便于行军；南岸河谷属阴坡，冰雪融化慢，行军难。北岸分队快速行军，失去配合，误中敌人埋伏，与敌激战。另两路分队听到激战枪声，急速赶到，将敌击退。当时，北岸分队三十余名战士，除沙洛丹巴一人生还外，全都壮烈牺牲。马骏令一小分队掩埋阵亡同志的遗体，然后带领干部战士即刻追击，打得丹东土司土兵作鸟兽散。守卫党岭山的道孚民团闻风遁逃，诺那率亲兵败走炉霍，侥幸逃命。几天后，红军主力攻占道孚，打通了丹巴至甘孜的交通线，为红军大部队进军甘孜，创造了极好的条件。

敌人遁逃后，马骏率部一方面清剿残敌，一方面深入村寨宣传组织群众，支援红军。在各种场合，他都说："红军是共产党领导的抗日队伍，是解放各兄弟民族的军队，是为穷苦人民打天下的军队。""红军将要进军康北休整，我们要有力出力，有粮出粮，量力行动，支援红军。"群众听他的话，纷纷动员起来，热情非常高涨，有的架桥铺路，有的筹粮，有的送肉油，有的捐献皮毛，为红军主力西进康北开辟了一条安全顺畅的通道。几十年的时间过去了，当年任独立师政委的李中权将军在回顾当时的情况时，心情依然十分激动，满怀深情地说："藏族同胞热情支援红军的情景，实在令人感动，假若没有藏胞的无私援助，红军的困难不知要增加多少倍！”

为了开辟康（定）道（孚）甘（孜）根据地，巩固大小金川区域，1936年3月9日，红军总司令朱德发布命令丹巴藏民独立师划归金川军区建制，授予“金川军区红军独立第二师”番号，仍驻防丹巴县城一带。

由朱德总司令亲自颁发命令，将丹巴藏民独立师划归红军正式建制，由地方部队变为正规军，使马骏和全师指战员深受鼓舞，精神倍增，斗志更加昂扬。

3月，红军主力西进康北，相继攻占道孚、炉霍、甘孜等县，为保障西进康北通道的安全畅通，并警戒大金川区域丹巴段，上级命独二师驻巴旺、革什扎一带。这期间，马骏率领指战员们学习政治文化，加强军事训练，提高政治素质，加强战斗力。马骏以自己特殊的身份，争取二十四村千户杨国林投诚归顺红军，驻白呷山效力。进一步巩固了丹巴地区的治安。

红军主力北上康北后，敌人以为后方空虚，派川军和地方反动武装不断袭扰，抢劫粮食和物资，破坏红军的运输线。奉上级命令马骏率独二师，配合驻防丹巴的红三十一军91师，利用熟悉地理民情的优势，主动出击，出色地完成了阻击敌人，保卫丹巴地区的任务。

马骏在任师长的同时，还担任丹巴县格勒得沙政府的副主席。他和他的父亲运用平时广交朋友的影响，以及独二师的干部战士是本地人的优势，深入村寨，走亲串户，发动和争取各界人民支援红军。据不完全统计，先后为红军筹集粮食二百多万斤、猪牛羊等近万头（只）、肉油三万多斤、柴草五十多万斤，以及大量的羊毛、皮张等物资动员上万名群众为红军磨面、做干粮、缝军衣、捻毛线、织毛衣毛袜，搞运输，侦察敌情，有力地支援了主力红军。

红军于1935年10月中旬第二次占领丹巴，到1936年的七八月间离开丹巴，前后长达近十个月。四方面军总部一度设在丹巴，朱德、刘伯承、徐向前、张国焘、陈昌浩、王树声、王维舟等红军将领都曾在这里居住。后来董振堂率领的红五军到达丹巴，军部也设在这里。在这期间，为了巩固后方，支援南下部队，四方面军和金川省委派出的红军干部和党政工作人员，同时将一批新参加红军的藏族战士，调到丹巴，加强藏民独立师。天宝也被派到丹巴，在独二师政治部工作。

天宝回忆说：他参加红军后，停留的时间最长，工作做得较多，印象最深的是在他的故乡马尔康和丹巴这两个地区。

老政委李中权说马骏

李中权将军现在还健在，2006年，是长征胜利七十周年，那一年，李老将军当选为“感动中国”的先进人物，中央电视台著名主持人白岩松满怀激情地介绍了李中权将军的光荣历史。

李中权，1915年出生在四川达县碑牌河石家坝世代贫苦农民家庭。达县是著名的革命老区，也是著名的“将军县”，李中权就是一位达县籍的开国将军。李中权1932年参加红军。兄妹八人，小妹夭亡，其余兄妹七人跟着父母亲参加红军。一个家庭有九个人参加红军，真是满门忠烈。这样的情况，在全党、全国也不多。全家人参加长征。二哥李中池在战斗中壮烈牺牲，父母亲和一个哥哥、一个妹妹在长征途中过雪山草地时牺牲。三过草地，到陕北时，只剩兄妹四人。因此，长征和雪山草地，给老将军留下了刻骨铭心的难忘记忆。

李中权回忆当时的情形说：

1936年4月，我跟随四川省委直属机关的同志一起北上，终于到达了丹巴县城，这时，原来的四川省委书记傅钟同志又调回总政治部任副主任，他当时就住在红三十一军的军部里。

一天，傅钟同志把我叫去。先是介绍我同红三十一军的军长王树声、政委詹才芳、政治部主任朱良才见了面，然后对我说：“中权同志，组织上决定叫你去大金川的独立二师任政委。”

我很激动，深感责任的重大。

傅钟同志接着把情况向我简单说了一下：当时，我红四方面军的主力九军、三十军等部队已越过党岭山，眼下正向着西康的理塘、巴塘、甘孜县前进，准备迎接红二六军团，然后一起北上，会合党中央。位于川西的我红三十一军等部队为后卫，正与四川军阀部队和蒋介石的李抱冰部形成了对峙，以保障前方部队的胜利进军。

我听到目前北上的形势这么好，真是说不出的高兴。身旁的王军长和朱主任见我兴奋不已，笑着说："年轻人，要沉住气。"

我们都会心地笑了，不过，我觉得脸上火辣辣的，真有些不好意思。1935年夏在中国工农红军一、四方面军大会师的影响下，散居在川西的各少数民族先进分子纷纷响应党的号召，武装起来，反抗国民党的军阀统治。在我地方党的领导和主力红军的帮助下，丹巴的藏族头人马骏，于1936年春拉起了一支队伍，被总部授予金川红军独立第二师的番号，并任命了马骏为该师师长，金世柏为副师长。为了巩固、提高这支武装力量，又从一、四方面军抽调了一百多名红军干部到该师任职。眼下，这个师共有两个团，两千多人，多数同志是藏族同胞，一半是骑兵，装备了三百多支步枪，其余是长矛大刀。他们强壮精悍，能骑善射，作战非常勇敢。为了便于开展工作，我们派去的汉族同志，也一律着藏族服装。

接受任务后，我的心情无比激动和欢乐，为我党有了第一支藏族武装而高兴，又为自己将在新环境中担任的角色而担忧。此次之行，非同小可呀！在回去的路上，我一会儿欢乐地跳起来，一会儿又沉思呆视着前方，想象着藏族兄弟的特征、习性……

11月初的一天，在部队的护送下，我沿大金川北上，到达了独立二师师部所在地——巴旺。

前来迎接我的是一位非常英俊的藏族汉子。那人身材魁梧，体格匀称，英姿勃勃地站在我面前。他穿一领半旧的青缎袍，腰间系着藏蓝色的绸带，袍边和袖口上都镶着宽宽的滚条锦边，在阳光下闪闪耀眼。看上去，他不过三十多岁，脸膛微黑而细润。淡蓝色的大眼睛，透出和蔼诚恳的目光。他看完军部的介绍信，乐滋滋地望着我，然后腰身一躬，深深地给我行了一个藏族礼。

我赶紧照他的样子还了一个藏族礼。

“可把政委盼来了！欢迎你，中权同志。我是马骏。”他操一口谙熟的汉语，显然受过良好的教育。一面迎我进屋，一面吩咐备置酒宴。

接着，我们相互介绍了各自的简况。马师长说：“民族有别，不是冤家；敌我之分，才是对头”他那直爽的性格、开朗的胸怀，深深地打动了我，使我感到，民族问题的历史隔阂是可以通过共同的理想、信念而消除的。我为自己有一个满意的共事者而高兴。

“我父亲是头人（藏名麻孜阿交），又是郎中，今年六十出头了，正天天忙着为我们筹粮……”马师长继续说着。

我临行之前，就听王军长说过，马师长的父亲为我们红军筹集了十多万斤粮食。他为人开朗，向往革命，是个难得的大好人。我赶紧对马师长说：“请马师长向令尊转达我的问候，祝他老人家长寿安康。

马师长又以藏礼相谢。

不一会儿，马师长叫人送来一套崭新的藏族服，并亲自帮我穿戴好。

酒宴过后，马师长叫来几个藏族骑手，给我做骑射表演。有的骑手带两匹马，坐骑不用鞍子，可以从这匹马上跳到另一匹马上，枪也打得很准，我惊叹不已。

第二天，马师长陪我到部队去。每到一处，他都对部队作一次简短的讲话，先说一段藏语，再用汉语重复一遍，他说：“要听党的话。党了解全局，党的指示最正确。我们都要遵守这个道理。”他讲话的时候，部队精力非常集中，一双双神采飞扬的眼睛，不时地跟着他的手势转动。看得出，他在部队中有很高的威望，也说明了党的政策在少数民族中扎下了根。

晚上，马师长又和我欢快地聊起来。他说我穿上藏袍，很像藏族人，不过，有些动作还不够自然。说着，就给我做了示范动作。

我问他：“藏族的袍子为什么那么长呢？”

马师长笑了：“汉人衣服有口袋，藏袍没有口袋，可装的东西比口袋还多。”我笑问：“这是怎么回事？”

他摸了摸腰间扎的宽布带：“这腰带一扎，上半身的袍衣就成了一个大口袋，里面可以放衣服、糌粑、盐巴和木碗等。”

“那——下边为什么还拖那么长？”

他又滑稽地朝我笑笑，说了声，“看着。”便站起身来，像跳舞一样，身子一转圈、藏袍摆了起来，然后向地上一倒，长长的藏袍将他的身子全盖上了。

“这叫有铺有盖，起卧动作最快。”

听他这么一说，我也照他的样子做了几次，的确如此。不用脱衣和穿衣，不用铺褥和盖被，说走就走，真是一个好方法。

他还给我讲起了藏人的习俗、历史及心理。他说：如果藏族姑娘骑马在前，可不能与姑娘赛起马来，否则就是求爱了。他玩笑似的说：“李政委，你可要小心哟。”

我们会心地笑了。

他又说：“我们少数民族只有投人祖国的怀抱，才能进步，才能幸福；而祖国只有共产党领导才能走向光明。”他列举了许多事实，听得出，他的信仰是经过长久思考的，否则，不会这么坚定。

后来，我曾问他：“你对令尊大人当头人怎么看呢？”

他笑笑说：“眼下还得这样，他老人家要是不当头人了，怎么能筹集到那么多粮食呢？红军的事业需要他这么做”他向我投来征询的目光。我赶紧点了点头。他接着又说：“不过，老人绝对听我指挥，只要革命胜利了，他就不做头人了，情愿去做郎中。

“到那时，人民知道了这一切，要是选你父亲当苏维埃的主席呢？”

“那——他就听人民的指挥呗！”

我听着他的回答，感到心里甜甜的。这是多么好的父与子呀！我深感肩负的责任，一定要建设好这支少数民族的武装。

马师长对金副师长很佩服，他曾对我说：“金副师长不愧是鄂豫皖根据地出来的战将，战斗勇敢，组织指挥精明细巧。红军里面人才多呀！”

他还赞扬了天宝同志，那时天宝还用藏名，说桑吉悦希同志年轻英俊，精明强悍，对他很感兴趣。他还赞扬了我军派去的两个团政委，一个姓杜，一个姓卜，都是文武双全的好手。

独二师，就是在这样一位有知识、有气魄、有能力、有教养的师长带领下，完成了一次又一次的重要任务。我和马师长也相处得像一个人一样，欢快而又舒畅。马骏同志不但处处理解我，而且时时将自己“亮”出来，让别人来了解他。人与人相处，再也没有比相互理解更可贵的了。

李中权说：“4月的中旬，在一次剿匪战斗中，我的左腿中弹负伤，被送到了红91师的医院治疗。马骏同志闻讯赶来看望我。我对这支部队，对马骏同志产生了深厚的感情，结下了深厚的友谊。”

根据当时的具体情况，对各团作了适当的部署：1团住丹巴县城以西的大桑沟；2团住小巴旺；3团住大巴旺；师部和警卫排原住丹巴县城，为了指挥方便，不久便移住小巴旺背后半山坡上的一个寨子。

独立师建立起来后，根据上级指示，主要承担了对敌斗争、维护社会治安、为红军筹集粮食和其他物资、开展群众工作等任务。部队还抓紧时间进行军政训练，如练习射击、投弹、列队和构筑工事，学习做群众工作的方法等。

在写作本书的过程中，我有机会多次拜访李中权将军，向他请教，李中权满怀深情地向我讲述了独立师广大指战员在极其艰难的情况下，英勇作战，顽强奋斗的英雄业绩。

李中权说：“天宝就是这个时候被派到独立师来的，我任命他为政治部青年部部长做藏族青年的工作。”老将军称天宝“是一个很能干的年轻人”。

这位“很能干”的青年部长究竟做了哪些工作？天宝说，当时战事紧迫，情况危急，革命需要他们做什么，他们就做什么；需要他们到哪里去，他们就到哪里去。独立师担负全军的警戒，警戒线东西长百多公里，南北宽四五十公里，作为青年部长他不用值勤、站岗放哨，却要在这广阔的区域里来回跑，跟着师长、政委下连队宣讲政策、传达命令、检查工作。天宝说，那时他参加红军不久，做不了多少工作，但却有机会接触各个部队、各个部门，见到了朱德、刘伯承、徐向前、张国焘、陈昌浩、董振堂、王树声、李先念、洪学智、秦基伟等当时红军的很多高级将领，他们对这个年轻的藏族红军战士很关心、很爱护，这对天宝后来的发展，有很大的影响。

天宝坦率地说，自己参加红军的时候，不认识一个汉字，汉话也说不了几句，入伍几个月，跟着老同志学了一点，马上就派上了用场。那时真是“现炒现卖”，学一点，就用一点，有时说不通，就打手势。李中权说：“在同时代的青年当中，天宝是文化学得较好、进步较快的一个，我常带他下连队。”

天宝在政治部，看起来天天跟着首长，事情很多，但最主要的，还是为部队筹集粮草。当时整个丹巴县只有三万多人口，而驻扎在丹巴县境内的红军就有三万多人。此外还有大批骡马、运输队，也需要饲料。到寺院、土司头人家、群众中筹集粮草的任务，就落在天宝这些刚刚参加红军的藏族战士身上。

天宝等人的一个主要任务是翻译，向藏胞宣传党和红军的宗旨、民族平等、民族团结政策和抗日救国的方针。当过小喇嘛（扎巴）的天宝，有着惊人的记忆力，凡是学过用过的话，他大部分都能记住，然后“照本宣科”，向群众宣讲。

1936年春，朱德、刘伯承、张国焘、徐向前、陈昌浩率四方面军主力到康北甘孜、炉霍，将总部设在炉霍。命令董振堂率领红五军（即五军团），还有三十一军的91师和独二团驻守丹巴。丹巴的战略地位更显突出，成为四方面军数万大军的屏障。丹巴与道孚、炉霍、甘孜是一条线，一旦丹巴有个闪失，整个四方面军就暴露在敌人面前，可以长驱直入，无险可守。五军有丰富的作战经验，董振堂是位优秀的指挥员，守卫丹巴的战斗任务，主要由五军承担，独二师积极配合，他们也有自己特殊的作用。经过不断地“扩红”，招收新兵，又把周边一些游击队和地方武装编人独二师。到1936年四五月，独二师的人员发展到了三千人，锻炼成为一支既能打仗，又能做群众工作的部队，在整个红军中和群众中的名声也越来越大。独一师在大金，与独二师没有什么直接联系，因此，无论是红军还是群众，甚至国民党军队，都依然称他们为丹巴藏民独立师。

部队南来北往，行军打仗，还有大量的后方机关和医院留驻丹巴，数万红军所需的粮食供给全靠当地供应。独立师又担负着筹粮任务，动员丹巴各族人民群众节衣缩食，尽全力支援红军。

在红军帮助下，丹巴境内县、区、乡、村各级苏维埃政府相继成立。各级苏维埃政权组成人员主要是当地贫苦百姓，有个别红军干部参加。在县苏维埃政府五名正副主席中，有三名藏族干部，马骏父子就占了两个。藏族干部在苏维埃政府中占多数，初步体现了少数民族当家做主的基本特征。丹巴苏维埃政府在性质上属于“格勒得沙”即藏族人民的苏维埃政权，不再特别强调必须有工人阶级代表参加。金川革命根据地境内各个县的基本情况，也大体相似或相近。

丹巴县格勒得沙政府内部设有粮食、宣传、内务、土地、调解、妇女、少共等部其主要任务除配合和支援红军作战、为红军筹集粮食物资外，还领导人民开展反对国民党军阀统治、废除封建剥削、进行土地革命、实现民族自决和独立解放的斗争。

在所有这些活动中，丹巴藏民独立师都发挥了重要作用。

纪录片《红军不怕远征难》引发专家热议

2016-10-22　广电独家

10月20日，北京卫视举办大型系列纪录片《红军不怕远征难》研讨会。

中共北京市委副秘书长、北京市委宣传部副部长严力强，北京市委前线杂志社总编辑李明圣，以及来自北京市新闻出版广电局、北京市委宣传部、北京市互联网信息办公室、北京党史研究室、共青团北京市委员会等单位的领导参加了会议并对这部纪录片给予充分肯定。

同时，北京师范大学新闻传播学院执行院长喻国明，中国社会科学院

中共北京市委副秘书长、北京市委宣传部副部长严力强

外国文学所研究员、黄克诚大将之女黄梅，中国社会科学院新闻所世界传媒研究中心秘书长冷凇，《光明日报》驻北京记者站副站长董城，中新社北京分社社长陈建，新浪微博政务运营总监徐丽华等专家也出席了会议，并对该纪录片给予高度评价。

研讨会上，中共北京市委副秘书长、北京市委宣传部副部长严力强谈到："创作《红军不怕远征难》，是一个使命。整个团队在拍摄当中，祭拜了100多位烈士。他们用这种方式不断提醒自己在做什么，保持着对历史的崇敬和敬畏。像一个工匠打磨到最后一分钟，他们确实是尽心了。"

参加本次研讨会的还有来自中国人民大学等高校的大学生们和来自北京市丰台区新发地小学的书记王兰，这部纪录片不仅得到了青年大学生们的青睐，还在小学生当中形成了收看热潮。

同时，伴随10月17日《红军不怕远征难》的首播，同步在花椒直播平台进行的"BTV主持人陪你一起看长征"直播活动，连续三天由栗坤、梁植、谭江海做客直播平台和大家畅聊《红军不怕远征难》拍摄幕后不为人

中国社会科学院新闻所世界传媒研究中心秘书长、副研究员冷凇

知的故事，共吸引60多万青年网友收看手机直播和电视播出，并引发热烈讨论。这些都充分证明了这部重大题材纪录片的独特魅力。

中国社会科学院新闻所世界传媒研究中心秘书长、副研究员冷凇认为：“这部片子符合全年龄段、全媒体的欣赏：专家看抉择，精英看精神，百姓看情感，青年看震撼，孩子看故事，电视人看幕后，朋友圈看揭秘。

首先，《红军不怕远征难》解决了世界电视发展创新中纪实和剧情无法融合的困境与瓶颈，开创了以纪录片的方法呈现剧情化设计的电视语汇，这个模式纯原创，引领世界大制作之先；其次它以细节和悬念重构了中国的教科书，非常注重把意识形态进行细节化呈现，以情感线索为杠杆弥补了历史档案的缺失；此外，在整个电视格局中它非常提倡场景化，不仅是对历史的还原，还会通过一个场景还原，构建一个新的场景。这部片子一定会引领世界电视的一个创新史。”

用一种青春祭奠另一种青春
用一段长征铭记另一段长征

北京市委前线杂志社总编辑李明圣

为纪念红军长征胜利80周年，北京市委宣传部策划，北京电视台、北京卫视《档案》栏目摄制的九集大型系列纪录片《红军不怕远征难》从10月17日起，每晚19：30黄金时间在北京卫视播出。

节目播出后在全社会引发强烈反响。“重大题材看档案”，曾奉献过《伟大的抗美援朝》《伟大的敌后抗战》《伟大的贡献》《西藏》《解放——人民的选择》等一系列大型历史纪录片，从未让观众失望过的《档案》栏目，这次再度实现纪录片创作的突破创新，找到了一种全新的纪录片表达方式。

研讨会上，北京市委前线杂志社总编辑李明圣评价说：“《红军不怕远征难》是一部可信可看的党史纪录片。首先它第一个显著看点，是在实景的再现中演绎真实的长征。纪录片的公信力取决于它的真实度。第二个显著看点，是在档案的挖掘中整理完整的故事。档案是真实的，但往往又是零碎的。挖掘档案及档案背后的故事，是《档案》栏目的立栏之本，也是《档案》栏目拍摄大型党史纪录片的独特优势。第三个显著看点，是

北京电视台总编辑王珏、北京电视台副总编辑徐滔

北京电视台卫视节目中心主任马宏

《档案》栏目总制片人、《红军不怕远征难》总制片人、总导演吕军

在国共的对比中凸显国军的腐败，红军长征的胜利，从表层看是军事的胜利，从根本上看则是政治的胜利。第四个显著看点，是在感性的体验中升华理性的精神，传承红色的基因。”

一年前的10月17日，北京卫视《档案》团队《红军不怕远征难》摄制组在长征出发地——江西于都举行了纪录片的启动仪式。整整一年时间，摄制组重新走过这条牵引着中国历史进程的漫漫征途，在每一寸刻骨铭心的遗迹现场寻找当年的踪迹，记录今天的容貌。他们查阅档案，对话亲历者，寻找任何可以还原历史的真实资料，记录那些倾注血泪的长征故事。他们首创“双讲述人”的方式，在历史现场拍摄、在复现场景拍摄，只为将档案中的长征与心灵上的长征，原原本本地讲述出来。

《档案》栏目总制片人、《红军不怕远征难》总制片人、总导演吕军介绍说：“由于长征的历史几乎没有被纪录在真实的影像中，稀缺的照片和不到两分钟的视频无法支撑600分钟的篇幅。而80年以来的关于长征的影视作品是它山之石。《红军不怕远征难》以历史记载和亲历者回忆录为真实准绳，希望突破对长征历史艺术创作的视觉惯性，选择符合史实，减少艺术加工和臆想的拍摄手法，再现拍摄尽量还原历史的影像。在‘美’与‘真实’的选择中，选择‘真实’。同时建立一个与长征历史相吻合的‘天地人’的视觉系统。”

长征是红色东方的青春组歌。80年前，中央红军开始长征的86000多人，指挥员的平均年龄不到25岁，战斗员的平均年龄不到20岁，14至18岁的战士占到了队伍的四成，他们是革命理想最年轻的捍卫者，也是红色政权最青春的建设者。

80年后，一批与他们年龄相仿的年轻人，沿着他们当年走过的路，开始了另一次长征。《红军不怕远征难》导演组的平均年龄不到30岁，从江西于都出发，他们途经广东、湖南、广西、贵州、云南、四川、甘肃、宁夏、陕西等14个省区，翻越都庞岭、老山界、娄山关、乌蒙山、夹金山、岷山、六盘山，渡过潇水、湘江、乌江、赤水、金沙江、大渡河，穿越松潘大草地，祭扫了一百多处红军烈士纪念碑和无名烈士墓，采访了两百多

《档案》栏目主编、《红军不怕远征难》执行总导演、总撰稿吴志勇

位长征亲历者、见证人和红军后代。

《档案》栏目主编、《红军不怕远征难》执行总导演、总撰稿吴志勇回顾整个过程时说："我特别要感恩这次重走长征路，我们走过的每一个和长征有关的地方，遇到的每一个和长征有关的人，听到的每一个和长征有关的故事，直到现在我都历历在目，它们带给我的震撼和感动远远超过书本带给我的震撼和感动。在路上的很多时候，我们都有一种强烈的表达欲望，想把感受尽快写成文字，传达给更多的人。"

这群年轻的纪录片人，在将近一年的调研与拍摄中，重塑着80年前一群同龄人的故事。

从未有一部描写长征的作品，以"青春"为焦点，10岁的刘福昌、17岁的郑金煜、19岁的石长阶、22岁的邓诗方……这些你可能从未听说过的名字成为这部纪录片的绝对主人公，为总共九集长达540分钟的纪录片灌注进青春的理想、朝气、无畏和质朴。而"在路上"的创作方式也回归纪录片的原点，从原点出发，从初心开始，尝试用更加新锐和独特的电视语

《光明日报》驻北京记者站副站长董城

汇，展开这段青春的对话。

正如《光明日报》驻北京记者站副站长董城所说："首先，《红军不怕远征难》充分验证和契合了习近平总书记的讲话，是在思想上、政治上、行动上自觉同党中央保持一致的生动实践。其次，《红军不怕远征难》是'三贴近'精品力作，创作和实践过程将新闻战线推向新的境界。作为新闻记者我认为它并不是一个文艺作品，而是一件新闻精品力作。第三，《红军不怕远征难》主创团队，高扬长征精神，表率作用显而易见。采访的过程也是受教育的过程。《档案》折射出的这种情怀，这种境界，同样也是长征精神。"

在档案深处还原真实历史
在叙事之间解读长征精神

《红军不怕远征难》摄制组通过档案揭秘和影像叙事相结合的方式，探索了一种突破传统的"非虚构"创作。

档案，是故事的灵魂。《红军不怕远征难》摄制组通过实地调研，以及对长征亲历者、见证人和红军后代的采访，发掘出了100多份从未或较少被关注到的史料档案。

有一些档案是正本清源的重要文献，比如摄制组找到了1934年9月，也就是长征前夕出版的《红色中华》杂志，里面刊登了张闻天的一篇社论，其用意是向敌人释放烟雾弹为转移争取时间，是经过策划准备的战略转移。

有一些档案是转折关头的重要决策，比如1934年湘江之役前，红五军团团长董振堂和政委刘伯承手写給红34师的一份作战命令，命令他们要作为后卫力量掩护全军过江。

有一些档案是饱蘸情感的历史见证，比如19岁的红军战士石长阶在长征前夕写給父母，却没有寄出的四封家书。比如红军战士为了向一户藏民家庭购买青稞充饥，插在田地里的一块刻着借据的木牌。

北京市党史研究室副巡视员刘岳表示：“该片突破了以往纪录片的节

北京市党史研究室副巡视员刘岳

目形态和表达方式，在立意确立、素材挖掘、呈现手法上，进行了全新的尝试，具有以下三个特点。一是用‘心’诠释长征精神。二是新素材讲活老故事。三是创新手法贴近观众。长征被誉为‘地球上的红飘带’，纪录片《红军不怕远征难》为这条‘红飘带’又增加了一抹传承的亮丽。长征虽已远去，但红军用鲜血和生命铸就的长征精神，为中华民族的前行提供着源源不断的精神动力。新长征之路就在脚下，实现中华民族伟大复兴的中国梦，更加需要激情燃烧的青春，不忘初心的梦想追求。”

故事，是档案的延伸。大型系列纪录片《红军不怕远征难》用叙事的方式还原了一个个血肉丰满的人物形象，从多个角度讲述长征的故事。

这里有亲历者的角度。纪录片着重讲述了将近100位长征亲历者的故事，每个故事都浸透血泪。有些是党和军队的领导人，比如彭德怀在部队穿越松潘大草地的时候，由于饥寒交迫，献出了自己一路骑乘的大黑骡子给战士们充饥，下达命令的他却不忍直视牲口的目光。有些是连名字都叫不全的普通战士，比如红五军团第37团的炊事班长“老刘”，由于跟随部队三过夹金山，不幸牺牲在山顶的严寒中，贴身手绢里还裹着他留下的党费。

这里有敌对者的角度。比如通过蒋介石的多封电报和书信，读出了他在围剿红军的过程中几次胜券在握、喜形于色，但事后又因国民党的“窝里斗”而导致计划落空，愤恨难平的心理。比如纪录片讲述了1931年国民党第二十六军起义的过程，刻画出同样一群二十出头的国民党年轻士兵，不满于国民党政权置抗日救国于不顾、坚持“剿共”的行为，愤然挺身揭竿而起，最终被收编为红军第五军团，在长征中立下赫赫战功。

这里也有旁观者的角度。在长征的途中，哪里有人民群众，哪里就是工农红军的根据地。《红军不怕远征难》用鲜活的语调，讲述了一位位拥军爱国的老百姓。比如抢渡于都河时，江西老表刘次垣把自家老宅的门板系数拆除，给红军搭浮桥。比如10岁的湖南少年刘发育，在湘江边看到了顺流而下的战士尸体，如今已经93岁的他清楚记得当年给一名奄奄一息的红军战士喂水的场景。比如瑞金的谢桂生，半个世纪用生命保护一块红军烈士纪念塔的残片，让历史的丰碑得以在原地重建。

北京师范大学新闻传播学院执行院长喻国明

北京师范大学新闻传播学院执行院长喻国明认为："在互联网传播的环境下，什么才是好的传播？首先，一定要有新意，和别人不一样；第二，一定要以情为重，情感传播比理性传播更重要，能够给人一种温暖；第三，一定要有魅力，魅力的核心是以人为本，讲好故事，故事就是能够跟人接通的场景，它会形成一个场、一种氛围，让我们身临其境。《红军不怕远征难》之所以能够引起社会巨大的反响和震撼，就是因为它在这三个方面做了很好的营造，能够把人们带到一个情景当中，这就是它的成功之处。"

《红军不怕远征难》用掷地有声的史料构建出轮廓立体、面目清晰的历史格局，又用饱含温度的笔触还原血肉丰满的人物，让主旋律纪录片的创作视角回归普通人，为平凡者树碑，用细节来说话，成为这部纪录片触动人心的关键。

双讲述人展开时空对话

虚拟技术重现真实场景

从去年播出的大型系列纪录片《伟大的贡献》开始，复现场景下的情境式讲述，就成为《档案》构建全新纪录片语汇的重要标志。复现场景下的情境式讲述，将传统意义上的讲述人穿越成为“史中人”，让观众可以“亲历”历史发生的当时当刻，产生强烈的情感带入与视觉冲击。此次，在《红军不怕远征难》的拍摄中，《档案》团队再次突破自我，完成了复现拍摄的巨大革新。

一是设置双讲述人。熟悉《档案》节目的观众都知道，石凉和谭江海是节目的讲述人，但两人从未在一部片子中同时出现过，直到这部《红军不怕远征难》第一次实现了“双讲述人”的突破。两个人各司其职，石凉担当复现场景中的讲述人，站位历史亲历者的角度，进行第一人称叙事。比如，“战士”石凉会出现在红一军团第二师第四团的急行队伍中，一边奔向泸定桥，一边沿路讲述“急行军任务紧迫，来不及照顾伤员，只能把他扶到路边，等医疗队来救治，我们一刻不能停下脚步”。比如，在进入

《档案》栏目讲述人谭江海

松潘大草地的时候，“战士”石凉会发出这样的感慨“我们站在草原上，如同一群闯入另外一个世界的渺小生物……”，这样主观视角的表达，令观众对情感的接收感同身受，创造出心理层面上的真实通感。另一边，谭江海担任现实场景中的讲述人，站在从今天回溯历史的宏观视角，进行整体性叙事。《档案》栏目讲述人谭江海作为此次拍摄的亲历者表示：“本身我对长征题材有着一种天然的亲近，因为我姥爷就是一个老红军。很多人会问我，整个过程是不是特别辛苦，其实跟80年前的参与者相比谈不上辛苦，真正辛苦的是幕后的导演。但我们收获的不仅是九集纪录片，还有很多。我们想通过这个片子证明一下自己，传统媒体的制作能力还在，《档案》的创新能力还在。80年前的长征结束了，对于我们这些人来说长征才刚开始。”

二是双时空融合推进。在以往的《档案》节目中，现实部分的讲述绝大多数都是在演播室里完成的，即便像《西藏》这样大量实景拍摄的纪录片，也仍然需要在演播室里完成结构梳理和细节阐释。但《红军不怕远征难》大胆采用了全实景拍摄的方法，舍弃演播室，在真实空间里完成“双时空”叙述，两名讲述人各自牵引一条时空线索，融合推进，又在故事情节中巧妙转化，自然过渡，相信在观看时能够让观众大呼过瘾。

三是CG技术还原真实场景。如果你看过《阿凡达》、《速度与激情7》、《星际迷航》，或是最新上映的郭敬明新片《爵迹》，那你对CG技术一定不会陌生。先在真实场景中由演员完成真实表演，再通过CG技术增加一些现实无法呈现的虚拟场景和特效，这种技术被大量应用于大成本的商业电影拍摄中，而《红军不怕远征难》将CG技术灵活运用在了电视荧屏上。

摄制组的杀青戏是在夹金山上完成的，石凉、谭江海和数百名群众演员在山上复现拍摄了中央红军翻越大雪山的经过。而后期CG技术的应用，则逼真还原出鹰击长空、飞雪连天的场景。需要说明的是，在纪录片《红军不怕远征难》的拍摄中，一切CG技术的运用都是基于“复原”而非“夸大”的原则，所有元素的添加都取材自当事人的口述历史或日记记载，让

《档案》栏目主编、《红军不怕远征难》制片人、执行导演刘晓彤

所有虚拟技术都在为真实服务。

正如《档案》栏目主编、《红军不怕远征难》制片人、执行导演刘晓彤所说："在我们整个摄制组开始的时候，总制片人吕军说过两个标准，第一个是绝不妥协，第二个是真实。从我们前期采访到后期拍摄，我想我们团队每个导演都是严格按照这两个标准完成的。"

远征、热血、转战、星火、奇兵、飞渡、冰锋、绝地、铁流，北京卫视九集大型系列纪录片《红军不怕远征难》以这九个词提炼概括出两万五千里长征波澜壮阔的历史进程，用跨越14个省市自治区的深入调研，用延续一年时间的实地拍摄，用1500个小时的视频素材，用540分钟的极致影像，讲述世界历史上绝无仅有的一次伟大征途。

漫漫长征路上，那些青春的臂膀最终扛起了新中国的未来，也就是我们的今天。同样的青葱岁月，同样的豆蔻年华，青春有浪漫清新的色彩，如生活在现今的我们；青春也有枪林弹雨的险途，如生活在80年前的他

中国社会科学院外国文学所研究员、黄克诚大将之女黄梅

们。不同的是，他们用青春和生命所交换的东西，是红色政权的火种，是共产主义的信仰，是民族解放的希望，是当家作主的未来，这让他们的青春不再平凡。

正如中国社会科学院外国文学所研究员、黄克诚大将之女黄梅所说："我十年前跟着老红军后代，走了于都河，到了湘江，看到田园诗一样的景象，无法想象当年曾发生在这里的血雨腥风。我父亲说过在草地上，凄风冷雨中大家只能团在地上过夜，没有地方可去，一不小心人就陷到湿地泥底消失了。队伍落的很长，没有目标，也不需要目标，因为尸体的方向就是你前进的方向。这究竟是什么样的队伍？哪怕尸体就是前进的方向，这依然是一支拖不跨打不烂的队伍。这背后的力量，有我们民族血脉中的精神，这个精神不能散掉。感谢《红军不怕远征难》剧组传承了这种精神！"

长征已经胜利80年，但行军的脚步声依然铿锵回响。在美国时代生活出版公司出版的《人类一〇〇〇年》一书中，来自世界不同民族、不同国家、不同学科领域的学者们，共同将中国的长征、火药的发明、成吉思汗的蒙古帝国选为一千年间影响人类历史的百件大事。

但长征又与火药和帝国不同，它不为战争而生，也不为扩张而生，它为信仰而生。长征是中国共产党人留给世界的精神财富，它超越了对自然的征服，超越了战争的胜负，甚至超越了意识形态的界限，让人类感受到信仰的巨大力量。

从这个意义上讲，《红军不怕远征难》是北京电视台、北京卫视献礼长征胜利80周年的纪录片，也是致敬青春的纪录片，更是一部致敬信仰的纪录片。信仰清晰，道路才能坚定；信仰清晰，革命才能成功；信仰清晰，青春才能无悔。

北京卫视大型纪录片《红军不怕远征难》2016年10月17日~21日19：30在北京卫视播出，值得欣慰的是，越来越多的年轻观众守候在电视机前，与80年前的那群年轻人一起踏上征程。

第二章

战天斗地的川藏公路

两路精神

一不怕苦　二不怕死
顽强拼搏　甘当路石
军民一家　民族团结

2014年8月，中共中央总书记、国家主席、中央军委主席习近平就川藏、青藏公路通车60周年作出重要批示，要求进一步弘扬“两路”精神，助推西藏发展。

习近平总书记指出，2014年是川藏、青藏公路建成通车60周年。这两条公路的建成通车，是在党的领导下新中国取得的重大成就，对推动西藏实现社会制度历史性跨越、经济社会快速发展，对巩固西南边疆、促进民族团结进步发挥了十分重要的作用。当年，10多万军民在极其艰苦的条件下团结奋斗，创造了世界公路史上的奇迹，结束了西藏没有公路的历史。60年来，在建设和养护公路的过程中，形成和发扬了一不怕苦、二不怕死，顽强拼搏、甘当路石，军民一家、民族团结的“两路”精神。

习近平强调，新形势下，要继续弘扬“两路”精神，养好两路，保障畅通，使川藏、青藏公路始终成为民族团结之路、西藏文明进步之路、西藏各族同胞共同富裕之路。

不能忘记新中国创造的人间奇迹

——人民解放军建设川藏公路回眸（一）

◎陈　辉

编者按

陈　辉

新华社高级记者、大校军衔。新闻和文学作品获国家"五个一"工程奖、中国人民解放军新闻奖一等奖、中国报告文学大奖赛一等奖，伊拉克战争报道奖等50余个奖项，新闻作品收入国家语文课文，获新华社"十佳记者"荣誉，先后立二等功3次三等功4次，获国防服役金质奖章。

今年4月是人民解放军修建川藏公路70周年。川藏路是新中国修建的第一条震惊世界的公路，是中国海拔最高的公路，最险的公路，最难修建的公路，3000多名官兵和民工为修路献出了宝贵的生命。这些抗战和解放战争中九死一生的老兵，在枪林弹雨中迎来了新中国，但他们未能享受打天下的成果，又在建设新中国中献出了自己的生命。

修建川藏公路70年过去了，我们不应该忘记他们，我们要缅怀他们，回顾他们的丰功伟绩！

"二呀么二郎山，高呀么高万丈，解放军，铁打的汉，要把那公路修到西藏"，这首《歌唱二郎山》当年唱遍全国，它把修建川藏公路的艰辛告诉了世人。如今重温这首歌，又把人们带回到1950年人民解放军修建川藏公路的历史往事之中，让人感慨万分。

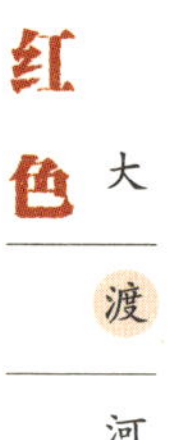

1950年4月开工修筑的康藏公路，由雅安至拉萨，1954年12月，康藏公路全线通车，全长2412公里。1955年10月，西康省撤销，康藏公路改称川藏公路，并改为以四川省会成都为起点，终点不变，全长2416公里。川藏公路是中国海拔最高的公路，最险的公路，最难修建的公路，被藏族同胞誉为“幸福的天路”。

毛泽东主席指示：“进军西藏宜早不宜迟。”

“进军西藏宜早不宜迟，否则夜长梦多。”毛泽东主席为何这么急迫地要求人民解放军进军西藏？意义何在？

西藏是中华民族的一部分，实行“政教合一”的封建领主专政制度，比欧洲中世纪的制度还要黑暗的封建农奴制度，在雪域高原上延续了上千年。

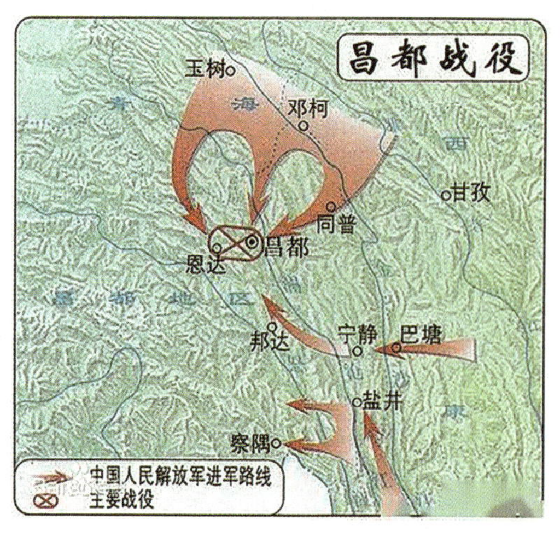

1949年，中华人民共和国成立。中央人民政府根据西藏的历史和现实情况，决定采取和平解放的方针。中央人民政府多次通知西藏地方政府派代表来北京商谈和平解放西藏事宜。当时控制西藏地方政府的摄政大扎·阿旺松饶等人，在外国势力支持下，在西藏东部昌都一线调集藏军主力，布兵设防，企图以武力对抗。中央政府于1950年10月命令人民解放军渡过金沙江，解放了昌都。

昌都解放后，中央政府再次敦促西藏地方政府派代表来北京谈判。以阿沛·阿旺晋美为代表的爱国上层人士力主和谈，提前亲政的十四世达赖喇嘛接受了进行和平谈判的意见。

1951年4月，西藏地方噶厦政府派阿沛·阿旺晋美为首席代表到北京谈判。1951年5月23日，中央人民政府和西藏地方政府的代表就西藏和平解放的一系列问题达成协议，签订了《中央人民政府和西藏地方政府关于和平解放西藏办法的协议》（简称“十七条协议”）。和平解放西藏的协议受到西藏各民族人民的赞成和拥护。

但大批人民解放军不进藏，和平解放西藏的协议只能是纸上谈兵。然

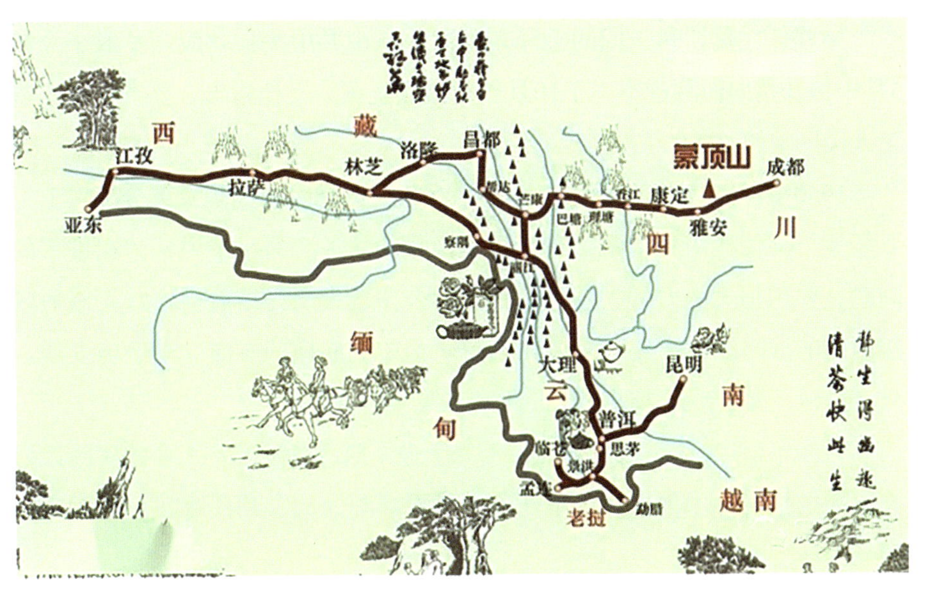

而，大批人民解放军进藏又谈何容易？

当时，西藏与内地之间除了人走马背的茶马古道，西藏既没有公路，也没有驿道，没有一条能为进藏部队迅速提供补给的道路。那时，从青海或四川到拉萨人畜驮运，冒风雪严寒，一般一年只能走一个来回，5月去，10月归。

川藏公路的修建，是中共中央和平解放西藏布局的一部分。1949年12月中旬，毛泽东赴苏联访问，途经满洲里时，给中共中央并西南局写了一封信。时任第二野战军司令部作战处处长的李觉收到信后，立即呈送刘伯承司令员、邓小平政委。信的大意是：印、美都在打西藏的主意，解放西藏的问题要下决心了，“进军西藏宜早不宜迟，否则夜长梦多。”

1950年1月2日，毛泽东又在从莫斯科致中共中央、彭德怀、邓小平、刘伯承、贺龙的电报中说，争取由打箭炉分两路推进到西康、西藏的接境地区，修好汽车路或大车路，准备5月中旬开始入藏。”

接着，在莫斯科访问的毛泽东再次致电中共中央：“应当争取于今年5月中旬开始向西藏进军，于10月以前占领全藏。”他指出，要“将其改造为人民民主的西藏”。

1950年1月15日，刘伯承、邓小平在重庆向18军张国华及部分师以上主要领导干部传达中央指示，布置进军西藏的任务。邓小平说：“在进军的同时，要用很大的力量去筑路。西藏的公路建设要先纵后横，首先修通联接内地的战略纵深道路，尔后再以拉萨为中心向横的方向、向边境发展。只有这样，才能站住脚跟，建设西藏，保卫边疆。”

1950年1月22日，刘伯承等在《关于进军西藏各项准备工作的实施计划向军委的报告》中称：我进军任务之能否顺利完成，其关键在于能否实施顺畅的补给运输工作。

十八军首长合影（前排18军军长张国华、政委谭冠三）

报告就强化补给运输提了5点：1.成立进军的支援司令部，以十八军副军长昌炳桂为司令员，以二野后勤部政治部副主任卢南樵为政委（后因病未到任，改由第三兵团后勤部长胥光义任政治委员），负责总的支援实施工作；2.由成都缴获的战利物资和二野各兵团中抽集汽车担任运输；3.以甘孜为前进的支援总站，支援司令部先期到该地主持一切有关事宜；4.所需粮食拟全由川西筹集，并分装为50斤重的袋子，以便分别车运、空运；5.部队向甘孜前进中拟争取全部车运或空运，以节约体力，鼓励士气。

1950年1月24日，《中央关于进军西藏等问题致西南局、西北局电》指出："刘邓已决定十八军为进攻西藏的主力，并提议由青海、新疆及云南各出一支兵向西藏多路向心进兵，以便解决粮食及地形上的困难。又刘邓提议由西北负责派兵迅速修复由西宁经玉树至甘孜的公路，并调查玉树飞机场的情况电告。以上望西北局立即讨论并提出意见。

1950年8月，刘伯承在听取十八军参谋长陈明义汇报时明确指示："要保证和平解放西藏，关键问题是交通运输，从某种意义来说，修路、运输

比打仗还重要。这就叫作解放西藏政治重于军事，补给重于战斗。”

1950年5月，解放军奉命进军西藏，完成祖国大陆统一的历史使命时，毛泽东主席指示进藏部队：“一面进军，一面修路”。于是，第一条进藏公路开始修建——由雅安到拉萨，称为“康藏公路”（当时雅安为西康省会，后西康撤省，康藏公路改称川藏公路）。

当时，进藏部队由两部分构成：一部分是承担战斗任务的先遣部队，主力是18军52师；另一部分是承担修路和补给任务的支援司令部，主要由西南军区工兵司令部和18军后方部队构成。

1950年，18军在参加川西地区剿匪的同时，积极抢修成雅公路。18军受命进兵西藏后，修筑通入西藏的公路便成为最紧迫的任务。张国华向政治委员胥光义、工兵司令员谭善和、西南军政委员会交通部公路处长孙楷堂、工程师徐松荣交代了修筑入藏公路的任务。

进军西藏誓师大会

1950年初，党中央任命十八军后方司令员陈明义任康藏公路修建司令部司令员，西南军政委员会

交通部长穰明德任政治委员。参加筑路的除18军以外，还有2个施工局及大量民工，共10万多人。

1950年3月31日，18军军前指、52师前指和154团部队进抵雅安，此时18军军部组织了大量辎重驮运粮食到达雅安。

雅安是西康省政府所在地。当时，汽车只能通到雅安，再继续前进，只能徒步行军，物资供应全靠人背马驮。为保障西进部队的粮食供应，加大行军里程，18军前指决定将辎重骡马600匹、人员442人，全部拨归52师前指和154团。

154团团长郄晋武的日记对粮食困难情况有如下记载："土匪还很疯狂，驻雅安友军还闹粮荒，但还是把他们的粮食支援我们进军，明天带一营先走，已动员部队装足粮食，防止物资丢失。

图为解放军战士与驮着重物的军马一起翻越雪山

1950年4月13日，康藏公路修复工程在雅安金鸡关破土动工，6月25日通车到康定，8月26日通车到甘孜，12月1日通车到马尼干戈。自雅安至马尼干戈的687公里公路，只用了10个月的时间就修复通车了。

各路进藏部队和支援、筑路大军都拼力抢修公路，又由18军53师、54师、工兵五团及机械工兵营、军大八分校学生日夜施工，修建了甘孜飞机场，解决了交通，建立了向西藏进军的坚实基地。

图为进军西藏途中的十八军官兵

与此同时，青海由第一军8000多人组成的筑路大军，克服高原上的天寒地冻和在沼泽翻浆地带施工的种种困难，从5月中旬到8月底，由西宁到黄河沿岸修建改造公路近500公里，整修了玉树巴塘机场的跑道，供应部分物资，增援昌都战役。

新疆独立骑兵师和一个骆驼团2000余名战士及民工1800余人，于1950年5月修筑从于田普洛（普鲁）入藏的公路，在海拔4500米左右的地方和大自然展开搏斗，到年底共修路200公里，有力地支援了进军阿里地区。

云南省于1950年8月也开始从大理向西藏修筑滇藏公路。

至此，几条公路的通车里程都向西藏推进了几百公里，形成了“多路向心进兵”的态势。

在此后的几年时间里，筑路大军挺进西藏，分几路抢修入藏公路。根据当时情况，康藏公路成为解放军抢修的第一条入藏公路，为保证昌都战役的胜利及实现和平解放西藏，创造了基本的交通保障条件。

1954年12月26日，国务院副总理贺龙撰文《帮助藏族人民长期建设西藏》指出：“康藏（川藏）公路和青藏公路的通车，必然会促进西藏民族的政治、经济和文化事业的发展，康藏人民的物质生活和文化生活，也必然会随着祖国大规模社会主义经济建设的发展而逐步地改善和提高。这对于加强和巩固祖国的统一，增强汉、藏人民的团结，建设边疆，保卫祖国的社会主义建设，以及维护远东与世界和平，必然发生巨大的作用……。”

藏部队越过海拔6000余米的冷拉大雪山向拉萨前进

修建川藏公路，是和平解放西藏，粉碎国外反动势力分裂西藏阴谋，促进民族团结和

张国华率领的第十八军胜利到达拉萨。图为部队进入拉萨时的情形

民主改革，使西藏摆脱封建农奴制的需要。同时，藏族同胞把川藏路誉为“幸福的金桥”，它的建成通车，对密切西藏地方与祖国内地的联系，加强藏汉两民族以及四川、云南，西藏各地区之间的联系，对促进沿路地区经济文化发展和社会进步，有着十分重要的作用。

总之，从战略上讲，修建川藏公路具有重大军事意义、政治意义和经济意义。

川藏公路：美国人说不可复制的奇迹

——人民解放军建设川藏公路回眸（二）

自晚清至民国，历届政府都曾酝酿过修筑一条打通康藏交通的通途，但面对险恶的地理环境和自然环境都望而却步，百姓盼望已久的“天路”始终未能建成。难怪80年代美国筑路专家考察川藏路后，称其为不可复制的奇迹。

中国最难修建的公路当属川藏公路，全长2412公里，它要穿越14座海拔高达4000米的雪山，沿途翻越二郎山、折多山、雀儿山等十几座海拔4000米以上的大山，跨越金沙江、澜沧江、怒江等十几条大河，加之线路所经地区冰雪期长，地震频发，岩层断裂，风化严重，常常发生塌方和泥石流，工程建设十分艰巨。还要跨过众多沟壑峡谷，全程共有99拐。

当年的筑路部队司令陈明义将军的儿子陈亦军在文章中这样描述了

修路、建路之难：川藏路向西翻越二郎山、折多山、雀儿山、雪齐拉、达马拉、甲皮拉、卡集拉、安久拉、色霁拉、矮拉山、米拉山等海拔4800米以上14座巍巍雪山；跨过岷江、青衣江、大渡河、雅砻江、金沙江、澜沧江、怒江、卡达河、易贡河、东久河、尼洋河、雅鲁藏布江上游拉萨河等众多江河；数百条溪涧、飞瀑水网地带；穿过遮天蔽日的波密、通麦、林芝、安鸠拉原始森林；涉过甘孜、江达、帮达、八宿、然乌、鲁朗数百公里草原、戈壁、沼泽。

在筑路过程中，会遇到各式各样困难，其中有些是特殊的困难。首先是在踏勘和测绘线路时没有任何参考资料，必须从千山万水中为青藏高原找出一条合理的路线；其次是公路横穿祖国西南横断山脉的龙门山、炉霍、甘孜、青泥洞、金沙江、澜沧江、怒江、通麦8条地质断裂带；地层破碎，地震频繁，地震烈度高，地质条件极其复杂。这种自然环境，这些地理因素和气象原因，造成川藏线沿途泥石流、塌方、碎落、雪崩、水毁频繁出现。

另外，川藏公路东面的起点四川盆地海拔只有499米，向西延伸，海拔

曲折崎岖的川藏路

快速爬升，进入青藏高原公路平均海拔3000米左右，河谷与山脊相对高差1000~2000米，地形狭窄陡峻，沟壑纵横，线路起伏非常大，地貌类型复杂多样。

再有，青藏高原气候多变，气候条件极其恶劣。路线穿越不同的气候垂直分布带，高海拔路段的雨、雪、冰、雾、风、尘等恶劣气候影响时间长。地形地质、气候环境等因素影响贯穿始终。这些情况，都给工程建设带来了许多预想不到的困难。

在冰川和流沙地段施工时，困难就更多了，修出的路基有时被流沙掩埋；有些地区，在雨季中常发生严重的坍方现象；特别是冰川暴发的时候，雪水夹着泥沙、大石头，常常冲毁路基和桥梁，还有很多路线要在连藏羚羊都不能立足的悬崖峭壁上通过。

当年18军的工程师余炯带领踏勘队为寻找昌都到拉萨间捷径，跋涉于北路、中路、小北路和拉萨至则拉宗之间，行程约9000公里。由于山高、路险、林密、又无通讯工具，他们和筑路司令部失掉联络近4个月。

18军官兵修筑川藏路

为了勘察一条合理的、理想的路线，他们要冒着生命危险通过人迹罕至的悬崖绝壁，蹚过冰冷的激流湍涧。冬季在摄氏零下30多度的山顶上，冰雪漫天、寒风刺骨；夏季在多雨的通麦、林芝原始森林，踩着腐烂的树叶，提防着老虎、棕熊、雪豹等野兽的突然袭击，忍受着蚂蟥、蚊虫的叮咬，坚持踏勘。他们稍有不慎，就有冻僵在山顶或滑坡坠落深渊的危险。踏勘人员，有时靠在石崖下或躺在没膝的雪地里渡过漫长的寒夜；有时白天累得疲惫不堪，晚上还得站岗放哨。

余炯带领踏勘队完成任务回到司令部时，一个个衣衫破烂，满头长发，胡须满腮，面黄肌瘦。筑路部队司令员陈明义收下他们的踏勘报告，紧紧握着他们的手，凝视着他们历尽艰辛的面容，这位南征北战的将领忍不住流下了感动的热泪。

川藏公路全长两千多公里，越过14座高山。可是，为了找出合理科学的筑路路线，余炯带领踏勘队员竟跋涉了1.5万多公里，翻越了空气稀薄的高山200多座，这才初步揭开了川藏公路沿线地理的真面目。

当年参加川藏路建设的18军亲历者回忆说：“前一天修的路，第二天就没有了——山倒了！前一天趟过的河，第二天就没有了——变成堰塞湖了！”这是时任18军文工团干事李俊琛感受。

“一个排的战士，拴上绳子坠到半山腰的一块巨石上打炮眼。忽然一块巨石从山顶滚落，整个排的战士，连着那块巨石直接滚到帕龙江里了。”时任康藏公路西线四工段指挥长吴晨回忆说。

“海拔5000米，气温-30℃，开水沸点70℃，我们的士气100℃！”时任53师宣传干事杜琳回忆说。

“我们虽然离开西藏了，但我们的战友们还在西藏，一路都有他们，每一公里都有他们。我们永远忘不了西藏。”时任54师155团卫生员鲍鹏庚回忆说。

川藏路险到什么程度？难到什么程度？后来的我军运输兵这样描述：王登平说我当汽车兵的时候，在川藏公路二郎山老路上，整整跑了10年，为西藏运送物资。因为路窄弯急、常年积雪，再加上道路坍塌、高崖落石，每次出车，对他们来说，都如同在鬼门关走了一遭。

原成都军区联勤部所属的川藏兵站部官兵自川藏公路通车时组建至今，累计行程30多亿公里——相当于绕地球七圈半。69年来，647名官兵牺牲，2000多名官兵受伤致残。先后涌现出被国防部和原成都军区授予荣誉称号的“川藏线上十英雄”“川藏线上的英雄汽车兵”“川藏线上钢铁运输班”“高原模范兵站”“川藏线上模范汽车连”等一大批先进单位和个人。

别说修路、筑路了，在这条路上开车就有600多名官兵献出了生命，可见川藏路之险、之难、之苦，令人叹为观止。

川藏路上的汽车兵

川藏公路：中国筑路史上五大奇迹

——人民解放军建设川藏公路回眸（三）

陈　辉

中国邮政在《川藏青藏公路建成通车六十五周年》纪念票册发行时，有位公路专家感慨地说：修筑川藏路军民创造中国筑路史上的最高、最险、最长、工程量最大、修建速度最快”的“五大奇迹”。

川藏路修路，是从徒手敲石头开始的。10多万军民在平均海拔4000米的高原上，要克服高原反应，粮食短缺，用铁锤、钢钎、铁锹和镐头这些最原始的工具劈开悬崖峭壁，降服险川大河。在4年多的时间里，川藏公路穿越整个横断山脉的二郎山、折多山、雀儿山、色季拉山等14

官兵修路鏖战二郎山

座大山；横跨岷江、大渡河、金沙江、怒江、拉萨河等众多江河；横穿龙门山、青尼洞、澜沧江、通麦等8条大断裂带。

当时的标准现在看来并不高：三层路面，一层石灰，一层黏土，一层石子，轧平后形成公路。由于机械少的可怜，仅有的机械在许多高原复杂地形施展不开手脚，一切只能靠人工。

筑路官兵经常在终年积雪、空气稀薄的高山上施工。白天，他们在大雪纷飞的野外工作，寒气袭人。山上寒风凛冽，战士们的手上常常裂开一道道血口，劳动时，裂口因震动出血，伤口愈合了又裂开，真是疼痛难忍！冬天气温常在摄氏零下二三十度；山上冻土的深度1.3~1.55米，挖冻土比开石方还难。在这种情况下，战士和工人们时常不分昼夜地用大火把冻土烤化，再一点一点挖掉；一连好几个冬天，他们都是这样在高山上施工。

入夜，繁星升起，筑路战士燃烧的一堆堆篝火，映照着白雪皑皑的雪

山，把夜空装扮得绚丽多彩！从很远很远的地方望去，无数的火光和夜空的北斗交织在一起，是火还是星？难以分辨……机器轰鸣，战马嘶鸣，人声鼎沸，在寒风中涌动着筑路勇士高大的身躯。“不怕那风来吹，不怕那雪花飘；艰苦创业为人民，个个逞英豪。劈山开路架桥梁，筑路英雄立功劳……”这是《歌唱二郎山》创作者的感受。

1951年夏天，西南军区战斗文工团在副政委魏风的率领下，到二郎山一带慰问筑路部队。指战员们的豪情壮志和英雄事迹深深地感动了文工团的团员们。魏风把填词的任务交给了祝一明（洛水），作曲由时乐濛承担，男高音歌唱演员孙蘸白负责演唱。

祝一明也被筑路官兵们的精神感动了，欣然接受了任务，投入到创作之中。很快，一首饱含着热情与激情，颂扬筑路部队英雄气概和顽强意志的歌曲《歌唱二郎山》，在素有“世界屋脊”之称的青藏高原上诞生了：

二呀么二郎山，高呀么高万丈，
古树那荒草遍山野，巨石满山岗，
羊肠小道那难行走，
康藏交通被它挡。
二呀么二郎山，哪怕你高万丈，
解放军铁打的汉，下决心坚如钢，
誓把公路修到那西藏
不怕那风来吹来不怕那雪花飘，
起早晚睡呀忍饥饿，各个情绪高，

开山挑土架桥梁，

筑路英雄立功劳立功劳。

二呀么二郎山，满山红旗飘，

公路通了车，运大军，到边疆，

开发那福源，

人民哪享安康。

前藏和后藏呀处处受灾殃，

帝国那主义国民党狼子野心狂。

人民痛苦深如海，日日夜夜盼解放。

中国共产党呀像红太阳。

解放军真坚强，下决心进西藏，

保障那胜利巩固那国防。

前藏和后藏呀真是好地方，

无穷的宝藏没开采，遍地是牛羊。

森林平原到处有，人们财富不让侵略者来枪。

巩固国防先建设边疆，帐篷变高楼，荒山变牧场。

侵略者胆敢来侵犯，把它消灭光。

歌曲写好后，魏风只给了孙蘸白一个晚上的时间练习，对于一名职业歌唱演员来说，这样的经历在他的歌唱生涯中是第一次，也是仅有的一次。但孙蘸白丝毫没有退缩，相反，他以饱满的热情接受了任务。夜深人静，孙蘸白低声试唱。他的脑海里一次又一次地浮现出筑路工地上官兵们挥汗如雨的施工场面，耳边一波接一波地回响起热火朝天的劳动号子。从满天星斗到天空泛白，孙蘸白的眼睛一直被泪水湿润着。他自己也说不清，是被官兵们感动了，还是被歌曲感动了。

第二天登台演出时，孙蘸白深情的演唱让这首鼓舞士气的歌曲赢得了筑路官兵们经久不息的掌声和欢呼声。在官兵们的一再要求下，孙蘸白一连唱了3遍才走下舞台。在台下，战士们把他团团围住，纷纷索要歌片。为

歌唱二郎山

1=C 2/4
中速稍慢

洛　水词
时乐蒙曲

二呀那二郎山　高呀么高万丈　古树那荒草遍山野　巨石满山岗　羊肠小道那难行走　康藏交通被它挡　那个被它挡
不怕那风来吹　不怕那雪花飘　起早那睡晚忍饥饿　个个情绪高　开山挑土那架桥梁　筑路英雄立功劳　那个立功劳
前藏那和后藏　真是呀好地方　无穷的宝藏没开采　遍地是牛羊　森林草原那到处有　人民财富不让侵略者它来抢

二呀那二郎山　哪怕你高万丈　解放军铁打的汉　下决心坚如钢　誓把那公路修到那西藏
二呀那二郎山　满山那红旗飘　公路通了车　运大军守边疆　开发那富源　人民那享安康
要巩固国防　先建设边疆　帐篷变高楼　荒山变牧场　侵略者敢侵犯　把它呀消灭光

要巩固国防　先建设边疆　帐篷变高楼　荒山变牧场　侵略者敢侵犯　把它呀消灭光

了满足大家的要求，魏风马上找人刻印歌片并发给部队。

从此，川藏线的筑路工地上到处可以听到《歌唱二郎山》激昂的旋律。不久，这首歌像插上了翅膀，飞过二郎山，飞向祖国的山山水水，飞向每一处热火朝天的建设工地。

1952年，西南军区战斗文工团参加全国第一届文艺会演时，也选送了《歌唱二郎山》。不出所料，这首歌获得了评委的一致好评，荣获当年全军文艺创作一等奖。

《歌唱二郎山》展现的是修筑川藏公路的艰难和官兵们克服困难的英雄气概。

当年在筑路大军中流传的贺龙司令员为官兵每人每天解决吃四片维生素C的故事，也能反映出当年修筑川藏路的艰辛。

1952年秋天，正是高原雪莲花开的时节，身为第18军参谋长、川藏公路修建司令部司令员兼政委的陈明义到重庆向西南军区司令员贺龙汇报修

贺龙（左）、周士第、王维舟（右）

建川藏公路的情况，在重庆曾家岩西南局的办公室里，当汇报修路部队艰苦而又充满革命乐观主义的生活时。贺老总感慨地说：“这和我们长征时一样啊！”当陈明义谈到战士们把树枝搭在雪地上当床铺，并风趣地称做钢丝床时，贺老总哈哈大笑起来。

谈到战士们白天在雨里雪里修路，晚上睡在方块雨布搭的帐篷里，漏雨飘雪，衣被湿透难以入眠，贺老总皱起眉头，对秘书说：“记下，叫军区后勤给筑路部队特制帆布帐篷，配发雨衣！”

陈明义说：“由于运输困难，有时主副食供应不上，战士们挖地老鼠，吃野菜充饥，不少同志由于营养不良，患了夜盲症等疾病”。

贺司令员又问：“明义同志，公路已修到昌都，修路部队能吃上蔬菜吗？”陈明义摇了摇头：“因为青藏高原地势高寒，部队常年吃不上蔬菜，只有逢年过节，飞机给我们空投一些萝卜、土豆和白菜。由于缺乏维生素C，战士们的手指甲盖不同程度凹陷。”贺司令员站了起来！他不安地踱来踱去，思索着什么。稍停，他严肃地对陈明义说：“立刻派人到上海购买维生素C，必须每人每天吃四片，少了不行！”

修筑川藏路已经过去快70年，当年年轻的官兵也大都作古，很难采访到当年的建设者，但流传至今的一首《歌唱二郎山》，一个维生素C的故事却能从一个侧面反映出当年筑路大军的含辛茹苦，千辛万苦。

历史资料显示，修筑川藏公路，共投资2亿多元，历时4年多时间，建筑工程共作业土方、石方约2900万立方米，其中石方就有530多万立方米；铺筑路面377万平方米；架设桥梁430座，总长度6000多米；修筑涵洞3781道；护墙8万立方米。修建这条公路工程的巨大和艰险，是中国公路建筑史上前所未有的。

川藏公路：平均每公里牺牲一个人

——人民解放军建设川藏公路回眸（四）

陈 辉

有人说，川藏公路是血洒的路，是官兵和民工们用生命筑成的路。这样的比喻一点也不夸张。

塌方、泥石流、悬崖坠落、炸山事故、高原肺心病等威胁着筑路官兵和民工的生命，几乎每推进一米都要造成大小不等的滑坡和塌方，施工的第一年就有千名官兵和民工为此献出生命，在第一年365天中，牺牲人数最少的一天是5人，其中仅雀儿山一个山头就牺牲了300多人。

01

原筑路部队十八军第一五九团三连炮班班长、模范共产党员张福林，就为打通雀儿山而光荣牺牲了。

1951年12月10日，在雀儿山工地，部队收工吃午饭，张福林顾不上吃饭，到工地查看炮室装填炸药情况与导火索的安全连接。午饭后，张福林又领着炮班来到工地，他站在最前面点燃了导火索。随着一阵轰隆巨响，一座雪岩倒下了，上千方碎石纷飞迸落，战士们不禁为这一炮炸千方的胜利欢呼雀跃。张福林带领全班扑进烟尘弥漫的工地，清理石块。突然，不幸发生了，一块两立方米的巨石坠下，砸在张福林的腰部和右腿上。顿时鲜血染红了冰雪，张福林昏死过去，连队指导员安排进行抢救。在给他打针的时候，他坚持不让，他说：“我已经不能为国家服务了，为国家节省一支针！”临死之前，又艰难地从衣服兜里掏出来旧币，再交最后一次党费。最后在指导员的怀里离开了人世。

张福林一家两代忠烈。他母亲薛桂芳河南省扶沟县城关北街妇联主任，1947年3月16日，在执行地下党组织交办的一项秘密任务时，被国民党发现后杀害，年仅35岁。

为继承母亲遗志，张福林于1948年8月参加了解放军，先后参加了淮海战役、太原战役等。1951年冬，张福林所在部队接到抢修川藏公路雀儿山段的任务。张福林牺牲后，战友们清理的遗物时，在他的挎包里发现了他荣立五次战功的功劳证、一本日记和五包菜籽。他在日记中写道，我要把幸福的种子撒在西藏高原，让它生根，发芽，开花，结果。笔记本中他的人生格言显现眼前：“忘掉自己，为人民，由民兵改炮兵，由炮兵变工兵，这是党的需要，听党的话。”“我由一个穷孩子，成为一名共产党员，一切交给党，永远跟党走，学好技术，做好工作，不怕困难。”这就是一个共产党员的价值追求，这就是川藏路精神的真实写照。

1952年，张福林被西藏军区后方部队党委追授予模范共产党员称号，追记一等功，1953年，中央交通部、西南军区授予张福林烈士“筑路英雄”称号。2011年4月，张福林同志被中共西藏自治区委员会、西藏自治区人民政府评为“60位感动西藏人物”。

张福林生前所在班也被西藏军区命名为“张福林班”。后来“张福林班”在川藏公路建设和西藏平息叛乱、边境自卫反击战中先后有36名战士献出了年轻的生命，全班曾29次荣立集体功，使张福林英雄业绩得到发扬光大。

02

2019年5月31日，十八军老战士和十八军后代重走十八军进藏路，来到甘孜藏族自治州德格县雀儿山十八军筑路烈士陵园祭奠了张福林。之后，一行人又来到十八军无名女兵墓。无名女兵墓，是9名英勇牺牲的十八军首批进藏女兵的墓。她们的年龄都在15~19岁，当时是到雀儿山筑路部队开展慰问演出，由于气候、海拔及医疗等特殊条件，途中发生车祸，牺牲在雀儿山上。

“提起雀儿山，自古少人烟。飞鸟也难上山顶，终年雪不竭。筑路十八军，各个是豪杰。雀儿山上扎下营，要把山打通。”这首《打通雀儿山》，就是昔时十八军文工团上山表演时，为战士们创作的歌曲。“看到9名女兵的墓碑，心里特别难受，她们那么年轻，她们的青春和最美的芳华，永远定格在了这里。”原十八军54师文工队指导员张均之女张琪向女兵墓碑敬了军礼，她哽咽着说，十八军的奉献精神应该永远传承下去，“我们要永远怀念她们。”十八军老战士及后代也来到了这些无名女兵的

墓碑前，敬献哈达和鲜花，寄托怀念和哀思。

1950年，以第18军为主的部队担负了解放西藏的重大任务。进军西藏、巩固边疆急需一批从事后勤、医疗、文艺等工作的女兵，1100多名青年女学生满怀一腔热血，加入进藏队伍中。在缺氧、断粮、无路等恶劣的高原条件下，她们和男人们一样背负着沉重的行囊，翻过雪山，越过草地，趟过冰河，徒步进藏。她们用动听的歌声，高尚的医德，真挚的情感，为川藏路建设，为巩固汉藏团结做出了特殊贡献。

原十八军宣传部长夏川的儿子芦继兵说，据十八军女战士们回忆，在进藏途中，女兵都怕碰上经期，接近经期就提心吊胆。进藏时，她们为了减轻携带行李的重量，谁也没有带卫生纸。月经来了，只能把棉裤腰间的棉花扯下来用。当时一条棉裤腰上的棉花扯不了几次就扯完了。河水冷到什么程度？脱掉鞋袜下到水中，脚板上立刻就冻粘上小石头，若随便拨弄下来，连石头带肉皮都会带下来。听说一位女兵上岸见脚板粘满钉螺一样的石头，忙用手一颗一颗往下拔，一拔一个坑，血淋淋的，连路都走不了。后来，因为过的冰河实在太多了，女兵们总结出了经验。对付这种冻粘在脚上的石头必须在上岸以后，烧一堆火，将脚放在火边慢慢地加温，烤化冰后再一颗一颗地试着轻轻往下拣。十八军女兵过冰河时，往往身后都是一片血水，经期过河，成为许多当时进藏女兵患妇科病的一个原因，而关节炎更是当年进藏女兵的常见病……但是河水再冰也挡不住十八军女兵的前进步伐。

原十八军军长张国华之子张小军谈及此次“重走十八军进藏路”的意义时说：“十八军的精神中，既有中华民族的精神，也有民族团结、汉藏团结的精神，我们要去延续、践行这种精神。”

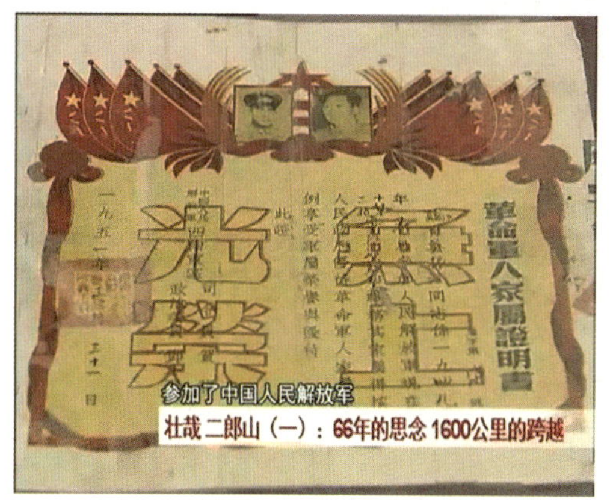

03

1949年4月6日，对吴家来说是个光荣的大日子，24岁的吴振斌，参加了中国人民解放军。参军后就失去了联系，一年后家人收到吴振斌的家书，他在修建川藏路。此后，吴振斌两三个月就会写一封信回家，对一家人嘘寒问暖，但是到了1953年，吴家人却迟迟没有收到他的来信。

当年的9月底，吴家人才接到中央人民政府交通部西南公路工程局第二施工局汽车运输大队发出的信。信中说，1953年5月22日，劳动模范吴振斌因为翻车，牺牲在康藏公路，也就是后来的川藏公路的建设工地上。

当年修筑康藏公路的筑路大军，召开动员和誓师大会

吴家人悲痛不已，但在当时的经济条件下，吴家人没有能力前去拜祭。以后每年的清明和春节前，老父亲都要在村旁，一遍遍的呼喊着小儿子的名字。1959年，老父亲带着对小儿子的不舍，离开了人世。去世前老父亲交代，一定要找到小儿子的墓地。但是当时因为各方面条件的限制，吴家无力寻找，后来吴家的小辈长大成人，也到四川找过，可是都没有找到。

直到2019年春节，吴振斌的侄孙吴平在听父辈聊到烈士的事迹后，就在网上搜索，结果搜索到一条2010年四川媒体的报道，上有吴振斌烈士的生平，还表明吴振斌被安葬在四川省天全县烈士陵园，上面的地址写的是安徽省怀宁县高河铺人，这让吴家人都兴奋起来。

吴家人商议之后，决定选出5名代表，到四川省天全县去拜祭烈士。今年3月18日，吴家人风尘仆仆的来到相隔1600多公里天全县，当地退役军人事务局和交通运输局等部门的负责人前来迎接，烈士陵园位于天全县城旁边，背靠青山，“二郎山筑路英雄墓”就在这里，吴振斌烈士的墓碑在最前排，吴家人来到烈士墓前，盼了66年的团聚就在眼前，一时间百感交集，都泣不成声。烈士的侄孙吴平拿出一包黄土，放在烈士的墓前，这是他特地从千里之外的家乡带过来的。这次拜祭圆了吴家人几代人的心愿，压在他们心底的一块大石头，终于放下了。

04

2010年3月，雅安天全县在展开文物普查时，发现了当年解放军18军修筑川藏公路时的15座筑路烈士墓，于是全县启动了“寻找健在筑路英雄、寻找英烈家属”的“二郎山寻亲”活动。

墓群中，一名叫孙忠珍烈士的墓碑上记录着他的资料："中国人民解放军汽车十八军五十四师162团一营二连战士，山东省曹县西崔庄人，1955年牺牲。"几经波折，好消息终于传来：在山东民政部门的配合下，孙忠珍烈士的亲属找到了。天全县有关部门的电话打到孙忠珍的亲弟弟孙世文那里，他有些不相信自己的耳朵："'失踪'多年的哥哥找到了。当年只知道他当兵去了，然后再没了音信。"在天全县的安排下，孙世文终于见到了'失踪'几十年的哥哥，为哥哥进行了祭奠。这是发现的15座筑路烈士墓中，目前唯一找到的亲属。其他烈士亲属还在继续找寻中：

王德全烈士：公路工程总局第一工程局汽车运输大队第二中队，四川乐至县人，生于1931年。1956年7月26日上午9时在甘孜以西50公里坡道处惨遭匪徒杀害，壮烈牺牲。18军52师154团团长长郄晋武日志中，对粮食困难的情况有如下记载："土匪还很疯狂，驻雅安友军还闹粮荒，但还是把他们的粮食支援我们进军，明天带一营先走，已动员部队装足粮食，防止报坏和物资丢失。"这个记载说明修建川藏路还遇到土匪武装的威胁。

孙学德烈士：康藏公路管理局雅安管理站驾驶员，共产党员，山东维县人，在1955年12月牺牲。

吴振斌烈士：中央人民政府交通部西南公路工程局第二施工局汽车运输大队第一中队分队长，安徽怀宁县高河铺人，1953年5月支援任务中壮烈牺牲。

胡心志烈士：中国人民解放军汽车十七团第一连班长，河南郑县人，1952年5月在支藏任务中在二郎山地段牺牲，年仅25岁。

西藏昌都，怒江天险。一座特殊的桥墩，孤零零立在江边，2018年，怒江之上第3座新桥通车。60多年前修筑的怒江桥已经拆除，为何独独保留了这座桥墩。当地人说，桥墩里有一位战士的遗体。为了纪念这位烈士，这座特殊的桥墩被保留了下来。许多川藏线的汽车兵在经过怒江的这座桥墩时，都会按响喇叭，并点上一根烟，摇下车窗，投向窗外的峡谷。鸣笛和献烟的举动成为一种特别的致敬。

众口相传，当年修筑川藏路怒江桥时，这位战士因连续作业身体疲劳到极限，不慎掉进10多米高、正在灌注水泥的桥墩里，混凝土迅速凝固，战友们想尽一切办法也未能将他救起，最后只得流着泪将他筑进了桥墩。

新华社记者魏董华报道了寻找桥墩里英魂的旅程。几经波折，在邦达机场，我们找到了驻守过怒江大桥的部队。老兵杨涛说，他只知道，这里长眠的是一位十八军的战士，但更多的细节无从得知。杨涛17岁当兵来到怒江边开始，这个桥墩就像一名战友，不分白天黑夜地陪着他。"每年都会有退伍的老兵回来，站在桥墩边久久不愿离去。"杨涛说，清明节那天，守桥战士们会通过自己修的一个便道，从险峻的岩岸攀到桥墩旁，扫尘，献花，给这位无名的战友敬上一个军礼。

通过各种线索，寻找桥墩无名烈士的行动非常不顺，记者终于找到一名当年852大队的老兵。然而这位老兵说，当年他们来到怒江时，桥墩已经立在那里了。一切又回到原点。

原解放军十八军军长张国华之女张小康的出现，让寻找有了转机。张小康曾历时8年撰写《雪域长歌》一书，详尽记载了父辈与西藏的故事。书中也提到了桥墩的故事，但记述不尽翔实。看到我们，张小康十分激动："当年这件事一直记在心里，但始终没有核实清楚，让我们一起来找吧！"

几位十八军的老人共同确认了烈士牺牲的事实。

原十八军宣传部长夏川的儿子芦继

兵，找到了父亲当年拍摄和收集的老照片。其中一张老照片上，当年十八军修的第一座怒江大桥是钢架桥身，下方赫然正是现在这座水泥桥墩；桥墩后方，还依稀可见木结构的桥墩。芦继兵回忆，1953年国庆前夕，父亲带着国庆观礼团赴京，途经怒江大桥时拍了照，照片上还只是木结构的临时桥墩。1954年底，川藏线全线通车。“这个水泥桥墩应该是通车后，为了加固桥梁，重新修建的，时间应该是1954年到1955年期间。”芦继兵还提供了一个重要线索——这位烈士可能是刘纪春。这是他10年前在一个“老西藏”的回忆文章中偶然看到的。

遗憾的是，这么多年过

去，他再也没有找到那份记载着烈士名字的回忆文章。张小康和芦继兵通过多方查证，当年修建怒江桥的部队隶属于十八军54师，彼时工兵5团负责修建桥墩和架桥，162团负责炸山。这名战士应该来自工兵5团。之后的数月时间里，我们不断寻访亲历者和他们的后人，希望能从他们那里得到一个可靠的印证。然而，我们能找到的工兵5团的老人，大多已经离世，他们的子女对当年的历史所知甚少。

非常遗憾，截至发稿时，记者仍无法确认这位烈士到底是不是叫“刘纪春”。

为什么当时没有详尽的记录呢？熟悉那段筑路史的张小康说，当时为了尽早解放西藏，修通路是第一要务。牺牲的人太多太多，通常只能在路旁掩埋，在石头或木牌上写上名字。筑路工程结束后，部队仍然任务不断，后来又历经改编，最终使烈士的故事和姓名湮没在历史深处。

“几千名筑路烈士，许多都没能留下自己的名字。”张小康说，直至今天，仍有十八军后人在寻找自己前辈的牺牲地。“有的留下了姓名，但只有名字和部队番号，什么时候牺牲、籍贯在哪里，都没有详细记录。”追寻一位无名烈士，却让我们发现了更多的无名烈士。在一个个壮烈的牺牲故事里，我们看到了一个充满激情与奉献的时代，看到了那一代先辈为信仰和理想而献身的崇高精神。

“也许我们再也找不到烈士的名字。”张小康说，但烈士们的功绩不会因他们的无名而消失。也许，我们永远也无法确定这名烈士是不是刘纪春，但我们相信，他的故事将永远传唱下去。

05

为有牺牲多壮志，敢叫川藏换新天。一座《拉萨青藏川藏公路纪念碑》，表明了党和政府永远没有忘记献身川藏公路的官兵和民工。

碑文这样写道：

“建国之初，为实现祖国统一大业，增进民族团结，建设西南边疆，中央授命解放西藏，修筑川藏、青藏公路。川藏公路东自成都，始建于一九五零年四月；青藏公路北起西宁，动工于一九五零年六月两路全长四千三百六十余公里，一九五四年十二月二十五日同时通车拉萨。

世界屋脊，地域辽阔，高寒缺氧，雪山阻隔。川藏、青藏两路，跨怒江攀横断，渡通天越昆仑，江河湍急，峰岳险峻。十一万藏汉军民筑路员工，含辛茹苦，餐风卧雪，齐心协力征服重重天险。挖填土石三千多万立方，造桥四百余座。五易寒暑，艰苦卓绝。三千志士英勇捐躯，一代业绩永垂青史。三十年来，国家投以巨资，两路几经改建。青藏公路建成沥青路面。高原公路，亘古奇迹。四海闻名，五州赞叹。

巍巍高原，两路贯通。北京拉萨，紧密相连。兄弟情谊，亲密无间。全藏公路四通八达，经济文化繁盛，城乡面貌改观。藏汉同胞，歌舞翩跹，颂之为“彩虹”，誉之为“金桥”。新西藏前程似锦，各族人民携手向前。

值此两路通车三十周年，感激中央，缅怀英烈，立石拉萨，永志纪念。

西藏自治区人民政府立

公元一九八四年十二月二十五日

（藏历十六绕回阳木鼠年十一月三十日）

06

1954年竣工的川藏公路，还在延伸。如今的川藏公路是指成都—拉萨公路，全长4558公里。川藏公路始于四川成都，经雅安、康定，在新都桥分为南北两线。北线经甘孜、德格，进入西藏昌都、邦达；南线经雅江、理塘、巴塘，进入西藏芒康，后在邦达与北线会合，再经巴宿、波密、林芝到拉萨。

——北线。由四川雅安至西藏拉萨，全长2412公里。1950年4月开始，1954年12月正式通车。

——南线。由四川成都至西藏拉萨，全长2146公里。1954年之后开工建设，1969年全部建成通车。

川藏路从西藏解放开始的，1950年便开始修建，直到1969年修建完

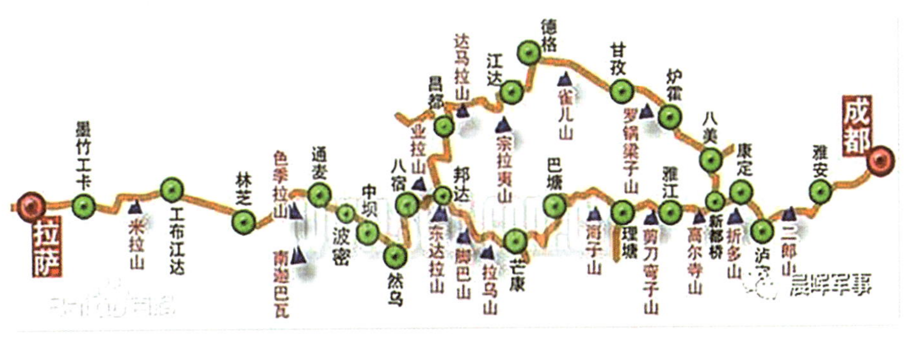

川藏路通车庆典

成，整整修建了19年，全线牺牲人数5000多人。

川藏公路作为祖国内地进出西藏的五条重要通道之一（另四条为青藏公路、青藏铁路、新藏公路、滇藏公路，其中滇藏公路的214国道线在西藏芒康与川藏公路汇合），担负着联系祖国东西部交通的枢通作用，川藏公路通车前，从拉萨到四川成都或青海西宁往返一次，冒风雪严寒艰苦跋涉需半年到1年时间。而川藏公路建成后只需半个月，大大缩短了西藏与内地的交通时间，无论在军事、政治、经济、文化上都有不可替代的作用和地位。它不但是藏汉同胞通往幸福的“金桥”和“生命线”，也是联系藏汉人民的纽带，更是中华民族勤劳智慧的结晶。

（全文完）

川藏公路大渡河流域的著名工程

泸定大渡河吊桥

泸定大渡河吊桥是新中国成立后修建康藏公路时修建，是大渡河泸定段第一座公路大桥，是当时四川跨径最大的公路吊桥。

1950年春，康藏公路在泸定跨越大渡河。该处河床陡峻，水流湍急，洪期骇浪滔天，漂木巨石随波翻滚，正如民歌《英雄们战胜大渡河》所描述："大渡河水浪滔天，浪头高如山，船在浪里钻。"若仍设渡口过河，不但洪期要断渡，平时也难保安全。为了康藏公路得以畅通，西南军政委员会康藏公路司令部决定，在泸定县城附近、当年红军长征时飞夺泸定铁索桥桥址上游，建造一座加劲桁构单孔钢索汽车吊桥，跨越大渡河，连接康藏公路。

该桥位定于原渡口下游约100米处，两岸相距130米。由西南军政委员会交通部设计处设计，桥长132米，1孔，净跨126米，主索跨径160米，桥面净宽4.5米。上部主索两根，分别由27根钢索组成，间距5.1米。因钢索为国外生产，粗细不一、性能不同，悬垂延伸率差异大，只好在架设前将主索预先拉伸到极限强度的1/4~1/5。桥面横梁为钢架，上铺木板，载重15吨。桥台高18米，台身下半部用水泥、石灰、砂浆砌条石，其他部分用石灰、砂浆砌条石。西岸基础为岩石，东岸为砂卵石，受时间、条件所限，未钻探，挖深至4米，用混凝土浇筑。两岸固定式索塔为混凝土砌体，高16.21米，每边设塔柱2个，形成门式框架，东塔柱间距4.13米，西塔柱间距4.3米。索鞍设于索塔顶部，弧形，为活动式，每个索鞍上安放6个长67厘米、直径12厘米的滚筒锚锭。东岸在路基以外加砌石柱，成大门状，以增加压重；西岸在岩石上开挖石方，再行回填，上砌条石，以增加压重。

建桥工程于1950年11月中旬开工，1951年5月31日竣工通车，工程决算为146.15亿元（旧人民币，折合新币146万余元）。大桥建设过程中牺牲4人、重伤1人。在当时的困难条件下，仅用半年多时间就在大渡河上架起一座钢索吊桥，实属公路建设史上的创举。

为纪念泸定大渡河吊桥落成，桥西山脚有毛主席手体《长征》诗碑。1951年5月，中国人民解放军总司令朱德题写的对联“万里长征犹忆泸关险，三军远戍严防帝国侵”，西南军政委员会主席刘伯承题写的桥名“大渡河桥”，分别刻于索塔两侧和桥门上。西桥头刻有原西康省省长廖志高题写的“河水南流人澎湃波涛难阻当年红军奋勇前进创造光辉记录是完成长征奠下胜利基础；旌旗西指看神勇大军全扫康藏残敌厦历建设力求民族幸福实行团结组织友爱家庭”的对联。

泸定大渡河吊桥通车后，各部位都很正常。1952年6月和1955年4月，康定折多山先后发生两次7级地震，给索塔造成明显损伤。1971年6月，新建双曲拱桥通车，该桥停止使用。1971年7月1日封桥作为战备桥被保护起来。1999年由州人民政府公布为全州首批重点文物保护单位，2007年7月1日，四川省人民政府公布其为第七批省级文物保护单位。

泸定大渡河拱桥

1969年开工，在泸桥镇白日坝村、船头村架设跨越大渡河公路桥，1971年7月1日建成通车，结构为钢筋混凝土双曲拱桥，全长135.77米，净跨110米.桥面宽8.2米，两侧栏各占0.6米，为川藏公路线上的主要桥梁之一。

二郎山隧道

二郎山隧道是川藏公路改造咽喉工程，是国家重点建设工程，位于四川省雅安市和甘孜州交界的二郎山，它起于天全县龙胆溪川藏公路，止于泸定县别托山川藏公路，全长8596米。其中，二郎山隧道4176米，别托山隧道101米，和平沟大桥118米，道路等级为山岭重丘三级公路，洞口海拔2200米，总投资4.7亿元。

二郎山隧道于1996年10月1日正式开工建设；1998年11月25日，主隧道提前36天贯通；1999年3月14日，平行导洞贯通；1999年12月7日，隧道在管制条件下试通车；2000年12月28日，隧道实现交工验收。

二郎山地质复杂，气候寒冷，塌方频繁，隧道需穿过8条大断层、数十个溶洞、2000多米暗河，施工极为困难。建设单位为确保工程质量，将大量新技术、新工艺、新材料应用于隧道施工过程。

二郎山隧道由于工程质量好，投资和进度得到有效控制（总投资4.89亿元），被交通部评为1999年“公路建设质量活动”全国10大质量管理优秀在建项目之一。同时，该隧道还以96.8分的成绩被省交通厅质监站评为优良工程。由铁道部隧道局三处、武警交通第一总队隧道团组成的东段施工队伍和由铁道部十六工程局五处组成的西段施工队伍相向掘进完成。二郎山隧道也是甘孜州和雅安市当时的“头号工程”，两地分别成立二郎山隧道建设协调领导小组，组织和协调隧道工程建设各项事宜。

折多山隧道

折多山位于甘孜州康定境内，是康巴第一关，国道318线入藏必经之路。“折多”在藏语中是弯曲的意思。翻山而过需要一个半小时左右车程，加之折多山全年一半时间大雪封山，造成该段常年堵车，实际通行耗时更长。

国道318线康定折多山隧道公路工程，起于康定市榆林镇折多塘道班沟口的国道318线，在瓦泽乡塘泥坝村与现有国道318线相接；工程全长10.244公里，其中新建隧道8427米、新都桥端平导1300米；二级公路技术标准，路基宽10米，设计时速60公里，沥青混凝土路面。

项目工可设计于2016年12月获四川省发改委批复，概算投资约14.7亿元。2018年8月正式开工建设，项目建设工期为5年，预计2023年完工。项目业主为甘孜州交通和城乡建设投资集团，由四川藏区高速公路有限责任公司折多山隧道项目建设管理指挥部代建。

折多山隧道工程具有“一长、两低、三高、四个极其”的特征，即隧道长8427米，是国内在建的最长的二级公路高海拔隧道；隧道所在位置及其施工环境中空气含氧率低、大气压低；隧道所在位置属于高寒冷、高海拔、高地震烈度地区；隧道建设需要面对极其复杂的地质条件、极其恶劣的气候条件、极其脆弱的生态环境和极其困难的建设条件。

雅康高速公路

雅康高速公路，是雅安—康定高速公路，简称雅康高速。东起雅安市，接成雅高速公路，经过天全县、泸定县，西至康定市。路线全长约135公里，公路全线海拔高度差达到1900米，项目桥隧比高达82%，是全省乃至全国桥隧比最高、施工难度最大的高速公路之一。

雅康高速公路，是四川省高速公路网“16・5・5”规划中5条东西横线之一康定至泸定的重要组成部分，也是国家高速网规划中展望线雅安过拉萨市至新疆叶城高速公路（雅安—叶城高速公路，“国家高速G4218”）的一段，是川藏高速公路的一段。

雅康高速公路，从四川盆地向青藏高原延伸，穿越深山峡谷的横断山区，全线几乎“脚不沾地”，东起于雅安市雨城区草坝镇，接已建的成都—雅安高速公路（隶属于成渝地区环线高速公路，编号“国家高速G93”），经天全县、泸定县，止于康定市菜园子。全长约135公里（其中：雅安段89公里，甘孜段46公里，甘孜州境内约55公里），全程设计速度80公里/小时，路基宽24.5米，投资200多亿元。工程克服安全、经济、生态、便捷等一系列重大技术经济问题的挑战。控制性工程二郎山特长隧道长13.4公里，当时全国在建高速公路隧道第二；泸定大渡河兴康特大桥主桥跨径达1100米，同类桥型中居全省第一；长达50公里的隧道群穿越高山峡谷，工程施工极其困难。参建各方坚决克服建设中“五个极其”（地形条件极其复杂、地质条件极其复杂、气候条件极其恶劣、工程施工极其困难、生态环境极其脆弱）的严峻挑战，认真贯彻实施交通运输部现代工程“五化”管理，确保了项目顺利完成。

2017年12月31日，泸定段正式试通行，2018年12月31日，全线试通车；2019年8月1日起，泸定至康定正式对7座（不含）以上客运车辆开放，标志雅康高速公路全线实现客运车辆通车。

大渡桥横天路“短”

2019-10-22　新华网

新华社记者陈天湖、胡旭

金秋十月，中国最美景观大道——川藏线上，中外游客络绎不绝。途经雅康高速上身披“红妆”的泸定大渡河大桥，人们无不为其雄壮所震撼。环其周围，泸定大渡河上还有泸定桥、泸定大渡河吊桥等大桥巍然伫立，数桥并跨交相辉映，见证了中国桥梁建设的光荣与梦想。

汹涌的大渡河劈开横断山一脉，在二郎山与贡嘎山之间的崇山峻岭中奔流不息，也在四川省雅安市天全县与甘孜藏族自治州泸定县之间形成绝壁大峡谷。

俯瞰雅康高速泸定大渡河大桥（10月16日无人机拍摄）。摄影/新华社记者　江宏景

2018年底，全长1411米，主桥为1100米单跨钢桁梁悬索桥的雅康高速泸定大渡河大桥建成通车，彻底征服了大渡河天堑。这座投资10多亿元、建设近5年的超级工程，体量巨大：左岸深嵌山中的隧道锚长159米，世所罕见；右岸的重力式锚碇平面面积相当于13个篮球场；大桥浇筑混凝土29万余立方米，是广州电视塔的1.9倍；主线索股与缠线的钢丝连起来可绕地球一圈半……

横跨大渡河两岸的雅康高速泸定大渡河大桥（10月16日摄）。摄影/新华社记者　江宏景

四川省公路规划勘察设计研究院桥梁勘察设计分院副总工程师、泸定大渡河大桥项目负责人陶齐宇介绍，除了规模庞大，大桥还面临抗震要求高、风环境复杂、边坡问题突出等建设难题，其中峡谷瞬间风速可以达到32.6米每秒，相当于12级台风风速。

虽然难度大，但建设却很精巧。陶齐宇说，工程师采用富有想象力和创新性的技术，填补了高海拔大落差桥隧连接布置形式的空白，攻克了高烈度地震区混凝土桥塔设计的世界级技术难题，对我国山区大跨径悬索桥建设具有极大的借鉴意义。

在泸定大渡河大桥下游约5公里处，举世闻名的泸定桥飞架两岸，游人如织。

历史以来，大渡河都是汉藏交流的屏障，物资转运全靠渡船或溜索，军队调动不便。公元1705年，清康熙皇帝下令在大渡河上修建了第一座铁

这是大渡河上的泸定桥（6月27日摄）。摄影/新华社记者　江宏景

泸定桥的锁链总共有12164个铁环相扣，现今仍可在铁环上看到一些独特的标记（6月27日摄）。摄影/新华社记者　江宏景

索桥，取名泸定桥。

当时的工匠将那时最先进的技术和工艺运用于泸定桥的修建。在12164个环环相扣的铁环上，今天仍可看到一些独特的标记。泸定桥管理人员说，这些标记是铸环工匠对做工质量的担保，任何一个环出现问题，都可寻“记”追责。

新中国成立初期，为贯通康藏公路（后改名川藏公路），数百技术员、兵工和民工在泸定县城西建成一座跨越大渡河的钢索汽车吊桥。这座大桥质量可靠，历经康定、折多山一带连续发生的强烈地震，也未影响使用。

此后，特别是最近20年来，从红军当年强渡大渡河的安顺场到泸定县

这是大渡河的钢索汽车吊桥（6月27日无人机拍摄）。摄影/新华社记者　江宏景

雅康高速泸定大渡河大桥下的泸定县泸桥镇咱里村（10月16日摄）。
摄影/新华社记者　江宏景

境内，大渡河100多公里河段上先后建成了近20座现代化大桥。

“以前交通不方便，村里发展什么产业都受限制。”泸定县泸桥镇咱里村是雅康高速泸定大渡河大桥附近的一个水电站移民村，该村伞岗坪组组长孟意浩说，“这个超级大桥修好之后成了‘网红’桥，村里靠着大桥吃上了‘网红’饭。”

站在伞岗坪远眺，整个泸定大渡河大桥尽收眼底，红艳的桥身飞跨峡谷，犹如彩练挂在云端，下游电站蓄水形成的广阔湖面就在眼前。依托这个得天独厚的位置，咱里村决定大面积引种金丝黄菊，打造“上观桥、下观湖、坪看花”的乡村旅游打卡地。

深秋时节，村里幢幢白墙民居旁，大片的金丝黄菊尽情盛开，与红色大桥和清波平湖相互映衬，仿佛一幅充满诗意的现代田园油画，果然吸引了大批游客前往。

泸定县特色菊花种植产业项目负责人高基平介绍，大桥建成通车后，

雅康高速泸定大渡河大桥下的泸桥镇咱里村试种的金丝黄菊迎来丰收（10月16日摄）。摄影/新华社记者　江宏景

更多龙头企业将发展目光投向藏区。咱里村以“公司+农户”的模式种植金丝黄菊，不仅促成了乡村旅游商机，农户也能直接卖花挣钱，每亩收益可达上万元。

一对情侣在泸定桥上留影（6月27日摄）。
摄影/新华社记者　江宏景

波涛滚滚的大渡河上，奇迹还在延续，已经规划的川藏铁路大渡河大桥即将开建。

桥横大渡河，天路穿梭时间变短，藏区发展空间变宽，一代代桥梁建设者以顽强拼搏、甘当路石的精神，在川藏线上勾画出一弯又一弯通向幸福的“彩虹”！（参与记者刘洪明、张海磊）

川藏第一桥，雅康高速泸定大渡河大桥

20-05-22

四川之声FM98.1

所思在远，逢山开路，遇水架桥

弗遇山海，大美蜀景，以桥见川

雅安至康定的高速上，有一座横跨在大渡河的大桥，它就是被誉为“川藏第一桥”的雅康高速泸定大渡河大桥（原泸定兴康特大桥）。那是峡谷间横亘鲜艳的一抹红，雄伟而壮丽，它代表了中国近年来的基建成就之一。

它跨越川藏线，每一座桥墩在高原特有的蓝天白云和艳阳映衬下显得冉冉生辉。

它的诞生

泸定大渡河大桥位于四川甘孜藏族自治州泸定县大渡河河面上，是雅

图片来源：康巴传媒网

（安）康（定）高速公路全线“一桥一隧”重点控制性工程之一。

它修建在高海拔、高地震烈度带、复杂风场及温度场环境下的超大跨径钢桁梁悬索桥。全桥长1411米，主跨1100米，采用钢混叠合桥道系，总造价超过10亿，从2014年开工建设直到2018年竣工。修建此桥共花费了4年时间，工程队克服了重重困难，才成就了这座被誉为“川藏第一桥”的大桥。

泸定大渡河大桥屹立在雄伟的大峡谷，已是“川藏线”上的标志性建筑。

2个第一&5个首次

大桥结构

*全桥共划分节段57片钢桁梁

*单节段最大重量为200.5吨

*最轻的节段重量为146吨

*全部钢桁梁使用60万余颗高强度螺栓

在建中的雅康高速泸定大渡河大桥

*主桥长度为1100米单跨钢桁梁悬索桥

2个「第一」

*川藏第一大跨径钢桁梁悬索桥主跨度达1100米

*世界第一长隧道式锚碇

左岸隧道式锚碇长159米

5个「首次」

*四川首次：采用无人机牵引先导索过江。

*国内首次：在高海拔峡谷地区、复杂强劲风场条件下，采用缆索吊装系统架设公里级钢桁梁。

*国内首次：康定岸重力式锚碇设置在深厚的冰碛层覆盖层内，是国内首次在冰碛层设计开挖如此大的深基坑。

*世界首次：将防屈曲钢支撑用作悬索桥的中央扣，用于抵抗强地震。

雅康高速泸定大渡河大桥隧道索塔高376米

雅康高速泸定大渡河大桥隧道索塔高376米

*世界首次：将波形钢腹板与混泥土顶底板的组合结构作为桥塔横梁。

驻立在高原峡谷中的一抹霞红

象征着筑造者心里的希望

荣誉之桥

在2019年6月12日，在美国马里兰州召开的第36届国际桥梁大会上，雅康高速泸定大渡河大桥荣获“古斯塔夫·林登少”金奖。

什么是“古斯塔夫·林登少”金奖：

这个奖项是该会议为优秀的桥梁工程设计设立的杰出成就奖，评选内容主要包括桥梁的（实用性、技术含量、材料改革、外观设计、与周边环境的和谐度以及其公众参与度等），被誉为桥梁界中的“诺贝尔奖”。

在中国邮政发行的（川藏青藏公路建成通车六十五周年）纪念邮票中，“川藏第一桥”雅康高速泸定大渡河大桥被选为川藏公路邮票主图

川藏公路纪念邮票

邮票。

长剑擎天，高塔入云，雅康高速泸定大渡河大桥桥塔以伟岸身姿傲然而立，而大渡河两岸独特的地势地形，也造就了大桥宏伟的气势。

地形条件的复杂和气候条件的恶劣，在这些施工难度极大的条件下，设计者和实施者克服重重困难，完成了这件举世的杰作。

它是筑路者们用心血与汗水筑造的作品，尽显了“中国人的智慧”。

雅康高速泸定大渡河大桥如一条巨龙般，横跨大渡河两岸，仰望群山之下，俯瞰大河之上，在这高原上感受康巴的热情奔放，见证康巴的发展。

泸定大渡河大桥

从四川雅安到天全，再到甘孜泸定，雅康高速一路向西，翻越巍峨的二郎山，紧接着来到了大渡河。一句“大渡桥横铁索寒”，道出了大渡河的艰险，山高谷深、险滩密布、水流湍急，冲击出了一片片冲积扇。在汹涌的大渡河上，一座崭新的大桥——泸定大渡河特大

在建的泸定大渡河大桥

在建大渡河兴康特大桥

桥，正在火热建设中。从空中俯瞰，两岸雪山时隐时现，两座188米的桥墩矗立在两岸，十分壮观。

泸定县大渡河兴康特大桥，距离泸定县城也就十五分钟车程，主桥跨径达1100米，同类桥型中居全省第一。壮观巨桥：桥面比大渡河高出239米。除开温差和地形受限，大渡河特大桥位于大渡河河谷之中，气象条件多变，风场十分紊乱，瞬间风速能达到32.6米/秒，相当于12级台风风速，“每天下午两点，就会准时起风，施工队伍也专门修建了观测站，只要风速超过6级，工人便停止施工。”大渡河特大桥主墩高度达到了188米，桥面高度也比大渡河河面，整整高出了239米，将近70层楼高的高度。试想一下，站在桥上向下俯瞰，河水咆哮着通过，河面上满是旋涡，是何等壮观。

雅康高速公路大渡河兴康特大桥由四川路桥承建，是雅康高速公路的主要控制性工程之一，为1100米单跨钢桁梁悬索桥，是一座建在高海拔、高地震烈度山区、复杂风场环境下世界第一的超大跨径钢梁悬索桥。

特大桥左岸为隧道式锚碇，全长159米，为世界第一长隧道式锚碇，高差达95.14米，接近40层楼的高度，其挖方量为4万余立方米；右岸为重力式锚碇，锚碇平面面积约5000余平方米，相当于13个篮球场面积之和，其挖方量达63万余立方米；两岸主墩索塔高188米，接近65层楼高度。该工程需浇筑混凝土约为29万余立方米，是“中国第一、世界第三”高塔——广州电视塔混凝土浇筑量的1.9倍；工程用钢量约为6.2万余吨，比国家体育场“鸟巢”的钢材用量还要多2万吨；主缆索股与缠丝总重量达1万余吨，总长度超过6万公里，钢丝连起来可绕地球一圈半。

二郎山特长隧道

二郎山特长隧道为雅康高速公路“一桥一隧”重点控制性工程之一，全长13459米（13.4公里），是全国通车以及在建公路第四长隧道。二郎山特长隧道地质条件极其复杂，隧道位于八度地震区，隧址穿越13条区域性断裂带。

二郎山俨然是一条地理分界线，东侧流淌着青衣江，养育雅安一城；西侧大渡河咆哮奔流，留下强渡大渡河的传奇。从四川进藏，318国道是最主要的道路，二郎山更是必经之路，长长的车队翻越二郎山，已成为一条特别的风景线。

二郎山位于阶梯交汇处，这里也是国宝大熊猫的栖息地。因此，二郎山特长隧道的进出口，均设置在保护区外。隧道上方的大山，就是为大熊猫栖息繁衍留下的绿色通道。

车过天全县，318国道线左右盘旋，开始翻越二郎山，山道上汽车绵延数公里。谈起二郎山，很多老司机都吐槽说：“堵，不好走。”不过，当

二郎山特长隧道贯通后，这样的“囧途”将不复存在。通车以后，翻越二郎山只需要半个多小时。

隧道于2012年10月施工，各参建单位精心组织、科学管理、科技创新，先后攻克洞口岩堆体施工、浅埋段岩爆、地下风机房网络洞室群开挖支护、交通转换带大断面开挖支护、长大隧道反坡施工、高埋深强烈岩爆、特长隧道爆破粉尘污染、特长隧道掌子面作业通风等多项技术难题；通过科技创新，研制了整体式双侧壁电缆沟移动式模架、自行式液压防护棚架等新设备，采取了水压爆破、巷道式通风+射流式水幕降尘等新技术新工艺，保证了施工质量和安全。

在高山中穿梭的雅康高速公路，始终比国道318线四川段“高一头”，却有一处低于318线的地方，那就是新二郎山隧道。

相比老二郎山隧道，新隧道低了700多米。2000年，318国道线上的二郎山隧道通车，全长4176米的隧道，结束了这一路段几十年单向管制通行的历史；今天，新的二郎山隧道从4公里，延伸到了13.4公里，是全国有名的公路隧道，是全线又一重点控制性工程。

纪念红军飞夺泸定桥胜利80周年暨川藏公路开工建设65周年活动在泸定县举行

《甘孜日报》2015年05月29日

本网讯（记者　阿连　陈杨　张涛　王明阳　文/图）巍巍二郎山，英雄泸定桥。29日上午，泸定县在红军飞夺泸定桥纪念碑公园隆重举行红军

胡昌升宣布纪念红军长征在甘孜80周年暨红色文化旅游宣传活动开幕

张国华将军之子张小军在纪念活动上讲话

杨成武将军之子杨东明在纪念活动中讲话

老红军后代在纪念碑前挥舞起红一、二、四方面军旗帜

红军后代和原第十八军官兵代表，飞夺泸定桥二十二勇士亲属代表在纪念碑前合影。

飞夺泸定桥胜利80周年暨川藏公路开工建设65周年活动，深切缅怀先烈、先辈的丰功伟绩，传承长征精神，弘扬“两路”精神，激励干群奋进，践行“三严三实”，建设美好家园。州委书记胡昌升出席活动并宣布纪念红军长征在甘孜80周年暨红色文化旅游宣传活动开幕。州委副书记、纪委书记汪洋主持纪念活动。

80年前，伟大的中国工农红军长征途经甘孜藏区，先后在我州15个县经过、驻扎。在这里，团结藏汉群众，播洒革命火种，开展武装斗争，书写了飞夺泸定桥、甘孜大会师等历史篇章，创造了一个又一个史无前例的伟大奇迹，推动了中国革命的生死转折，用鲜血和生命铸就了彪炳史册的不朽丰碑，在党史国史军史上写下了浓墨重彩的光辉一页。65年前，中央授命解放西藏，修筑川藏、青藏公路。英勇的十八军将士，挥师西进，团结藏汉军民，克服艰难险阻，边修路、边进军，开启挺进雪域高原、建设川藏天路征程，铸就了伟大的“两路”精神。

纪念活动在庄严的国歌声中正式启动。

胡昌升与老一辈革命家亲属代表贺晓明、刘蒙，中国进出口银行四川分行行长王园园，援建企业代表王小朝，中共泸定县委负责同志向泸定桥纪念碑敬献花篮。

随后，参加活动的来宾向红军飞夺泸定桥纪念碑敬献鲜花。

杨成武将军之子杨东明，张国华将军之子张小军分别在纪念活动上讲话。

胡昌升在纪念活动上代表州委、州人大、州政府、州政协、甘孜军分区和114万甘孜儿女，向为革命胜利作出贡献的老红军、老同志致以崇高的敬意！向当年拥护红军、支援红军的父老乡亲表示亲切的慰问！向一直以来关心支持我州经济社会发展的社会各界人士表示衷心的感谢！

胡昌升说，80年前的今天，大渡河畔，红军在崎岖陡峭的山路上，昼夜奔袭240里，创造了世界行军史上的奇迹。泸定桥上，伴着咆哮的河水声和激烈的枪炮声，22名红军勇士冒着枪林弹雨，在十三根铁链上，辟开了通往共和国之路，创造了世界战争史上的军事神话。红军飞夺泸定桥，以极小的代价粉碎了国民党反动派消灭红军的图谋，取得了红军长征中又一次决定性的胜利。

胡昌升说，80年前，在中国革命最为艰难的时刻，党领导的中国工农红军一、二、四方面军长征途经甘孜，跨过了生死线上的铁索桥，打通了北上必经通道的飞越岭，翻越了海拔5000多米的丹巴党岭大雪山，书写了甘孜大会师的光辉史篇，在广袤的康巴高原上播下了革命的火种，泸定岚安苏维埃政权、金汤县苏维埃政权、丹巴格勒得沙政府等红色政权，如星星之火在甘孜大地迅速燎原；党领导下建立的具有统一战线性质的民族自治政权——甘孜博巴人民政府，为新中国实行民族区域自治制度作出了伟大探索实践。

胡昌升说，80年前，当英勇顽强、辗转百战的红军进入甘孜藏区时，甘孜各族人民为革命胜利作出了巨大的牺牲和贡献，甘孜藏区人民“对保存红军尽了最大的责任”。道孚、炉霍、乡城、甘孜等县广大农牧民群众把红军当亲人，献出自己的青稞、牛羊。在红军离开后的白色恐怖下毅然担负起救护红军伤病员的重任，诠释了“军爱民、民拥军”的鱼水深情；甘孜寺、白利寺等广大寺庙僧尼积极支援红军、支持革命；丹巴第一支红军藏民独立师的建立，书写了藏族人民武装宣传动员群众支前、配合红军作战的英雄传奇；朱德总司令与五世格达活佛的友谊，更成为了“藏汉一家亲、民族大团结”永恒的光辉典范，在康巴大地世代传颂。

胡昌升指出，光阴荏苒，春秋几度。红军“无比忠诚、不怕牺牲、勇往直前、严守纪律、团结互助、前赴后继、坚忍不拔”的伟大长征精神，始终成为指引和鼓舞甘孜人民推进各项事业发展进步的强大动力。当前，百万甘孜儿女正弘扬着伟大的长征精神，在党中央、国务院、省委、省政府和无数革命老前辈、老红军及其后代的深切关怀下，在社会各界人士的鼎力支持下，团结一心，砥砺奋进，奋力建设美丽生态和谐幸福新甘孜。

胡昌升指出，80年前，红军从泸定桥走过，从雪山走过，从高原草地走过，为我州留下了许多极为珍贵的红色旅游资源和精神财富。我州先后被纳入“全国12个重点红色旅游区”和“全国30条红色旅游精品线路”，泸定桥、磨西会议旧址、朱德总司令和五世格达活佛纪念馆等被列为全国红色旅游重点景区。我州将坚定不移地推进红色文化遗产的保护、利用，进一步放大红色名片、打响红色文化品牌，不断培育出极具吸引力、震撼力的红色旅游产品，把旅游业打造成甘孜经济社会发展的优势主导产业。

胡昌升强调，我州将大力弘扬长征精神，全面落实中央“四个全面”的战略布局，坚持深化改革，促进经济社会加快发展，坚持依法治州、确保大局持续稳定和谐；坚持从严治党、夯实党在藏区的执政根基；不断凝聚甘孜加快发展、和谐发展的强大动力，为实现与全国全省同步全面建成小康社会作出新的贡献。

参加纪念活动的有：周恩来、朱德、刘伯承、贺龙、杨成武、张国华、天宝等老一辈革命家的亲属代表，原第十八军官兵代表，飞夺泸定桥二十二勇士亲属代表；中国进出口银行四川分行和捐赠“红军长征遗迹保护恢复建设”项目的部分企业代表；中央党史研究室、中国军事科学院、中国国防大学、省委党史研究室、省社科院、四川师范大学从事红军长征及川藏公路建设历史研究的专家学者；四川师范大学等对口援助泸定县的省市、单位代表；成都军区川藏兵站部领导；州委、州人大、州政府、州政协、甘孜军分区和州级机关各部门、州内部分县（局）的负责同志；石棉县、荥经县、汉源县、冕宁县等友邻县领导；参加大会的还有泸定县干部代表和驻泸定部队、老干部、州内各县驻泸协会、群众代表。

川藏铁路

川藏铁路是连接四川省与西藏自治区的快速铁路，呈东西走向，东起四川省成都市，西至西藏自治区拉萨市，是中国西南地区的干线铁路之一，也是第二条进藏铁路。全长1500多公里（其中，雅林段新建正线长度1011公里、拉林段新建线路长度403.14公里、成雅段全长140公里），设计速度120至200公里/小时。

川藏铁路采用分期分段建设运营，拉林段与成雅段于2014年12月开工建设；2018年12月28日，成雅段开通运营；2021年6月25日，拉林段开通运营；雅林段于2020年11月开工建设。

1899年，孙中山编制《支那现势地图》，规划一条由中国长江中下游地区经由四川再到西藏的铁路，具体线路为："经双流、新津、邛崃、名山、雅州、荥经、清溪、打箭炉、理塘、巴塘，然后出西藏"，初步勾勒出川藏铁路设计走向。民国初年，孙中山提出："川藏铁路事关中国国家安危存亡"；1917年至1919年期间，孙中山编成《实业计划》，将川藏铁路纳入高原铁路系统中，规划拉萨至成都的川藏铁路长度约一千英里，途经成都、灌县、甘孜、昌都至拉萨。1928年，时任四川省主席刘文辉向蒋介石提出修建川藏铁路设想，建议："筹设成康、康藏两路铁道"。

建国初期（20世纪50年代），对川藏铁路项目进行勘察工作；20世纪90年代进入初步选线阶段。截至2006年，因青藏铁路总体建设难度较低，成为进藏铁路首选，故川藏铁路项目长期处于暂缓状态。

2008年，有了《关于尽快建设川藏铁路的建议》，2009年8月30日，《新建铁路川藏线成都至朝阳湖段环境影响报告书（简本）》正式发布，为首次对外公布川藏铁路设计细节。2011年3月，全国人代会通过的

“十二五”规划纲要，提出研究建设川藏铁路，分别连接成都与林芝，接待建的林芝至拉萨快速铁路。2012年12月31日，川藏铁路成都至康定（新都桥）段项目获国家发改委批复。

2018年10月10日，习近平主持召开中央财经委员会第三次会议，全面启动川藏铁路规划建设；2018年10月17日，拉林段进入铺轨阶段；2018年12月13日，成雅段进入试运行阶段。

2019年5月，组建成立了川藏铁路公司；2020年10月20日，国家发展改革委批复同意建设川藏铁路雅安至林芝段，标志着这一重大工程正式进入建设实施阶段。

2021年11月8日，川藏铁路（雅安至林芝段）开工动员大会在北京和川藏铁路控制性工程色季拉山隧道、大渡河特大桥三地以视频连线的方式同时进行这标志着继青藏铁路后的第二条进藏“天路”建设，进入工程实施阶段。

川藏铁路（雅安至林芝段）开工动员大会召开！

新华社2021年11月8日讯：中共中央总书记、国家主席、中央军委主席习近平近日对川藏铁路开工建设作出重要指示指出，建设川藏铁路是贯彻落实新时代党的治藏方略的一项重大举措，对维护国家统一、促进民族团结、巩固边疆稳定，对推动西部地区特别是川藏两省区经济社会发展，具有十分重要的意义。

习近平强调，川藏铁路沿线地形地质和气候条件复杂、生态环境脆弱，修建难度之大世所罕见，要充分发挥我国社会主义制度能够集中力量办大事的优势，把这一光荣而艰巨的历史任务完成好。国铁集团要落实主体责任，有关单位和川藏两省区要加强协调配合，精心组织实施，广大铁路建设者要发扬“两路”精神和青藏铁路精神，科学施工、安全施工、绿

色施工，高质量推进工程建设，为全面建设社会主义现代化国家作出新的贡献。

中共中央政治局常委、国务院总理李克强作出批示指出，建设川藏铁路是党中央、国务院立足全局、着眼长远作出的重大战略部署。各有关方面要坚持以习近平新时代中国特色社会主义思想为指导，认真贯彻党中央、国务院决策部署，落实新发展理念，按照安全可靠优先、时间服从质量的原则，优化完善工程方案，加大技术攻关力度，科学安排施工组织，狠抓安全生产责任，加强生态环境保护，统筹好疫情防控、群众民生等工作，高起点高标准高质量推进川藏铁路工程建设，为增进藏区群众福祉、促进区域协调发展和全面建设社会主义现代化国家作出新贡献！

川藏铁路（雅安至林芝段）开工动员大会11月8日在北京和川藏铁路控制性工程色季拉山隧道、大渡河特大桥三地，以视频连线的方式同时进行。中共中央政治局委员、国务院副总理刘鹤在大会上传达习近平重要指示，为川藏铁路工程建设指挥部揭牌，宣布川藏铁路（雅安至林芝段）开工建设。

川藏铁路成都至雅安段已于2018年12月开通运营，拉萨至林芝段于2015年6月开工建设，目前工程进展顺利，此次开工的雅安至林芝段位于四

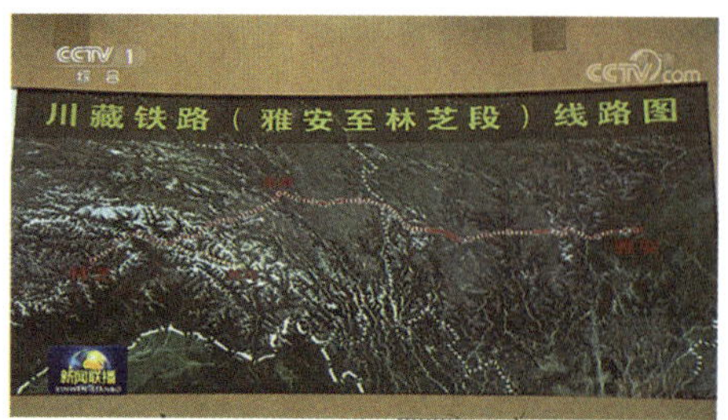

川藏铁路线路走向示意图

川省、西藏自治区境内。线路起自四川雅安，终至西藏林芝，为国家Ⅰ级双线铁路，新建正线长度1011公里，设计时速120公里至200公里。项目由国铁集团负责组织实施。

歌唱二郎山

洛水（祝一明）作词，时乐濛作曲，创作于1951年，西南军区战斗文工团男高音歌唱家孙蘸白首唱，这是一首歌唱修筑入藏公路解放军官兵的战歌。

二呀么二郎山，
高呀么高万丈，
古树那荒草遍山野，
巨石满山岗，
羊肠小道那难行走，
康藏交通被它挡。
二呀么二郎山，
哪怕你高万丈，
解放军铁打的汉，
下决心坚如钢，
誓把公路修到那西藏。
不怕那风来吹来
不怕那雪花飘，
起早晚睡呀忍饥饿，
各个情绪高，
开山挑土架桥梁，
筑路英雄立功劳立功劳。
二呀么二郎山，

满山红旗飘，
公路通了车，
运大军，
到边疆，
开发那福源，
人民哪享安康。
前藏和后藏呀处处受灾殃，
帝国那主义国民党狼子野心狂。
人民痛苦深如海，
日日夜夜盼解放。
中国共产党呀像红太阳。
解放军真坚强，下决心进西藏，
保障那胜利巩固那国防。
前藏和后藏呀真是好地方，
无穷的宝藏没开采，
遍地是牛羊。
森林平原到处有，
人们财富不让侵略者来枪。
巩固国防先建设边疆，
帐篷变高楼，
荒山变牧场。
侵略者胆敢来侵犯，
把它消灭光。

1951年夏天，西南军区战斗文工团在副政委魏风的率领下，到二郎山一带慰问筑路部队。指战员们的豪情壮志和英雄事迹深深地感动了文工团的团员们，男高音歌唱演员孙蘸白忽然想起由时乐濛作曲的大合唱《千里跃进大别山》中《盼望红军快回家》的一段歌词，情不自禁地哼唱起来：“大呀么大别山，满山是茶花。青山绿水好风光，遍地是庄稼……”孙蘸白边唱边想，如果把这首曲子填上修筑川藏公路的内容，一定会受到筑路指战员的欢迎。于是，他把自己的想法告诉了魏风。魏风一听，觉得这是个好主意，就把填词的任务交给了洛水（原名祝一明）。洛水也被筑路官兵们的精神感动了，欣然接受了任务，投入到创作之中。很快，一首饱含着热情与激情，颂扬筑路部队英雄气概和顽强意志的歌曲在素有“世界屋脊”之称的青藏高原上诞生了。词作者巧妙地将叙事与说唱风格统一在一起，塑造了鲜活的筑路人形象；曲作者则吸取了豫剧音调的元素，曲调流畅自然，带有浓郁的中州特色，并在每一句后加了一个“过门”，让歌曲朗朗上口，易学易唱。歌曲写好后，魏风只给了孙蘸白一个晚上的时间练习，对于一名职业歌唱演员来说，这样的经历在他的歌唱生涯中是第一次，也是仅有的一次。但孙蘸白丝毫没有退缩，相反，他以饱满的热情接受了任务。夜深人静，孙蘸白低声试唱。他的脑海里一次又一次地浮现出筑路工地上官兵们挥汗如雨的施工场面，耳边一波接一波地回响起热火朝天的劳动号子。从满天星斗到天空泛白，孙蘸白的眼睛一直被泪水湿润着。他自己也说不清，是被官兵们感动了，还是被歌曲感动了。第二天登台演出时，孙蘸白深情的演唱让这首鼓舞士气的歌曲赢得了筑路官兵们经久不息的掌声和欢呼声。在官兵们的一再要求下，孙蘸白一连唱了3遍才走下舞台。在台下，战士们把他团团围住，纷纷索要歌片。为了满足大家的要求，魏风马上找人刻印歌片并发给部队。从此，川藏线的筑路工地上到处可以听到《歌唱二郎山》激昂的旋律。不久，这首歌像插上了翅膀，飞过二郎山，飞向祖国的山山水水，飞向每一处热火朝天的建设工地。1952年，西南军区战斗文工团参加全国第一届文艺会演时，也选送了《歌唱二郎山》。不出所料，这首歌获得了评委的一致好评，荣获当年全军文艺创作一等奖。

“二呀二郎山，满山哪红旗飘，公路通了车，运大军，守边疆，开发那富源，人民哪享安康。”《歌唱二郎山》唱出了开山筑路的艰辛，也唱出了公路人不屈不挠的意志，时至今日，不少参加过川藏公路建设的人们仍旧能完整地唱出这首曾经鼓舞他们士气，也给他们带来欢乐的歌曲。

第三章

震天撼地的成昆铁路

成昆精神

热爱祖国

敢于吃苦

敢于奉献

敢于牺牲

新成昆精神

勇于挑战

勇于拼搏

勇于担当

勇于创新

勇于超越

通车半个世纪的成昆铁路，为什么堪称“神话”？

2020-07-02　中国交通报社　张雅凌综合

一条修建于半个世纪之前的千余公里铁路线，开创了18项中国铁路之最、13项世界铁路之最，荣获“国家科学技术进步特等奖”，曾被联合国称为“象征20世纪人类征服自然的三大奇迹”之一。

它就是成昆铁路，起于四川省成都市，止于云南省昆明市。时至今日，成昆铁路通车整整50周年。

挑战筑路“禁区”

在中国高铁建设成就笑傲全球的今天，成昆铁路的一系列数据依然让人惊叹：全线设计7处螺旋形、圆形、灯泡形盘山展线，13次跨越牛日河，8次跨越安宁河，47次跨越龙川江……

这条1090.9公里铁路线，一路奇峰耸立，沟壑纵横，地形地质极为复杂，惊险无比。

成昆铁路线路为何这样设计？

上世纪50年代，为将西南地区与关中、华北、华中等地连接起来，并打通西南地区与首都北京和东南亚地区的联系，党中央做出建设成昆铁路的决定。

1952年，由原铁道部在重庆成立的西南设计分局派出勘测人员，冒着生命危险，跋涉于金沙江、大渡河等山高谷深之地选线勘测，提出了东线，中线，西线三大线路走向的比较方案。

前苏联专家看好地势相对平坦、新修建距离短的中线方案，断言西

线根本就是修建铁路的“禁区”。1954年9月，按照前苏联铁路技术标准初步设计的成昆铁路中线方案送往北京鉴定，采用中线方案几乎已是板上钉钉。

岂料，南京大学地质系师生的一次实习改变了成昆铁路的线路走向。1954年6月，南京大学地质系主任徐克勤教授带领20余名实习生到攀枝花矿区踏勘，发现攀西地区蕴藏着丰富的煤、铁和有色金属资源。参加成昆铁路选线的中方工程师王昌邦随即提出放弃中线方案，考虑西线方案的建议。

事实上，西线方案确实更有政治、经济意义。从政治层面讲，西线方案经过地多为少数民族聚居区，可改善当地交通条件和生活水平，促进当地社会发展与民族团结。从经济上讲，西线方案经过的眉嘉平原、西昌盆地、滇中高原，盛产粮食和经济作物，攀西地区的煤铁资源和有色金属可以建设大型钢铁厂，大渡河、雅砻江的水电资源亦可得到开发利用。因此，周恩来总理在召集各部门反复研究后，初步决定采用西线方案。

此后，原铁道部和原地质部先后抽调五千余名工程地质人员，再次深入横断山区和攀西大裂谷进行勘测，基本形成了由成都向西南，逆大渡河、牛日河而上，穿越海拔2280米的沙马拉达隧道，沿孙水河、安宁河、雅砻江，下至海拔1000米左右的金沙江峡谷，再溯龙川江上行，至海拔1900米左右的滇中高原的筑路方案。

此方案一经公布，便受到诸多国外专家的质疑。一些外国专家认为，“中国人简直是疯了”“成昆铁路即使建成了，狂暴的大自然也必使它在十年内变成一堆废铁”。但中国的铁路专家认为虽然筑路难题很多，但皆有办法解决，最终确定了穿越攀西大裂谷的西线方案。

举国之力奋战成昆

1958年7月，成昆铁路开工仪式在全线最长、海拔最高的沙木拉打隧道举行。1964年，中共中央作出了三线建设的战略决策，成昆铁路作为重点项目，受到了毛泽东主席的关心和重视，他说：“成昆铁路要快修，铁路修不好，我睡不好觉。没有钱，把我的工资拿出来。没有铁轨，把沿海铁路拆下来。没有路，我骑着毛驴下西昌。一定要把成昆铁路打通！”

号令出，动若风。一时间，原先人迹罕至的深山峡谷帐篷点点，令人望而却步的悬崖峭壁上，炮声隆隆，硝烟弥漫。

在缺乏现代化大型筑路工具的情况下，铁路人靠着简单的铁锤、

炸药、风枪、翻斗车，跨越一条条河流，凿通一座座高山，征服一个个难题。

屡创筑路杰作

举全国之力奋战成昆，先后有上万名科研和工程技术人员会战攻关，创造了一批筑路杰作。

为克服西线方案穿越小相岭分水岭的巨大高差，中国工程技术专家将展线技术运用到了极致，设计出著名的眼镜形“乐武展线”、灯泡形“白果至乃托展线”、麻花形“韩都路展线”和绳圈形“两河口展线”，被誉为技术与艺术的巧妙结合。

成昆铁路全线建有桥梁991座，各种桥梁技术的创新运用达到了当时世界先进水平。建设跨度112米的刚性梁柔性拱桥——迎水村大桥、采用悬臂灌筑法修建大跨度预应力混凝土桥梁——孙水河五号桥等，实现了我国铁路桥梁建设史上里程碑式的发展。

洒满血汗的英雄路

与此同时，战斗在一线的基层连队和铁路工人经受了严峻的考验。成昆铁路全线需完成路基土石方量9687万立方米，在筑路工具不发达的情况下，几乎全靠人力完成。

心怀着“让高山低头，叫河水让路”和“革命何惧生与死，泰山压顶不弯腰”的革命精神，修路战士们付出了巨大牺牲。铁道兵战士徐文科在隧道施工时遇险，高喊革命口号壮烈殉职；熊汉俊不幸跌入龙骨甸大桥桥柱中，与大桥浇筑为一体；1968年8月，沙木拉打隧道发生特大泥石流，87名铁路工人不幸遇难……

据统计，成昆铁路每修建一公里就牺牲2名建设者，仅攀枝花到昆明不到300公里的铁路就牺牲了525人。目前，成昆铁路沿线共有22座烈士陵园，长眠着约2100名烈士，几乎每个新建火车站都有一个烈士陵园或墓地，默默注视着来往的列车，守护着这条由血汗铸就的英雄路。

一条路开出一片新天地

1970年7月1日，南北两辆列车在西昌相遇，10万人参加通车庆典。历时12年，成昆铁路终于建成。

成昆铁路开通之时，也是攀枝花的钢铁“出炉”之日。攀枝花的钢铁源源不断运往全国各地，使得该城快速崛起，2018年之前GDP增长一直居四川省之首，是中国最大的铁路用钢、钒制品、钛原料和钛白粉生产基地。

成昆线开通后半年，西昌卫星发射中心建成，目前航天发射活动已经突破百次，成为世界知名的航天城。每次发射所需要的原料、装备和高精航天器，都是通过成昆线运送的。

如今，以成都、乐山、西昌、攀枝花为关键节点，川西“工业走廊”已蔚为大观，集军工、重工业、文化、旅游为一体，具有重要战略意义。

成昆线不仅是西南地区工业化的引擎，也是沿线各民族同胞脱贫致富

的发动机。成昆铁路纵贯凉山彝族自治州，曾因地处偏远、交通闭塞，在上个世纪上半叶仍停留在“刀耕火种”年代。

成昆铁路的建成通车，开启了凉山州经济发展的新纪元。如今，凉山州大力发展种植业，洋葱、马铃薯、卷心菜、烟叶等远销国内外。2000年成昆铁路电气化开通后，运输能力提高1倍，凉山州彝族同胞开始大规模外出务工，2018年达到129.56万人，劳务收入218.27亿元，19.94万贫困人口脱贫。

每年“火把节”、彝历年前后，成都局集团公司积极增开临客，增开

对数不断递增，助力当地旅游产业发展，带动沿线群众脱贫致富。

功勋铁路再焕青春

从建好使用到成功运营，成昆铁路打破外国专家“狂暴的大自然也会把它变成一堆废铁”的预言，转而成为世界公认的人类建筑史上的神话。

如今，这一“神话”面临的不仅仅是狂暴大自然的考验。随着国家西

部大开发纵深推进，川西地区经济社会迅速发展，对成昆铁路运输的需求也不断提高。

2008年至2009年，成都局集团公司对线路设备逐渐老化的成昆铁路进行了全面改造，客车速度从改造前的时速90公里提升至120公里；成都北至攀枝花段近800公里干线的上行货物列车牵引吨位提高，有效地缓解了运力紧张矛盾。

2010年5月，汶川特大地震恢复重建的重点项目——成昆货车外绕线建成通车，货物列车在花龙门站分流，沿成昆货车外绕线进入成都北站解体或编组，成昆铁路入成都枢纽实现“客货分流”，解决了枢纽拥堵问题，再一次大大提升了运能。

高铁时代，在中国铁路史上留下辉煌印迹的“神话工程”——成昆铁路历久弥新，再焕青春。

2020年1月16日，作为四川省打造西部综合交通枢纽的重点工程——成昆铁路复线成都至峨眉段开工。5年后，成都至昆明的新铁路将建成通车，届时全程运行时间将缩短一半以上……一个个新的“神话”还将在这里延续。

（中国铁路成都局集团有限公司中国铁路昆明局集团有限公司供图）

让丰碑50年“成昆精神”代代传承成为永恒

2020-10-09　川观新闻

10月7日，大型主题报道《坐着高铁看中国》聚焦成昆铁路。在报道了中国多条飞奔的高铁后，这一期的报道“慢”了下来，透过在铁路建设史上极其重要的成昆铁路，关注这条普速铁路背后的温情故事，聚焦半个世纪来发生在四川大地上的动人故事。

“成昆铁路”成为一种时代的精神象征。1970年7月1日，成昆铁路全线通车。2020年7月，成昆铁路通车50周年，当人们在为这世界奇迹之一感慨时，也为中国劳动人民在全世界都不被看好，都认为是不可能完成的任务的情况下，能成功修建，并且成功通车的铁路感到惊羡。在成昆铁路建设中建设者们留下了热爱祖国、敢于吃苦、敢于奉献、敢于牺牲的牺牲、奉献、跨越的“成昆精神”，这种精神与四川人民不畏艰险、迎难而上、万众一心的川人精神是一脉相承，深深地根植于巴蜀儿女的基因里。如今，重走成昆铁路，见到的是“成昆铁路”不仅是一条英雄之路，更是一条幸福之路。

成昆铁路是“英雄路”，是四川精神的真切体现。成昆铁路不仅带动了沿线的经济发展，更是利于民族团结稳定发展的宽广大道。创造伟力，让西部走向繁荣昌盛。“为有牺牲多壮志，敢叫日月换新天”成昆铁路铸就了成昆铁路精神。在这条路上，平均一公里牺牲两名筑路英雄的成昆铁路，让攀钢矿产不仅见到了阳光，还走向了世界；西南大地，不朽的成昆魂，历久弥新，薪火相传，共同铸就了“坚守、实干、创新、奋进”的新时期成昆铁路精神。从空中俯瞰，成昆铁路从成都向南，沿大渡河而上，顺金沙江而行，经过大小凉山、跨过安宁河谷，进入云贵高原。成昆铁路是名副其实的“英雄之路”，为建成这条连接川滇的钢铁长龙，30多万筑路大军耗时12年，开创了18项中国铁路之最、13项世界铁路之最，被联合国称为“象征20世纪人类征服自然的三大奇迹”之一。有尤其是，在成昆铁路建设中有2000多人为这条路付出自己的宝贵生命，可以这样说，成昆铁路是一条“英雄路”，是四川精神的真切体现。

成昆铁路是“幸福路”，是幸福四川的真实写照。当中国大地上越来越多高铁奔驰的时候，在四川的大凉山深处，5633/4次“绿皮车”缓慢而坚定地奔行在成昆铁路上。线路全长353公里，26个站点，跑完全程9个小时。这趟“绿皮车”经过的大小凉山是国家集中连片贫困地区，也是最大的彝族聚居区，铁路是沿线村寨通往外界的主要通道。这条川滇之间的钢铁大动脉，极大地推动了沿线发展，让我们更加清楚地看到成昆铁路是一条并不平常的幸福之路，这条路北接宝成铁路、成渝铁路，南连贵昆铁路，是我国铁路网中的重要干线，对于改善西南地区的交通状况、密切西南边疆与全国各地的联系、加强民族之间的团结、促进西南地区的经济发展和国防建设，都具有十分重要的意义。更可贵的是这条路带动沿线地区经济发展，成为彝族山寨连接外界的“扶贫路”“求学路”“希望路”，以及沿线地区发展的运输“生命线”，不言而喻，成昆铁路是一条“幸福路”，是幸福四川的真实写照。

成昆铁路纵贯五十年，从“英雄路”奔向“幸福路”，让我们更加体会到，“成昆铁路”不仅仅是一条铁路，更是一种精神。成昆铁路推动成昆沿线经济发展。一列火车拉来了一座城，一条铁路成就了一个城市人民的幸福生活；未来的日子里，成昆铁路复线的全线开通将是四川人民的共同期待，对四川经济发展和百姓生活品质的提升，都具有重大的历史意义，我们要弘扬成昆精神，擦亮四川名片，将热爱祖国、敢于吃苦、敢于奉献、敢于牺牲的成昆精神融入了四川儿女的血液中，更好传承、弘扬成昆精神，让丰碑50年的“成昆精神”代代传承成为永恒。（李会琼，天府评论新闻观察员）

大渡河流域的沿线车站

车站名称	位置地址	里程（公里）	车站等级
成都站	成都市金牛区荷花池街道	0	特等站
双福站	峨眉山市双福乡	145	四等站
峨眉站	峨眉山市胜利镇	157	二等站
汉源站	汉源县乌斯河镇	280	三等站
尼日站	甘洛县尼日	287	四等站
苏雄站	甘洛县苏雄	296	四等站
凉红站	甘洛县凉红村	305	四等站
埃岱站	甘洛县埃岱村	312	四等站
甘洛站	甘洛县新市坝镇	320	四等站
白果站	越西县白果乡	249	四等站
普雄站	越西县普雄镇	396	三等站

成昆铁路扩能改造工程

1970年建成的成昆铁路是西南地区的铁路大动脉，但由于当时受经济条件所限，铁路的设计建设标准偏低，为单线双向通行。2000年，成昆铁路全线电气化完工，运能大为提高。但随着四川经济的快速发展，特别是随着400万吨攀钢西昌钒钛基地项目的建设和独特旅游资源的开发，铁路运力已远远不能满足攀西地区客、货运输的需要，未来更有可能严重影响和制约四川成都、攀枝花等地经济发展；还有，成昆铁路所经地区地质条件恶劣，滑坡、泥石流等地质灾害时有发生，一旦发生灾害或事故，成昆铁路沿线客货运将陷入瘫痪。因此，建设成昆铁路复线势在必行。

成昆铁路复线是在既有成昆铁路基础上新建或增建二线的铁路线，北起四川省成都市，南至云南省昆明市，施工期间称为成昆铁路扩能改造工程，属于快速铁路。全线分为成都至峨眉段、峨眉至米易段、米易至攀枝花段、永仁至广通段、广通至昆明段，采取分段施工的方式进行改造。复线线路全长865公里，工程竣工后，新铁路线将主要承担客运功能，兼顾货运功能，老成昆铁路将主要承担货运功能和短途客运功能。成昆铁路复线计划22年完工，届时成都至昆明将有望6个多小时到达。

线路站点

成都—峨眉段：成都站、成都南站、彭山站、眉山站、乐山北站、峨眉站，均为原成昆铁路站点，其中峨眉站改扩建后与成绵乐城际铁路峨眉站共用；

峨眉—米易段：燕岗站、沙湾南站、范店子站、峨边南站、金口河南站、特克站、甘洛南站、曼滩站、越西南站、安洛站、喜德西站、冕宁站、月华西站、西昌西站、佑君站、黄水塘南站、德昌西站、永郎西站，除燕岗站和冕宁站外均为新建车站。

米易—攀枝花段：米易东站、攀枝花东站、攀枝花南站，均为新建车站。

永仁—广通段：新建车站：永仁站、新康站、元谋西站、大树村站；改建车站：甸尾站、广通北站。

广通—昆明段：双湄村站、禄丰南站，均为新建车站。

工程进度

成都至峨眉段，于2013年底实质性开工建设，自既有成昆线成都南站向南，经新津、彭山、思蒙、夹江后跨青衣江至峨眉站沿既有线增建第二线，局部地段线路双绕，正线长度约100公里，线路桥隧比约15%，行车速度160公里/小时，为国家I级电气化铁路。

峨眉至米易段，2013年9月，国家发展改革委正式批复工程项目建议书。2014年9月，环境保护部批复工程环境影响报告书。2014年12月，成昆铁路峨眉至米易段扩能工程在凉山州越西县开工，这标志着成昆复线全线开建。工程全长约384公里，涉及乐山、凉山和攀枝花三个地区，共设站18个。全线共有桥梁140余座、隧道40余座，桥隧比达到73%。工程总投资450余亿元，设计时速160公里。

米易至攀枝花段（攀枝花市至永仁段），2013年12月，成昆铁路米易至攀枝花段扩能改造等30个项目在攀枝花花城新区集中开工。自攀枝花市米易县引出，经米易县、盐边县、仁和区、至云南省永仁县，线路正线全长93.84公里。攀枝花境内，设米易东站、攀枝花东站、攀枝花南站3个客货两用车站。攀枝花东站在盐边，攀枝花南站在仁和，这里为攀枝花客运始发站。2019年12月9日，成昆铁路复线盐边隧道顺利贯通，标志着成昆铁路复线米易至攀枝花段完工。2021年12月18日，攀枝花南站—西昌西站动车试跑。2022年1月10日，冕宁至米易段开通运营。

永仁至广通段，2013年12月开工，起于云南省永仁县境内的川、滇省界处，向南经永仁县、元谋县，至禄丰市大树村站，止于广通镇。本段新建正线长120.44公里，其中川滇省界至大树村（含）线路长92.01公里，大树村（不含）至甸尾（含）线路长28.43公里。元谋西改建既有线2.51公里，甸尾至广通北上行线线路长2.313公里，甸尾至广通北下行线线路长0.45公里。

广通至昆明段，2007年10月18日开工建设，东起昆明，西至广通，与正永（仁）广（通）铁路相连，全长106.3公里，途经安宁、禄丰，全线隧道18座、桥梁32座。时速目标值160公里（预留时速200公里），全线新建双湄村，禄丰南，广通北三座车站。

2013年12月，广昆段正式开通。

2017年12月，成峨段开通。

2019年10月，永广段开通。

2020年5月底，米攀段开通。

2021年12月18日，攀枝花南站至西昌西站动车试跑。

2022年1月10日，冕宁至米易段开通运营，复兴号动车组首次开进大凉山。

2022年3月31日，成昆扩能改造工程吉新隧道贯通，标志着该工程进入最后冲刺阶段，为全线贯通奠定了坚实基础。

预计2022年底全线通车。

重点工程

秀宁隧道

秀宁隧道是成昆铁路复线广通至昆明段的控制性工程。秀宁隧道全长13187米，最大埋深535米，属新建双线隧道，是全路十大高风险隧道之一。隧道洞身穿越前震旦系昆阳群地层，其地质构造复杂，不良地质众多。

老东山隧道

2008年1月8日开工的老东山隧道全长7578米，处在云南省地壳变化频繁地带，是我国西南部铁路干线的高风险工程，以泥岩、砂岩、泥岩夹砂岩为主，层间错动剧烈，节理发育，岩体破碎，地下水丰富，并有5条逆冲断层夹持带，施工风险极大，是铁道部确定的高风险隧道之一。

阿郎隧道

阿郎隧道是永仁至广通段双线铁路全线控制性工程。隧道全长5454米，是永广铁路中最长的一条隧道。该隧道为双线隧道，左右线线间距在4.2~4.33米。全隧道线路坡度为12.2‰的上坡。

保安营1号隧道

保安营1号隧道为单洞单线隧道，位于成昆铁路复线攀枝花段成昆铁路老线与新线的联络线上，全长13.34公里。

金沙江大桥

金沙江大桥位于位于成昆铁路复线攀枝花段三堆子附近，为双线铁路桥，全长473.3米，最高桥墩高51.5米，是国内跨度最大的矮塔斜拉铁路桥，设计时速160公里，客货共线。

冉家湾隧道

冉家湾隧道位于位于成昆铁路复线攀枝花段长12.88公里，进口在东区的三堆子附近，出口在仁和区四十九公里涂料厂附近。

吉新隧道

吉新隧道，全长约17.6公里。位于凉山甘洛县和越西县境内，地貌以崇山峻岭、沟谷纵壑为主，危岩落石、泥石流、崩塌、滑坡等地质灾害频发，施工难度极大，堪称在“流沙中打隧道”。

价值意义

成昆铁路复线按时速160公里设计，云南境内广通—昆明段预留时速200公里。建成后，乘火车从成都到攀枝花坐火车的时间将由13个小时缩短到5个小时，到昆明的时间也将由19个小时缩短到6个多小时。成昆铁路复线将是成都南向出川的重要通道之一，线路建成后北接宝成铁路、成渝铁路，南连沪昆铁路，直接到达广西沿海，与东南亚铁路接轨。

这一重要出川通道形成后，将带动攀西地区经济发展。铁路沿线有丰富的水能资源、矿产资源、农副产品资源、旅游资源和已经开工建设的特大型钒钛综合利用项目，成昆复线全线建成后，一方面方便当地老百姓的出行，另一方面将加快攀西地区优势资源开发。

第四章

翻天覆地的脱贫攻坚

脱贫攻坚精神

上下同心　尽锐出战

精准务实　开拓创新

攻坚克难　不负人民

"半截皮带"有信仰　脱贫路上勇担当

◎ 壤塘县脱贫攻坚办

壤塘县地处川甘青结合部的深藏区，是红军走过的"草地四县"之一，是红军的重要筹粮地之一。1936年6月底至7月中旬，红四方面军、红二方面军分别从壤塘县经过，前后停留时间26天。徐向前率领的红二方面军中路纵队于6月中旬从炉霍出发进入杜柯河地区（今壤塘县杜柯地区），进占壤塘等地，红军先后三次经过壤塘，沿途宣传党的政策、筹集战备粮草、阻击国军追剿，与当地农牧民结成鱼水情深、生死与共的军民关系，66名红军战士在此长眠，书写了可歌可泣的壤塘红色诗篇。

雄关漫道真如铁，而今迈步从头越。党的十八大以来，壤塘县面对自然条件恶劣、经济发展滞后、县贫民穷特征明显、脱贫攻坚任务艰巨的不利因素，面对贫困村占行政村73.3%、贫困发生率26.6%的巨大压力，保持矢志不渝、顽强拼搏的态势，坚定目标，坚持精准方略，尽锐出战，下足绣花功夫。截至2018年底顺利完成了38个贫困村退出、8497人贫困人口脱贫的阶段任务，贫困发生率降至4.4%，为2019年实现藏区贫困县全部脱贫摘帽奠定了坚实的基础。2019年，顺利实现脱贫摘帽。到2020年底，全县共完成0.2万户1万人脱贫，39个贫困村退出。2018~2020年，在县级党委和政府脱贫攻坚成效考核中被评为“好”的等次。

坚定信念，强化脱贫使命担当。1936年7月，红四方面军草地路程走了不到一半他们就断粮了，只能挖野菜、吃草根、啃树皮、吃皮带。31军8连战士周国才的这条皮带是战利品、实在舍不得吃，为了抵抗饥饿、挽救全班战友生命，他毅然将皮带贡献出来。当皮带第一个眼儿前面那一截被吃完后，他恳求战友：“我不吃了，同志们，我们把它留着作个纪念吧，我们带着它去延安见毛主席。”半截皮带保留了下来。有信仰的“半截皮带”故事广为流传。在那艰苦岁月，无数红军不怕任何艰难险阻、不惜付出一切牺牲，靠的是坚定革命的理想和信念。信仰如柱，柱折屋塌，柱坚屋固。传承红色基因的壤塘县为打赢打好脱贫攻坚硬仗，鼓舞斗志，凝心聚力，依托长征干部学院壤塘分院，通过“穿红军衣、走红军路、尝红军苦、扬红军魂”主题教育，坚定党员干部不忘初心、牢记使命的责任意识，激励干部群众坚守“地处偏僻思想不保守、条件艰苦工作创一流”的壤塘精神，聚焦目标，精准对标，把握重点，有力地确保了各项目标任务顺利圆满完成。

勇于探索，创新脱贫攻坚路径。长征是红军第五次反围剿失利后勇于探索的大胆尝试，也是人民军队绝处逢生的伟大奇迹。总体呈现“贫困面广量大、程度深、贫病叠加、难脱贫、易返贫”的脱贫攻坚形势，壤塘县着眼工作实效，大胆探索，勇于创新。在发挥文化资源优势上，坚持以文化为魂、山水为形、生态为本，创办藏香、藏茶、藏药、唐卡、石刻等非遗传习所27个，实现“非遗+就业、非遗+教育”双引领，走出一条以“非遗+扶贫”的富民强县新路，农牧民群众不离乡、不离土，在家门口实现就业增收。在发挥自然资源优势上，创建联户牧场29个，创新以“分权不分产、运营不经营、分红不分利”的牦牛产业联户承包发展模式，打开了培育致富带头人、解放青壮劳力、确保产业资金安全、增加集体经济收益的多赢局面。

奋勇拼搏，保障脱贫攻坚质量。红军长征三过草地、四渡赤水、翻过5座雪山，进涉彝工作区、涉藏工作区，在乌蒙地区回旋……这是红军敢于直面挑战奋勇拼搏、不畏艰难险阻奋勇前行的精神体现。壤塘县脱贫攻坚征程中，始终紧盯深度贫困这个最大实际、最强拦路虎，以脱贫质量、成效为落脚点，聚焦短板软肋，靶向发力，聚力攻坚。目前，11个乡镇、51个行政村通硬化路，51个村通国网电，51个村通讯网络覆盖，以生态农牧业、文化旅游业、电商产业为核心形成“一乡一品”产业格局，农牧民群众教育、医疗、饮水、用电、住房等一大批难题得到了有力解决，乡村面貌得到极大改善，提升了群众幸福感和获得感。

在雪山草地间追寻红色足迹在脱贫攻坚中走出千年贫困

阿坝县脱贫攻坚办

阿坝县地处川西高原，作为深度贫困县，贫困规模居阿坝藏族羌族自治州之首，也是红军“雪山草地奋斗路和北上抗日救国路”重要辗转站。1935年9月至1936年8月，中国工农红军在阿坝县境内转战停留长达12个月之久，期间先后击溃了麦桑土兵的阻击，发生了查理寺战斗、赛格寺战斗，建立了中共川康省委阿坝特区委员会、红军总部、川康省委、川陕省委阿坝苏维埃政府，召开了“川康省委扩大会议”等重要会议，为红军最终北上完成二万五千里长征打下了坚实的基础。今时今日我们正在红军曾走过和战斗过的地方努力追寻，在一场又一场脱贫攻坚硬仗中砥砺前行。2019年，阿坝县完成所有贫困人口、贫困村脱贫退出，实现脱贫摘帽。到2020年底，全县共实现0.3万户10.6万人脱贫，32个贫困村退出。2019~2020年，在县级党委和政府脱贫攻坚成效考核中被评为“好”的等次。

靠前指挥、实干苦干。红军“不怕远征难”，拥有一支理想信念坚定，能吃苦、能坚持的红军队伍，是实现革命胜利的关键。今夕在脱贫攻坚“战场”，同样需要有“咬定青山不放松”的毅力，建立一支“能吃苦、能实干、能苦干”的脱贫攻坚干部队伍。阿坝县委、县政府基于此，从领导机构、队伍架构、责任体系等方面抓起，建立了纵向到底、横向到边、上下一体、协同联动的干部队伍和工作体系，以三个“坚持”为抓手：坚持“一把手”靠前指挥，“一把手”亲自谋篇布局，以上率下示范带动，形成了“党政一把手负总责，三级书记一起抓”攻坚格局；坚持完

善脱贫攻坚工作体系，精心研究《关于进一步加强脱贫攻坚工作的意见》及15个配套方案，将21个乡镇（场）划分为7大作战片区，县委、县政府主要领导任片区长，建立了作战、督战、帮扶、宣传和保障五大责任主体；坚持全员上战，落实了43名县级联系领导、108个帮扶部门、2174名县乡村三级干部责任。

锁定目标、精准突破。红军长征途中，不怕牺牲、不怕流血，坚定目标，勇往直前，浴血奋战，突破重重围堵，最终取得一个又一个胜利。如今在脱贫攻坚“战场”上，为摆脱“老、少、边、穷、病”困境，阿坝上下集思广益、多措并举，以“三突破一落实”精准出击：突破产业发展难关，投资24132万元实施128个农畜产业项目；突破就业扶持难题，开发各类就业促进岗位2500个，促进4300余名贫困对象实现就业；突破基础设施难点，投入21181余万元，完善了交通、饮水、电力等基础设施建设；落实教育、医疗、住房保障，实施了548户贫困对象易地搬迁、1918户藏区新居建设，设立产业扶持基金、教育扶贫基金、卫生救助基金、小额信贷分险基金等“四项基金”4188万元，兑现贫困家庭学生教育扶贫救助基金1100余万元，为15638名贫困人口购买城乡医疗保险。

严守承诺、担当作为。习近平总书记在党的十九大报告上提出“不忘初心、牢记使命”，红军二万五千里长征坚守的是初心，如今带领群众过上幸福生活更是神圣使命。全面建成小康是中国共产党向全世界人民的庄严承诺，也是阿坝县委、县政府对全县8万余干部群众的庄严承诺。为实现这个目标，我们坚持扶贫与扶志、扶智相结合，把“发挥主观能动，提高生产技能”作为扶贫工作最重要、最根本的一环认真落实。2016年以来，通过综合施策，采取促进产业发展、创新方式建设贫困村集体经济、开发各类工作岗位等举措促进贫困对象就业创业，建成集体经济118个，确保贫困群众年底有稳定分红；开发生态公益性岗位3351个，开展“汽车摩托车、中式烹调+乡村旅游、藏式缝纫、驾驶”等技能培训，确保有劳动力的贫困户至少有1项就业技能、实现1人稳定就业。贫困群众一步步由“被动”变“主动”，内生动力有效激发，在精神、物质双脱贫中不断迸发活力。

弘扬伟大长征精神下 “绣花功夫”打攻坚战

马尔康市脱贫攻坚办

马尔康，藏语意为“火苗旺盛的地方”。1935年7月，毛泽东、朱德、周恩来等翻越长征途中第二座大雪山——梦笔山，率中共中央首脑机关入驻马尔康卓克基官寨，在此召开了著名的“卓克基会议”，讨论通过了《告康藏西番民众书》，调整战役部署，坚决执行北上决定，为革命胜利迎来曙光。

马尔康是革命老区县，也是高原藏区连片贫困县和国家深度贫困县。受地理环境桎梏、发展基础影响，贫困程度极深，2014年精准识别建档立卡贫困户1008户3764人，贫困发生率12.07%，脱贫任务艰巨。马尔康各族干部群众积极弘扬伟大的长征精神，吹响打赢脱贫攻坚新长征的嘹亮号角。2017年顺利实现脱贫摘帽，2019年完成所有减贫任务。到2020年底，全县共实现0.1万户0.4万人脱贫，28个贫困村退出。2016年、2017年、2020年，在县级党委和政府脱贫攻坚成效考核中被评为“好”的等次。

一、实事求是，不务虚功，坚持落实精准方略。长征取得最终胜利是我们党始终坚持实事求是的成功实践，今天我们仍紧紧抓住实事求是这个核心，立足实际，下足“绣花”功夫，全力以赴拔穷根、摘穷帽。一是落实精准识别机制。推行“十对比八排除”工作法，全覆盖进行拉网式排查和识别，确保贫困对象精准。二是落实精准帮扶机制。推行“八个全覆盖”，全市2000余名干部长期奋战在基层一线，确保帮扶工作不漏一人，切实提高帮扶力度，得到群众广泛认可。三是落实精准投入机制。2014年以来，投入资金18.58亿元，助力脱贫攻坚。严格资金监管，实行“三级两部门审核报账制”，做到阳光扶贫。四是落实精准监督机制。建立“五级责任制”，出台《脱贫攻坚目标管理考核办法》等规定，采取“一周一调度、半月一研判、一月一推进、一月一督查”措施，确保脱贫攻坚“三落实”。

二、不怕困难，紧盯问题，坚决攻克突出短板。红军不怕远征难，面对艰巨的脱贫任务，全市上下迎难而上，坚持问题导向，靶向施策、精准发力，全方位补齐短板，夯实群众幸福根基。一是高规格补齐发展短板。改造村组道路513公里、农村电网612公里，实施饮水工程218个，农村生产生活条件明显改善。二是高效益做实优势产业。坚持因地制宜、差异发展，配套贫困户人均3500元的产业扶持资金，带动发展种养业等增收项目1227个，确保了稳定脱贫。三是高水平强化基本保障。设立教育扶贫基金，资助学生1135名。落实“十免四补助”，设立医疗扶贫基金，确保个人自付比例控制在5%以内，杜绝了因贫弃医。危房改造416户，确保了户户有安全住房。四是高要求激发群众动力。发挥“农牧民夜校”作用，开展感恩志气教育，宣传脱贫典型案例，实现“要我脱贫”到“我要脱贫”的转变。

三、干群连心，稳固基石，坚持做到统筹协同。红军长征期间，同广大群众建立了深厚的血肉联系和鱼水关系，最终排除万难取得了胜利。如今我们在脱贫攻坚战场上续写不忘初心、干群连心的时代新篇章，全心全意为民谋幸福，统筹兼顾“插花扶贫齐步走”，建立特殊救助体系，确保脱贫质量。2018年，以“漏评率零、错退率零、满意度99.3%”的成绩通过国家验收。一是统筹兼顾整体与局部扶贫。统筹兼顾非贫困村、非贫困户，按照“缺啥补啥”原则，点对点补齐短板。二是统筹抓好就业增收工作。开发生态扶贫公益岗位1008个，按照“一户一人一岗”原则安排就业，确保有劳动力贫困家庭1人就业。三是统筹实施多维保障救助。统筹城乡低保政策，设立200万元临困救助基金，对特殊困难户给予综合扶持，保障脱贫路上不落一户一人。四是统筹推进乡风文明建设。发挥基层党组织引领作用，构建“一核三治”乡村善治新格局，植入“孝、善、和、俭”文化内涵，推进“四好村”创建，提升乡风文明。

勇战贫困摘穷帽　梨乡儿女展新颜

金川县脱贫攻坚办

1935年10月，红军在金川建立了第一个少数民族自治政权——“格勒得沙共和国”。红军在金川期间，金川人民竭尽全力支援、积极投身抗日救亡大业，为革命献身者逾千人，谱写了战天斗地的历史篇章。金川是集革命老区、边远山区和贫困地区为一体的高原藏区县和深度贫困县，县内居住着藏、羌、回、汉等14个民族。同时，金川县气候宜人、物产丰富，以金川雪梨享誉全国，素有“中国雪梨之乡”的美誉。党中央吹响脱贫攻坚号角以来，金川县秉承和发扬伟大的红军长征精神，凝聚调动

一切力量、整合利用一切资源、广泛汇集一切智慧，2018年顺利实现脱贫摘帽。到2020年底，全县共实现0.3万户0.9万人脱贫，44个贫困村退出。2018~2020年，在县级党委和政府脱贫攻坚成效考核中被评为“好”的等次。

信念坚定，广泛发动，筑牢干群根基。红军长征在金川期间提出了“觉悟最先进、斗争最坚决”的口号，并在金川成立了宣传队，采用錾刻标语、印发传单、表演歌舞等宣传形式，广泛宣传革命精神。今天，金川儿女依旧坚定理想，将脱贫攻坚作为最大的政治任务、最大的民生工程、最大的发展机遇，坚持依靠群众、发动群众，尽锐出战，攻坚克难。构建了横向到边、纵向到底的“一六四三”责任机制，一级抓一级、层层抓落实；深入开展理想信念教育，干部信心有效提振；坚持失责必问、问责必严，动真格、实打实，将脱贫攻坚责任扛到肩上、落到实处。紧密联系群众，创新推进“百千万”活动，“五个一”力量进村入户作专题宣讲1500余次，发放资料10万余册；依托电视、报刊等主流媒体，创新“心连心”平台、VR全景平台、微金川、微电影等载体，大力宣传脱贫政策、典型人物、经验做法，脱贫热潮全面掀起，群众认可度不断提高。

为民务实，严守纪律，筑牢发展根基。红军是一个纪律严明的部队，“三大纪律八项注意”，不拿群众一针一线，以严格的作风纪律取信于民、带领群众进行革命斗争。今天，金川依然把人民的利益放在最高位置，全力铸造铁的纪律为脱贫攻坚保驾护航，积极推进阳光扶贫、廉洁扶贫。深入调研、科学论证、细致评估，合理规划项目，用好用活扶贫资金；严把资金分配关、使用关，落实县、乡、村三级公开公示，健全财政、审计、纪监、巡察、群众全方位监督。脱贫攻坚以来，争取到位22个扶贫专项资金6.02亿元，整合涉农资金3.04亿元，吸纳眉山援建资金0.88亿元、东西部扶贫协作资金1.06亿元，发放小额信贷资金0.41亿元，实施了大量民生、生态、产业、园区建设项目，项目资金效益得到充分发挥。

实事求是，攻克短板，筑牢幸福根基。红军在金川坚持实事求是，实行土地革命，开展大生产运动，开办国家商店、药店、土盐厂、军械厂、服装厂等，极大改善群众生存发展环境。今天，我们对标脱贫摘帽指标，大力补齐短板，促进基础设施大提升。全面完成易地扶贫搬迁和危房改造，让群众住上好房子；坚持将贫困户个人医疗费用控制在5%以内，以健康扶贫遏制因病致贫；全面落实藏区15年免费教育等政策，以教育扶贫阻断代际贫困；全面开展就业创业培训，以就业扶持增强造血功能。因地制宜大力发展富民产业，建基地拓规模，提质量创品牌，培育壮大龙头企业、合作社和种养大户，确定了"高山药和畜、半山果、河坝菜"产业空间格局和"一园、三区、八带"总体布局。探索出股权量化式、返还扶贫式、飞地扶贫式、扶贫车间+托管等扶贫新路径，创新模式壮大集体经济，有力带动群众稳定增收。近年来，全县农村人均可支配收入由2014年的7640元增长到2020年的15513元，脱贫攻坚切切实实带动农村经济实现大发展。金川脱贫攻坚的奋进历程，是新时期密切党群干群关系的新诠释，是党在藏区夯实群众基础、带领各族群众发展生产、共建富裕小康家园的伟大实践。梨乡儿女将始终牢记初心使命，在与全国全省同步奔康的进程中大步迈进。

传承红色基因　决战藏寨脱贫

丹巴县脱贫攻坚办

以“古碉、藏寨、中国最美丽的乡村”享誉中外的丹巴，是中国工农红军在长征途中驻留时间最长的藏区县域之一，在这里红军建立了康巴地区第一个有党、政、军、群组织的革命根据地，成立了红军历史上第一个以藏民族为主体的“丹巴藏民独立团”，为这片土地注入了“红色基因”，更留下了宝贵的精神财富和不朽的长征精神。

丹巴县属全省“四大连片贫困地区”中的高原藏区县，也是全省88个深度贫困县之一，贫困量大、面广、程度深，是典型的深度贫困县。全县上下大力弘扬长征精神，在脱贫攻坚的“新长征”路上，不忘初心、牢记使命，2018年顺利实现脱贫摘帽。到2020年底，全县共实现0.2万户0.8万人脱贫，50个贫困村退出。2018年、2020年，在县级党委和政府脱贫攻坚成效考核中被评为“好”的等次。

铭记历史，不忘初心，坚定理想信念。“红军不怕远征难，万水千山只等闲”。红军长征期间，依靠坚定的理想信念取得了最终顺利，将“忘我牺牲、英雄主义、艰苦奋斗”等长征精神永远留在丹巴，成为丹巴最宝贵的精神财富，激励了一代又一代丹巴人。自脱贫攻坚战役打响以来，我们坚持把脱贫攻坚作为最大的政治责任、最大的民生工程、最大的发展机遇，不折不扣贯彻落实党中央关于精准扶贫精准脱贫各项决策部署，建立脱贫攻坚双组长指挥体系，实行县委书记、县政府县长挂帅出征，挂图作战；县、乡、村2000余名干部职工三级联动，尽锐尽出；7万余名群众全程参与，协同作战。编制了一张横到边、纵到底全覆盖无死角的攻坚网络，形成了人人参与的大扶贫格局。

艰苦奋斗，砥砺前行，敢打硬仗大仗。1936年的2月，丹巴经历了艰苦的独狼沟口之战，独狼沟是丹巴通往乾宁、道孚的要道，为粉碎敌人的阻击，红军一部与藏民独立师一个连，兵分两路，对丹东土司武装发起总攻，最终为红四方面军主力部队西进康北打开了通道。如今，丹巴上下发扬红军长征“艰苦奋斗、敢打硬仗、团结协作”精神，聚焦“两不愁、三保障”目标，举全县之力、聚全民之智，累计投入资金12.56亿元，全面打赢了基础设施、产业扶贫、搬迁扶贫、教育扶贫、健康扶贫、就业扶贫、保障扶贫、生态扶贫、社会帮扶等“九大攻坚战”。

不折不挠，苦干实干，决战脱贫攻坚。“红军长征举世鲜，铁流夜过党岭山；巍巍群峰银龙舞，英雄大战鬼门关”。丹巴县境内海拔5400多米的党岭雪山，是红军三大主力在长征途中翻越的最高的雪山，就像一道噬人生命的“鬼门关”，可红军战士硬是凭借坚强的意志和对革命的必胜信心翻越了这一人类禁区。当前的脱贫攻坚，就犹如翻越的一座座雪山，丹巴聚齐全县扶贫干部之力，战斗在习总书记规划的蓝图上，用长征精神激励人心，攻坚克难，严格按照“六个精准”“五个一批”要求，制定脱贫规划，组织各级力量、实施项目建设、兑现惠民政策，彻底改变了农村落后的面貌，让50个贫困村，8564名贫困人口“晴天一身灰、雨天一身泥”“人背马驮”“靠天吃饭”“人畜混居”“看病难”“就医难”“上学难”“行路难”的穷日子一去不复返。让沥青路通到了12个乡镇，让水泥路通到了136个行政村，让产业扶贫落实到了每一个贫困户。50个贫困村实现了主导产业、公共服务设施等全覆盖，贫困户实现了“两不愁三保障”。

长征精神撒金辉　脱贫攻坚战鼓擂

◎ 小金县脱贫攻坚办

小金藏名攒拉，旧称懋功，位于四川省西北部，阿坝州南端，全县幅员5571平方公里，常住人口8.2万，是嘉绒藏族主要聚居区之一。红军长征在小金县留下了浓墨重彩的一笔，小金县也因此充满了浓厚红色文化背景，红军长征精神时刻鼓舞着小金儿女。2014年以来，全县识别贫困户3248户、贫困人口11695人。面对贫困人口多、贫困程度深、致贫因素多、脱贫难度大等问题，全县弘扬红军长征精神，上下一条心、工作一盘棋、攻坚一股劲，全力以赴决战脱贫，2018年顺利实现脱贫摘帽。到2020年底，全县累计实现0.3万户1.2万人脱贫、77个贫困村退出。2018~2020年，在县级党委和政府脱贫攻坚成效考核中被评为“好”的等次。

勇往直前、不忘初心，传承红色基因激发干群斗志。1935年6月26日，红一、四方面军在两河口镇召开“两河口会议”，着重解决了战略方针、战略行动和战争指挥问题。留存于小金县两河口镇的两河口会议会址现已是阿坝州重要的红色旅游地和爱国主义教育基地，并以它历久弥新的红色精神激励和影响着一代又一代的小金人，成为了全县党员干部入职上岗前的“必经之路”和理想信念教育基地。脱贫奔康征程中，小金县干部群众充分利用红色资源，深入挖掘红色基因，把“勇往直前、坚韧不拔”的红军长征精神渗透到日常点滴，红色文化得到传承和保护，干部信念得到历练和净化。全县干部通过理论培养和现场体验教学，时刻以长征精神为引领，进一步激发干部群众脱贫致富的斗志、昂扬饱满的激情，为小金脱贫攻坚提供源源不竭的动力和活力。

众志成城、凝心聚力，狠抓产业发展持续助农增收。1935年6月21日，红军总政治部在小金县城天主教堂内举行了团以上干部胜利会师庆祝大会，与当地群众举行了盛大的联欢活动，充分显示出了革命队伍会师后的高昂士气、革命情谊和与小金人民的深情厚谊。精准扶贫以来，全县继承和弘扬“紧紧依靠人民群众，艰苦奋斗”的红军长征精神，充分发挥贫困群众内生动力，坚持把产业扶贫作为脱贫奔康的关键，发展壮大小金苹果、高原玫瑰、高原生菜、酿酒葡萄、高原牦牛“五大主导”产业。现建成生态蔬菜基地2.9万亩、小金苹果3.5万亩、酿酒葡萄3600亩、高山玫瑰1.3万亩、道地中药材6685亩、牦牛标准化养殖场72个。注册涉农商标74个，认证绿色有机食品4个，通过QS认证9个，国家地理标志保护产品（商标）3个。大力推进就业创业扶贫，积极探索“订单式培训+定向式输出”等模式，累计举办各类培训班91期，培训学员5297人，帮助9412人次贫困人口就业创业，实现“一户一人一技能”和“就业一人、脱贫一户”。

百折不挠、攻坚克难，破解民生难题增进群众福祉。1935年6月12日，毛泽东、周恩来、朱德、张闻天等率领红一方面军冲破敌人的围追堵截，突破艰难险阻翻越了长征以来的第一座大雪山—夹金山，与红四方面军胜利会师于达维镇。脱贫攻坚以来，全县干部群众直面困难，砥砺前行，聚焦“两不愁三保障”，精心谋篇布局，着力解决民生难题。大力推进基础设施扶贫，实施“农村公路攻坚年”“水利建设攻坚行动”等民生工程，脱贫攻坚基础条件显著改善。大力推进教育扶贫，创建“教育扶贫救助基金”和“爱心教育基金”，与四川嘉祥教育集团建立“3+3”教育精准扶贫合作机制，教育软硬件建设得到大幅提升。大力推进健康扶贫，创建“医疗救助爱心基金”及“健康阿妈基金”，救助困难群众5324人，医疗卫生服务质量全面提升。大力推进文化扶贫，建成乡镇文化站21个、农家书屋136个、乡村健身场地100个，群众精神文化生活不断丰富。

小金县将以乡村振兴战略为引擎，扎实抓好巩固脱贫攻坚成果和乡村振兴工作，全面构建防致贫返贫风险长效机制，兜住贫困人口贫困底线，筑牢低收入人群贫困防线，确保巩固拓展脱贫攻坚成果同乡村振兴有效衔接，为实施乡村振兴战略打下坚实基础。

跑马山下唱响脱贫奋进之歌

康定市脱贫攻坚办

1935年10月~1936年5月，红军先后路经康定境内金汤、鱼通、孔玉、塔公、营官5个地区，在民族杂居和藏族聚居区建立苏维埃政权，宣传党的政策，唤醒群众，传播革命思想，留下了不可磨灭的光辉业绩。

党的十八大以来，康定上下深入学习贯彻习近平总书记关于扶贫工作的重要论述，弘扬红军精神，决战深度贫困脱贫攻坚。2018年顺利实现脱贫摘帽，2019年完成所有减贫任务。到2020年底，全市累计实现0.3万户1.1万人脱贫，54个贫困村退出。2017年、2018年、2020年，在县级党委和政府脱贫攻坚成效考核中被评为“好”的等次。

一、艰苦奋斗，推行“一线攻坚”工作法。红军进入县境后，与国民党军队和地方民团，进行了艰苦卓绝的战斗，许多优秀红军战士的忠骨长眠于康定。康定继承红军艰苦奋斗的精神，推行四大家“一把手”包片、34名市领导包乡包村、87个帮扶单位包点、3775名帮扶责任人包户、22个专项部门包硬件达标、17个乡镇包辖区脱贫的“六包责任制”；实施“一线攻坚法”，坚持力量下沉到一线、工作推动在一线、作风塑造在一线、群众宣传在一线、问题解决在一线、检查督导在一线，帮扶单位每月分3批次，轮流派出不少于1/3的干部驻村入户攻坚，公职人员与17670户农牧民结对帮扶，实现帮扶责任到户、扶持措施到户、感情沟通到户。

二、一心为民，攻克“脱贫摘帽”最大难关。红军长征途中，击溃了围追堵截，为北上抗日扫清了障碍。康定各级干部弘扬红军精神，扫清深度贫困障碍。抓实基础改善。实施项目攻坚，投入资金42.5亿元，实施基础建设项目1000余个，贫困村道路通畅率、通信覆盖率和贫困人口生活用电、安全饮水覆盖率达到100%，农牧区“几难”问题和人居环境得到根本性改善。抓实产业发展。坚持“西山东水”“西大东精”产业发展思路，投入9022万元设立五项产业发展基金。投入资金3.63亿元，实施特色农牧产业项目281个，建成万亩黑青稞、万亩蔬菜、万亩花海，水果、中药材、羊肚菌等特色农业基地10.8万亩，发展民居接待740户，“中国高原羊肚菌之乡”“洞波酒业”“蓝逸牦牛奶”等品牌逐渐打响。抓实就业扶贫。举办各类技能培训232期，培训贫困户9212人次；开发城乡保洁、护林巡河等公益岗位4922个；在折东、折西成立劳务公司，依托对口帮扶劳务输出、举办大型现场招聘会等渠道，实现贫困劳动力转移就业4282人次。全市贫困户已有2648户5216人就业。抓实政策兑现。兑现教育扶贫救助基金1196.2万元、惠及贫困学生7785人次；报销医疗费用1.28亿元、惠及4.73万人次；投入资金2.7亿元，实施藏区新居、农村危房改造等2328户；兑现草补资金1.64亿元、林补资金2.08亿元、退耕还林资金6016万元、低保金1402.92万元。康定脱贫攻坚工作先后得到汪洋主席、曹建明副委员长、王东明副委

员长等领导肯定，被评为全省脱贫攻坚先进市、旅游扶贫示范区。

三、动员群众，实行“八不扶”倒逼机制。紧紧依靠广大人民群众，是红军取得胜利的根本保证。脱贫攻坚同样需要唤醒民众、形成合力。康定坚持问题导向，探索形成了“不爱祖国者，不扶；不懂感恩者，不扶；不遵纪守法者，不扶；不孝敬和睦者，不扶；好吃懒做者，不扶；悬挂违禁画像者，不扶；弃学入寺者，不扶；不诚实守信者，不扶”的“八不扶”倒逼机制。“八不扶”不是不扶，而是为了更好的扶、更有效的扶，目的是倒逼贫困户破除“等靠要”思想，主动参与脱贫，实现“要我脱贫”到“我要脱贫”的转变。通过实行“八不扶”，群众主动脱贫的动力更强了、干劲更足了，形成了自力更生、艰苦奋斗的生动气象。

忆长征岁月峥嵘　勇担当决战决胜

泸定县脱贫攻坚办

泸定县是甘孜“东大门”，是全省45个深度贫困县（市、区）之一。1935年5月29日，中央红军奇、绝、惊、险地飞夺泸定桥，开辟了北上抗日、救亡图存的道路。革命先辈的英雄壮举，谱写了长征诗篇中最壮丽的华章；“不畏艰险、舍生忘死，敢于拼搏、勇于胜利”的伟大“红军飞夺泸定桥精神”融入泸定儿女血脉、代代传承、激励前行。

党的十八大以来，泸定县认真贯彻习近平总书记关于扶贫工作的重要论述，继承革命先辈遗志，传承发扬红军“飞夺泸定桥精神”，勇担使命、尽锐出战、抗击疫情、决胜攻坚，2017年实现脱贫摘帽，2019年完成所有减贫任务。到2020年底，全县共实现0.3万户1万人脱贫，34个贫困村退出。2017年、2020年，在县级党委和政府脱贫攻坚成效考核中被评为“好”的等次。

抢抓战机、先行先动。面对当年反动派的重兵围追堵截，红军主动出击，昼夜冒雨奔袭240里，飞夺泸定桥，粉碎了反动派妄图让红军在大渡河成为“第二个石达开”的幻想，成为革命胜利的重要转折点。在脱贫攻坚的“新长征”中，我们像红军当年飞夺泸定桥一样思长谋远、当机立断。一是先行先动夯基础。2013年初，县委政府正视县情、直面问题、超前谋划，率先开展“交通三年攻坚”“水电两年惠民”等高半山扶贫攻坚行动，补齐了农村高半山区基础设施短板。二是强化投入促提升。脱贫攻坚战打响后，整合资金10.22亿元，实施农村交通建设大提升、水电设施大提质、美丽乡村大建设等，实现了路水电网全保障。三是示范引领先摘帽。作为全州经济文化、自然气候条件较好的县，泸定县勇担为民之责、

引领之责，团结带领全县8万各族群众、聚力聚智，全面打好以“高标准、高质量、示范性”为主题的率先脱贫攻坚战，2017年实现了在全州率先“摘帽”。

攻坚克难、开拓创新。红军“革命理想高于天”，为革命不怕任何艰难险阻，不惜付出一切牺牲。飞夺泸定桥战斗中，22勇士挺身而出，顶着枪林弹雨、浴血奋战的场景，至今让人荡气回肠。在脱贫攻坚的“新长征”中，我们像红军当年飞夺泸定桥一样立足实际、攻坚克难。一是壮大产业发展。建成特色农林产业23万亩，引进7家龙头企业，促进三产融合，培育杵坭“红樱桃”等系列品牌，破解产业发展难题，助农增收致富。二是深挖资源禀赋。立足“红+绿”旅游资源，全力打造“红城绿谷、康养泸定”品牌，举办10届红樱桃节，2020年农民人均可支配收入达14761元。三是落实民生保障。全面落实教育、医疗、就业、低保等专项扶贫政策，贫困人口适龄儿童入学率，城乡医保、大病保险参保率“100%”，919名贫困人口实现就业，855人实现低保兜底。

团结各方，齐力攻坚。红军长征途中，在泸定县岚安昂州等地带领群众打土豪分田地，建立苏维埃政府，播撒革命火种。当地群众箪食壶浆，踊跃参军支持革命，为长征胜利贡献了泸定力量。在脱贫攻坚的“新长征”中，我们像红军当年飞夺泸定桥一样依靠群众、为民谋利。一是倾情结对帮扶。探索县级领导“双联机制”，全县县级领导和365名科级领导干部全覆盖结对联系贫困村、贫困户，与群众同吃同住同劳动，一线解决问题2000余个。二是激发内生动力。坚持扶贫扶志，持续开展“感党恩、爱祖国、守法制、奔小康”系列主题活动，覆盖2万人。引导农村群众养成好习惯，形成好风气，创建省级“四好村”12个，培育脱贫致富典型11个。三是整合各方力量。扎实开展“扶贫日”活动，募集善款746.14万元，与蒲江县搭成“蒲江·泸定互补型、跨区域、一体化发展战略协议”，投入帮扶资金2680万元，实施得妥镇金光村旅游新村等127个项目建设。选派70名优秀中青年干部到泸挂职交流、支医支教。

泸定干群在决战脱贫攻坚的伟大实践中，通过了血与火的淬炼，经历了泪与汗的考验，承受了苦与累的历练，走好了在甘孜率先脱贫的“泸定路径”，创造了后发崛起的“泸定速度”，积累了脱贫攻坚的“泸定经验”。

弘扬“勇士精神” 决胜脱贫攻坚

石棉县脱贫攻坚办

1935年5月25日，17勇士为先导的中国工农红军成功强渡大渡河，创造了中国革命战争史上的伟大奇迹。从此，石棉县安顺场便以“翼王悲剧地，红军胜利场”载入史册，名扬中外。红军强渡大渡河“勇士精神”的内涵就是“信仰坚定就是力量、团结同心就是希望、激流勇进就是胜利”。从“红船精神”到“长征精神”“延安精神”，再到中国工农红军在石棉强渡大渡河的“勇士精神”，都是一脉相承的精神谱系，都是我们党砥砺奋进的强大精神力量。80多年来，“勇士精神”一直激励鼓舞着

石棉干部群众始终站在历史的高度，走在时代的前列，不断取得建设、改革和发展的一个又一个胜利。今天，全县干部群众直面边远山区、革命老区、民族地区、移民库区和独立工矿区“多区叠加”的特殊县情，大力弘扬“勇士精神”，夺取了脱贫攻坚的全面胜利。到2020年底，全县共实现0.2万户0.7万人脱贫，23个贫困村退出。2019~2020年，在县级党委和政府脱贫攻坚成效考核中被评为“好”的等次。

坚定信仰，实施脱贫攻坚整体部署。心中有信仰，脚下有力量。中央红军离开苏区，突破四道防线，转战赣、湘、黔、粤、桂、滇等数省后，从8万余人锐减到3万余人，前有川军把守天堑，后有各路追兵紧咬不放，空中敌机不断轰炸，在此形势险峻的危急情况下，依然克服多种难以想象的困难，赢得了决定性胜利，靠的就是坚定信仰。事实上，正是坚定的信仰，让红军先遣队奇袭安顺场，掌握主动权；正是坚定的信仰，让红军官兵激发强大的力量，让17勇士孤舟飞渡成为现实。党的十八大以来，石棉深入学习习近平总书记关于扶贫工作的重要论述，贯彻落实党中央、国务院脱贫攻坚方针政策，坚定打赢脱贫攻坚战信心，全面实施“54311”脱贫攻坚整体部署，即坚持产业扶贫增收、住房安全保障、交通通行道路、公共服务设施、群众满意度“五个提升”，坚持抓基础设施、产业发展、人居环境、文明新风“四个优先”，探索创新“互联网+扶贫”、社会扶贫、脱贫典型“三大示范”，实施“一个磁铁工程”和实现“一个目标任务”，强力推进脱贫攻坚。

团结同心，联系帮扶促进稳定脱贫。人心齐、泰山移。“彝海结盟”促进民族团结，为红军顺利过彝区奠定了群众基础，为党的民族政策积累了经验。红军在强渡大渡河时，团结群众，军民同心，在地方船工的支持下，一舟飞渡向死而生，及时调整作战计划，昼夜兼程二百四十里夺取泸定桥，实现了长征途中在安顺场的胜利转折。今天，石棉坚持以安顺场为基地，以红色文化为纽带，加强基层组织建设，推动基层党建与脱贫攻坚深度融合，密切联系贫困群众，致力少数民族发展。

激流勇进，克服困难完成目标任务。安顺场渡口，河宽三百多米，流速如箭，乱石嵯峨，任何人都无法泅渡。面对大渡河天堑，每一次渡河都是对理想与信念的考验，都是对生与死的较量，都是对进和退的艰难抉择。可以说激流勇进是成功强渡大渡河胜利的根本保证。今天，石棉克服贫困程度深、少数民族人口多、中高山基础设施差等诸多困难和问题，水、电、路、通信网络等基础设施持续巩固提升，“黄、枇、核、药、鸡”五大特色产业初具规模，蜂蜜、花椒、食用菌、八月瓜等“N种”产业和庭院经济不断发展壮大。

石棉县将大力弘扬大渡河“勇士精神”，发挥勇士作用，进一步坚定信心、团结同心、激流勇进，继续做好巩固拓展脱贫攻坚成果与乡村振兴有效衔接各项工作。

飞越岭上激情扬　脱贫攻坚步履坚

汉源县脱贫攻坚办

1935年，红军长征途径汉源县三交乡、宜东镇、大树镇等11个乡镇，留下飞越岭战斗遗址、宜东苏维埃委员会机关旧址、大树堡渡口佯攻富林遗址。长征遗址在风雨的洗礼中愈发展现出夺目的时代光芒，红军长征精神也通过汉源儿女代代相传、继承发展，引领汉源人民踏上十万移民搬迁安置、汶川地震灾后重建、脱贫攻坚新征程。脱贫攻坚“新长征”号角吹响后，汉源连续奋战、攻坚克难，2019年全部完成脱贫攻坚任务，到2020年底，全县共实现0.9万户3万人脱贫，47个贫困村退出。2016年、2017年、2019年、2020年，在县级党委和政府脱贫攻坚成效考核中被评为“好”的等次。

知难而进，“三大会战”打响脱贫首炮。飞越岭是汉源、荥经、泸定三县的界山，是红军北上的必经之道。进攻飞越岭时，敌军居高临下，凭险阻击，红军战士不惧牺牲，奋勇进攻，经过激战，败退敌军。脱贫攻坚战鼓敲响，落实任务不容犹豫，汉源县各级干部怀揣着满腔热血、冲锋在前，立下“军令状”，以绝不退缩、迎难而上的战斗姿态开展农村公路、农田水利、农业产业三个“三年大会战”。累计投入资金22亿元，整治贫困村农田水利，推进贫困村道路硬化改造，实现农业产业发展，提升群众获得感，为实现精准脱贫奠定了坚实基础。

锲而不舍，志智双扶激发群众动力。敌军失去阵地后，立即疯狂反扑。红军战士像钉子一样钉在阵地上，顽强抗战，击退了敌军一次又一次的进攻，成功夺取飞越岭。汉源县充分发扬红军顽强作战精神，决战贫困顽疾，坚决啃下脱贫攻坚“硬骨头”。坚持以坚强的革命信念和斗争毅力克服贫困群众“等靠要”思想弊病，建立“扶贫+扶志+扶智”联动机制，采取群众参与服务积分、自我管理评分、免费兑换物资的模式，激励群众养成自强不息、自力更生的好习惯好风气。以贫困村爱心超市建设为切入点，引导贫困群众思想变“钱物送上门”为“劳动能挣钱”，变被动救济为主动脱贫，提升自主脱贫能力。

为民爱民，细化机制兜底民生保障。夺取飞越岭、占领宜东镇、组建宜东苏维埃政权组织后，红军情系群众，将土豪的布匹、粮食分给贫苦农民。汉源县在脱贫攻坚工作中也始终以人民为中心，把群众切身利益放在首要位置。根据“实事求是、因地制宜、分类指导、精准扶贫”的工作方针，建立健全帮扶机制，细致强化帮扶责任，动员一切力量投入保障。联合教育、卫生、医疗、房建、就业等部门，精准提供信息、资金、技术服务、政策支持等，保障贫困户基本生产生活条件，帮助脱贫奔康。

智勇坚定，创新模式增长经济效益。红二师四团在接到攻打飞越岭的任务后，根据敌情、地形研究制定了进攻方案，智取飞越岭。汉源县汇全力、集众智，找准着力点，摸清资金、资产、资源底数，勇敢探索集体经济发展新模式。贫困村采取入股分红、承包、租赁、作价入股等方式，盘活贫困村集体资产，实现贫困村资金、资产、资源增值盈利。贫困村集体经济实现发展，贫困群众收益也随之增加。

务实求新，特色产业带动地区发展。长征精神启示我们在脱贫攻坚工作中要坚持实事求是，在实际情况基础上开拓创新、推动发展。汉源县立足实际、扬长避短，结合贫困村自然资源优良、市场优势明显、农业发展基础好等特点，在红军长征走过的地区加快产业发展。确定了“县上建大环线、乡镇建中环线、村社建小环线、户户建连接线”的产业发展思路，实施4条总里程322公里的产业环线建设，因地制宜发展76万亩“532”十大农业特色产业，建成以“百里果蔬走廊”为核心的产业环线260公里，连接辐射贫困村47个，受益群众约13万人。

传承红军精神　勇战脱贫攻坚

甘洛县脱贫攻坚办

1935年5月23日，红一军团参谋长左权、二师政委刘亚楼、红二军团第十团政委张爱萍率第二先遣队从越西县梅花乡渡过白沙河进入甘洛境内。红军一路击溃、歼灭国民党的沿途守军，以140里急行军速度，沿着崎岖的山路经甘洛的蓼坪村、腊梅村、海棠古城、坪坝清溪峡、晒经关，迅速向大渡河挺进，以佯攻大渡河迷惑牵制敌人，达到掩护主力红军向安顺场进发，保卫党中央和军委机关安全的战略目的。

“红军不怕远征难，万水千山只等闲”。“红军精神”一直是推动甘洛经济社会加快发展的不竭动力。脱贫攻坚战役打响以来，甘洛县学思

践悟习近平总书记关于扶贫工作的重要论述，全面贯彻落实中央、省委脱贫攻坚决策部署，坚持把脱贫攻坚作为最大的政治责任、最大的民生工程、最大的发展机遇，充分发扬坚韧不拔、一往无前的红军精神，始终保持党同人民群众的血肉联系，以只争朝夕、背水一战的红军气概，撸起袖子加油干、不达目的不罢休，全力推进脱贫攻坚，2019年顺利实现脱贫摘帽。到2020年底，全县累计实现1.5万户7.2万人脱贫，122个贫困村退出。2018~2020年，在县级党委和政府脱贫攻坚成效考核中被评为“好”的等次。

一是加强组织领导，筑牢攻坚阵地。严密的组织领导和指挥体系是红军的致胜法宝。全面夺取甘洛建成小康社会的伟大胜利，也需要我们有一个强有力的组织领导和指挥体系。甘洛组建了县委书记、县长任双组长的脱贫攻坚领导小组和12个专项扶贫攻坚组、4个工作保障组、28个乡镇指挥所，逐级建立起战地指挥所、前沿作战室，筑牢攻坚阵地；完善了“县负主体责任、乡镇抓落实”的管理体制和“工作到村、扶贫到户”的工作机制。

二是整合帮扶力量，凝聚攻坚合力。决战脱贫攻坚，我们充分发扬生死与共、紧密团结的红军精神，聚焦聚力攻坚。全县落实县级领导、县级单位联系帮扶乡镇、村，落实第一书记、驻村工作队和农技员常驻村组实施精准帮扶。同时，用好省内外帮扶和企业家帮扶力量，凝聚攻坚合力，为加快脱贫攻坚进程注入强劲动力。

三是强化资金保障，夯实攻坚基础。我们充分发扬实事求是、一切从实际出发的红军精神，结合甘洛实际，坚持“规划先行”的思路，实行“项目跟着规划走，资金跟着项目走”的运行模式。2016年以来县级财政预算专项扶贫资金3878.8万元、整合各类涉农资金11.26亿元，全面夯实攻坚基础。建成了核桃基地64.8万亩、速丰林4万亩、花椒5.32万亩；发展特色农业产业种植24万亩，实现四畜年出栏28.95万头、家禽年出栏27万羽；实施易地扶贫搬迁、彝家新寨、危房改造等住房建设14703户，实施“三建四改”、空心砖住房加固维修6279户，着力改善群众居住条件；建成9条74.5公里通乡路、170条630公里通村硬化路，实现全县乡乡通沥青路、村村通硬化路；扎实推进标准中心校、薄改学校等项目建设，创办“一村一幼”214所，着力改善办学条件、提升办学质量。

四是注重宣传引导，激发内生动力。秉承红军“宣传队”精神，创新多种宣传形式和方法，面向群众开展精准扶贫政策宣传。编制发放《精准扶贫宣传手册》《脱贫攻坚政策200问》等8万余份；组建脱贫攻坚宣讲团、小分队，深入村组以召开村民会、院坝会、板凳会等方式宣传精准扶贫政策，积极引导村民发挥艰苦奋斗、自力更生的红军精神，努力实现从“要我脱贫”到“我要脱贫”的转变。

金口金品：“小区大作为”冲出贫困峡谷

乐山市金口河区脱贫攻坚办

“逢山凿路，遇水架桥，铁道兵前无险阻，风餐露宿，沐雨栉风，铁道兵前无困难”！成昆铁路，全长1096公里，1958年7月动工，1970年7月1日正式投入运营。在穿越金口大峡谷的41公里路段，几乎全是桥梁和隧道相连。著名的关村坝火车站为全国罕见的桥遂相连的洞中火车站，隧道全长6107米，是成昆铁路进入金口大峡谷的第一个隧道，也是成昆铁路全线中最长的隧道。“人民铁军”在此浴血奋战，涌现出无数个感天动地的英雄，创下了世界筑路史上多项奇迹。关村坝隧道打通时，中央专门发来贺电，为一条隧道的成功表示祝贺。

在脱贫攻坚战中，承载着光辉历史和丰功伟绩的铁道兵精神，激励着金口河人民奋力拼搏，举全区之力、集全民之智，在峡谷纵深之中打响了一场前所未有的脱贫攻坚战，实现一年一个新进展，一年一个新变化，走出了一条绿色转型、美丽发展、跨越提升的金口河特色脱贫奔康之路。2018年，全区5个贫困村全部退出，顺利实现脱贫摘帽。2019年，全区建档立卡贫困人口全部脱贫，到2020年底累计脱贫0.2万户0.4万人。2016~2020年，连续五年在县级党委和政府脱贫攻坚成效考核中被评为“好”的等次。

坚持尽锐出战，健全作战体系。实行“一把手”靠前指挥，始终将脱贫攻坚作为各级书记“一号工程”，既挂帅又出征，既当“指挥官”又当“战斗员”，层层示范带动、签订责任书、立下“军令状”，确保脱贫攻坚始终在党委的坚强领导下统一调度、高效推动。坚持“一盘棋”组织推进，建立“1+5+26+N”作战体系，区设总指挥部抓统筹、5个乡镇设分指挥部抓组织、26个村设作战队抓实施、户设帮扶责任人抓落实。坚持因村、

因人、因需精准选人派人，86个帮扶单位、1037名机关干部、41名第一书记、52名农技员全覆盖结亲帮扶贫困户、结对联系非贫困户，形成纵向到底、横向到边、上下一体、协同联动作战指挥和推进实施体系。

聚焦重点难点，决战深度贫困。坚持以脱贫攻坚统揽经济社会发展全局，切实把“六个精准”贯穿脱贫攻坚全过程，出台《关于举全区之力坚决打赢深度脱贫攻坚战的决定》，按年度制定脱贫攻坚工作要点，坚持每年打响四大战役确保各项工作有序推进。坚决打好打赢基础提升、环境改善、产业培育、民生兜底、励志奋进五大硬仗，2014年以来累计投入扶贫资金37.05亿元，实施扶贫项目541个，以钉钉子精神完成区摘帽每一项任务、补齐村退出每一个短板、解决好户脱贫每一道难题，确保贫困群众稳定脱贫。建立健全省直“1+7”对口帮扶单位和沙湾区、浙江省浦江县帮扶协作机制，持续深化“五个一”帮扶、“4321”结对帮扶，积极推进社会扶贫，常态开展“爱心帮扶日”“百企帮百村”等活动，凝聚脱贫攻坚强大合力。

建强战斗堡垒，压实攻坚责任。大力实施基层组织选优配强、整顿建强、服务聚强“三大行动”，投入920余万元打造完成41个（村建制调整前）集党务、村务、医务、商务一体的农村党群服务中心，整顿软弱涣散基层党组织17个，基层组织的组织力、服务力、战斗力持续增强。把脱贫一线作为干部成长最大的舞台、最好的课堂，推行“悬帽攻坚+召回管理”制度，集中表扬脱贫攻坚先进集体、帮扶模范、励志模范493人（个），提拔重用干部58人，交流调整干部74人，召回教育12人，组织处理不担当不作为干部3人。建立“1+5”督导机制，开展业务督查、综合督查与作风督查相结合的联合大督查，实行“一周一调度、一月一通报、一季一验靶”，并按成绩优劣发放流动红旗、警示黄牌，坚决纠正不落实的事，坚决问责不负责的人，确保扶贫轨道不偏、脱贫质量过硬。

金口河实现了从基本温饱到吃穿不愁、从交通闭塞到内外联通、从医教不足到全面保障、从产业落后到百业竞兴、从陈规陋习到文明新风的“五个巨大变化”，在社会性质一步跨千年后，实现了发展面貌再跨一千年。

千年彝乡沧桑巨变　决战决胜脱贫攻坚

峨边彝族自治县脱贫攻坚办

峨边彝族自治县位于四川西南小凉山区，县域面积2382平方公里，彝区、山区、深度贫困地区三重叠加，“一步跨千年”历史沉疴深重制约，发展曾一度落后时代步伐，是全省88个片区县和45个深度贫困县之一。面对百年大考，峨边上下尽锐出征、苦拼苦战，2019年顺利实现脱贫摘帽，搬掉了压在彝区群众头上的贫困大山。到2020年底，全县共实现0.8万户2.8万人脱贫，76个贫困村退出。2016年、2019年、2020年，在全省县级党委和政府脱贫攻坚成效考核中被评为“好”的等次。

以习近平扶贫论述为指引，打响一场众志成城、攻城拔寨的攻坚决战。习近平扶贫开发论述蕴涵的情怀之源和方法之要，昭示着的使命之重与信仰之光，是指导扶贫开发工作的最高逻辑和根本遵循。我们牢记总书记嘱托，强化精准意识，凝聚攻坚斗志，坚定信心打赢脱贫攻坚战。五年规划、三年攻坚、逐年突破，凝聚东西协作、对口援彝、定点帮扶和社会扶贫整体合力，统筹贫困村和非贫困村、贫困户和非贫困户平衡发展。“6+1”责任整体联动作战，建立县级干部到包村干部、联户干部的六级责任体系，激发群众主体作用；“五大战区”前线攻坚作战，落地落细“一户一策、一村一方案、一乡一部署”，4041名县乡村干部全员出征，“脱贫有多难，峨边有多拼”成为时代强音。

攻克了深度贫困坚冰堡垒，书写了一张笔力千钧、力透纸背的民生答卷。树立“年年都要打硬仗、年年都要啃硬骨头”的意识，将补短板、破坚冰的繁重任务归纳为“一心五子”，持续以党建核心引领，修路子、建房子、挣票子、补脑子、答卷子。致力当期增收，因地制宜发展吹糠见米的“五小到户”产业；致力稳定增收，持续开展新时代农民培训提升致富技能；致力兜底增收，构建多层次社会保障体系全覆盖救助特殊困难群体；致力长期增收，建成三河流域“三个百里产业带”，贫困群众收入5年翻了2番。建好房子保障安居兴业，发展教育事业阻断贫困代际传递；推进卫生事业防止致贫返贫，统筹推进基础设施和公共服务补短，贫困群众生产生活条件和生活质量全面提升。

主动担当政治责任，践行了“不落下一个民族一户一人”的庄严承诺。坚决担当历史使命，彻底解决沙坪茶场历史遗留问题，把贫穷落后的大凉山自发搬迁聚居地建成幸福美丽新家园。争取省上支持理顺管理权属，新建2个行政村，组建村两委，全面加强党的领导和基层治理，彻底消除治安管理“乱点”、社会治理“盲点”、脱贫攻坚“难点”。投入9160余万元，新（改）建住房273户，完善村级幼儿园、小学、卫生室、便民服务站等配套建设。采取“合作社+支部+农户”“公司+支部+农户”模式，建成产业基地1700亩。3841名自主移民告别颠沛流离，在峨边建新村、住新房、立新业，他们逢人便讲“总书记卡莎莎、共产党瓦吉瓦！”

猛药去疴推进移风易俗，创造了山区、彝区、深度贫困地区乡村治理的“峨边样本”。坚持把精神脱贫作为全面小康的重要组成，在全国民族地区率先立法推进移风易俗和人居环境治理，经验做法被国扶办推广，受到时任省委主要领导批示肯定。创新“三纲三法三载体”，县委决定、人大立法、政府落实、政协监督，久久为功育新风。建立“政府引导+德古会盟+村民自治”的治理模式，整治婚嫁聘礼金“双高”、丧事大操大办等突出问题，倡导节俭办事、实惠送礼，抵制“攀比浪费”。持续开展感恩、法纪、习惯、风气、自尊五个教育，依托农民夜校、德古讲堂、新风课堂开展环境治理和文明新风宣传9万余人次，组建三级百姓宣讲团讲述脱贫励志故事231期，表彰奖励一大批“脱贫致富之星”“先富带后富之星”，全面激发涵养感恩奋进、励志脱贫的内生动力。

峨边将继续弘扬“四苦精神”，继续以昂扬的斗志、饱满的热情、旺盛的干劲，继续做好巩固拓展脱贫攻坚成果与乡村振兴有效衔接各项工作，奋力书写峨边发展新篇章。

弘扬“峨眉山精神” 决胜脱贫攻坚

峨眉山市脱贫攻坚办

从坚持真理、坚守理想，践行初心、担当使命，不怕牺牲、英勇斗争，对党忠诚、不负人民的伟大建党精神到“团结、开拓、实干、争先”的峨眉山精神，都是我们党砥砺奋进的强大精神力量，持续激励鼓舞着峨眉山市42万干部群众始终站在历史的高度，走在时代的前列，不断取得在建设、改革和发展的一个又一个胜利。今天，全市干部群众直面基础设施落后的山区、产业发展单一的坝区和区域发展不均衡、不充分的现实市情，大力弘扬峨眉山精神，夺取了脱贫攻坚的全面胜利。2018年，峨眉山市完成了整体脱贫。到2020年底，全市0.4万户0.9万名已脱贫户脱贫成效得到了提升，干部群众获得感、幸福感、满意度达到新的高度。2020年，在县级党委和政府脱贫攻坚成效考核中被评为“好”的等次。

实干争先，尽锐出战攻坚。心中有信仰，脚下有力量。党的十八大以来，峨眉山市深入学习习近平总书记关于扶贫工作的重要论述，贯彻落实党中央、国务院脱贫攻坚方针政策，坚定打赢脱贫攻坚战信心。主要领导始终坚持“三个亲自”抓统筹，将32名县级领导到挂联乡镇挂牌督战作为一项刚性要求，成立了基础建设、产业发展、政策落实等5个专项工作组，制发《精准扶贫合力攻坚实施方案》《打好打赢脱贫攻坚十大责任体系》等系列文件，一年一主题、逐年排任务，对标实施考评。制定联村帮扶力量考勤纪实、工作纪实等9项制度，压实120名“第一书记”、2760名帮扶干部、30个农技巡回服务小组主体责任。正是有了坚定的必胜信念，峨眉山市驻村帮扶、结对帮扶、政策落实等脱贫攻坚工作得到了群众的高度认可。

团结开拓，凝心聚力攻坚。人心齐、泰山移。峨眉山市以发展产业助农增收为主战场，多行业联合、协调作战为主要战斗力，坚决打赢脱贫攻坚这

场总体战。288公里产业道路、5.7万亩高标准农田等基础设施相继建成，165家产业带动主体开展结对帮扶，大力实施“1259”产业园发展战略，建成了“1+2+5”产业园体系，促进了“旅游扶贫”“电商扶贫”等新业态的蓬勃发展。依托“贫困家庭奋进计划”实施，激励6017户次贫困户发展种植业7250亩、养殖畜禽12.2万头（只）。选配266名“就业秘书”，提供岗位1.1万余个，建成“扶贫家工坊”“扶贫车间”11个，帮助3529人贫困群众实现稳定就业。对441户贫困户实施了易地搬迁，对1345户贫困户破旧房屋进行了提升改造。改造万人以上农村集中供水工程1处，新建蓄水池125座，铺设供水管道248.9公里，有效解决91个山区村3380名贫困群众饮水不稳定问题。依托电视户户通和110个电力扶贫项目实施，实现了安全用电、电视信号全覆盖。发放低保金、困难残疾人生活补贴等3800余万元，惠及贫困群众28.7万余人次。县域内住院、卫生扶贫基金救助分别惠及贫困群众2.34万人次、2966人次。新建校舍5.4万平方米，成立3300万元教育发展基金，受益贫困学生累计达1.12万人次。

党建引领，接续克难攻坚。切实加强党对“三农”工作的全面领导，着力构建以党的领导为核心、自治德治法治相结合、集体经济为支撑的“1+3+1”基层治理体系，扎实做好乡镇机构改革和建制村调整后半篇文章。下决心大抓村级集体经济，每年投入1000万元扶持资金，动员131家企业“一一”结对帮扶，向“村村10万”进军，不断夯实基层治理物质基础。充分发挥网格治理优势，在各乡镇（街道）建立13个大网格、128个小网格，每个大、小网格分别由1~2名县级干部担任网格长、1名副科级以上干部联系帮包，确保巩固拓展脱贫攻坚成果同乡村振兴有效衔接各项政策措施直达基层、落地落实。

行程万里，初心如磐，征途漫漫，唯有奋斗。新征程上，峨眉山市将秉承伟大的建党精神，大力弘扬峨眉山精神，在巩固拓展脱贫攻坚成果与乡村振兴有效衔接、实现中华民族伟大复兴中国梦的路上加力奋进！

弘扬“铜河文化”决胜脱贫攻坚

乐山市沙湾区脱贫攻坚办

沙湾，历史悠久，文化厚重，风光秀美，因“灵山秀水，沙岸湾环”而得名，是峨眉山余脉与小凉山余脉在大渡河中下游的交汇地。相传，汉朝的邓通曾在此开铜矿铸币，经济文化繁荣一时，因此大渡河进入沙湾境内后，也被称作“铜河”。盛世出文化，文化兴盛世，铜河文化因此而来。在铜河文化传承的长河中，铜河两岸百姓间形成了以儒家思想为主导的民风家风，以“执善礼义先，道德仁爱贤，忠廉孝悌训，立功立嘉言”为内容的铜河文化，诞生了一批教化乡里、怀揣济世救人之心的乡贤，孕育了郭沫若等在全国范围内享有知名度的各界精英。

脱贫攻坚开展以来，全区上下大力弘扬“铜河文化”精神，科学谋划、尽锐出战，着力提升脱贫质效、用力夯实脱贫基础、努力增加贫困群众收入，走出了一条“插花式”脱贫攻坚之路。到2020年底，全区共实现0.3万户0.6万人脱贫。2020年，在县级党委和政府脱贫攻坚成效考核中被评为“好”的等次。

以“感恩教育”带动内生动力。以“感恩教育”为引领，发挥党员干部带头作用，与时俱进传承新时代良好家风，树立优良家风的典范，引导脱贫群众形成良好的生产习惯、生活习惯、饮食习惯、风俗习惯、家庭教育习惯。同时突出“扶智”“扶志”两个关键，通过指导贫困村成立文艺宣传队、编排精神扶贫文艺节目、建设脱贫奋进长廊等方式，唱响脱贫攻坚奔康主旋律，教育引导贫困群众感恩奋进、脱贫奔康。选树先进典型，通过评选表扬区级“最美家庭”、最美家庭成员、“五好家庭”等，发挥模范引领作用；充分利用农民夜校、远程教育、沙湾村务手机APP等平台，开展网络技术、电商创业及技能培训，帮助贫困群众掌握实用技术，增强了贫困群众主动发展意识。全区农民人均可支配收入由2016年的12405元增加至2020年的17563元，增幅达41%；建档立卡贫困户人均收入由2016年的3851元上升为2020年的10646.24元，增幅为176.5%。

以“统筹联动”带动整体推进。以脱贫攻坚为统揽，坚持工旅融合、农旅融合、文旅融合发展，创新“村企共建”模式，引进企业管理理念和模式、企业参与村级事务、建立利益共享机制、实施村企抱团发展等，乡村治理体系不断完善。完成总投资1.29亿元的移民后扶整村推进项目，5个移民村旧貌换新颜；整合国家级农业产业强镇、电站库区移民后扶、人居环境整治等项目建设，在太平镇有效探索解决相对贫困机制。建成沫若文创园、峨沙康养走廊、“红房子”艺术小镇等康养旅游小环线，打造“蜀景苑”“四峨梯田”等市、区级现代农业园区10个，“山水世界”“世外花乡”“醉花谷”等农旅综合体成为“网红”打卡地，带动贫困群众依托流转土地、务工、销售、开办“农家乐”等持续增收致富。

以“全域扶持”带动同步奔康。以工业反哺、以城带乡、以强带弱模

式已在沙湾区统筹城乡发展、助力脱贫攻坚中得到了全面推广。通过结对帮扶、社会帮扶和对口帮扶，带动贫困户与非贫困户、一般户与困难户、移民户与非移民户、帮扶地与受扶地全面脱贫、同步奔康。“10.17”扶贫日活动累计接受社会各界捐赠1318万元，“栋梁工程·扶贫助学”活动资助228名贫困大学生；实施“百企帮百村”行动，42家规模以上工业企业与重点村长期结成帮扶对子，助力脱贫奔康。对口帮扶全到位，持续向金口河区提供人才、资金、技术等支持，先后选派59名优秀干部人才赴金口河开展援彝工作，结成全域帮扶对子114对，开展结对帮扶500余次；累计投入财政帮扶资金1863.3万元，引导社会力量投入帮扶资金9000余万元，实施对口帮扶项目99个，帮扶建成凤凰李、藤椒等产业基地13个，帮助金口河区在2018年高质量脱贫摘帽、同步奔康。

发扬“竹”的品质，决战脱贫攻坚

沐川县脱贫攻坚办

沐川县位于乌蒙山区西北部，2011年列入国家乌蒙山片区连片扶贫开发特困地区县。全县面积1408平方公里，辖7镇12乡，人口26万人。山地占到97%，海拔从306米到1900米，气候温润，年平均降水约1300毫米，非常适合竹的生长，素有“中国竹子之乡”之称，是国家级生态示范县。全县人民保持竹的质朴、担当、向上的永不变色的英雄本色，2017年顺利实现脱贫摘帽。到2020年底，全县0.9万户2.8万人脱贫，39个贫困村退出。2017年、2020年，在县级党委和政府脱贫攻坚成效考核中被评为“好”的等次。

一马当先抓党建，攻坚克难强统筹。竹子始终保持质朴本色，竹节层层向上而生。沐川县坚持以党建引领脱贫攻坚，充分发挥党的政治优势、

组织优势、密切联系群众优势，打造最优团队，使领导班子成为主心骨，深入推进“护根培土”行动，不断夯实底部基础。以县脱贫攻坚办为中心，统筹推进全县脱贫攻坚各项工作，整合省市县三级帮扶单位和人员力量，积极调动社会各界资源，争取省市高校、企业、社会组织等参与脱贫攻坚，使攻坚一线成为“练兵场”。全面落实“四片四包四全一统领”机制，明确每月用三分之二以上的时间到村开展帮扶工作，90%以上精力用于脱贫攻坚，形成了全域覆盖、全员参与、全程推进、全责包干格局。落实“19+1”的双层督查机制，倒逼驻村帮扶力量“实打实”地干、“心连心”地帮，以“绣花”功夫落实各项帮扶任务。创新建立红黄牌警告和流动红旗表扬激励机制，以结果问成效，对督查结果排名前三位的乡镇及帮扶单位授予流动红旗，排名后三位的乡镇及帮扶单位点名通报，工作不力、问题突出的给予红黄牌警告，并与年终目标奖直接挂钩，问题严重的严格按程序问责。

因地制宜兴产业，拉高标杆争进位。竹子始终保持“绿”的本色，竹节直立而生。沐川县坚持“绿色发展、生态脱贫”的思路，大力发展循环经济与特色产业相结合的绿色农业，把产业发展作为脱贫致富增收好帮手。产业要壮大，政策须护航，破解要素瓶颈，建立长效机制，建基地创品牌，带动规模化发展，全县围绕林竹、茶叶、生态养殖、果蔬、中药材等5大特色产业，形成“五业六带百基地”的特色产业体系。全县产业园区和基地总规模达到53万亩，农业产业龙头企业18家，农业小微加工企业54家，实现特色农业及融合发展综合年产值31.72亿元。坚持把做大产业基地作为“摇钱树”，把培育新型农村经营主体作为“领头羊”，创新产业融合发展模式，带动辐射形成全域脱贫奔康有效增收机制。就现实而言，沐川通过“调结构、扩规模、提品质、培业态”有效破解了“青山绿水”的生态环境与“金山银山”的经济效益之间的平衡问题和转型能力之间的匹配问题，探索形成了极具推广价值的同步化产业转型、本土化规模扩张、系统化政策支持、精准化政策激励、多元化模式创新的“五化”生态产业扶贫的创新性经验。

以人为本惠民生，蹄疾步稳求发展。竹子始终保持与生长环境相融，担当有为而生。沐川县坚持把彻底解决住房危、道路破、就学难、看病贵、饮水差、无收入等困难摆在脱贫攻坚的首位，2016年以来共统筹整合投入资金64亿元。抓实安全住房保障。新建和改建农房18000余户，建设新村聚居点61个，实现群众有所居。抓实公共服务保障。抓实抓细教育扶贫，彻底阻断贫困代际传递。精准实施健康扶贫，累计投入资金2.85亿元改善提升医疗条件。抓实就业扶持保障。扎实推动产业帮扶、技能培训、定岗吸纳、转移就业等措施，不断增加贫困劳动力就业增收，全县实现转移就业9.2万人。抓实基础设施保障。建设村组道路3000余公里，实现100%行政村构建交通网。建设“全域生态安全饮水”示范工程，实现20.8万农村群众安全饮水全覆盖。全面完成783公里农网升级改造，实现安全用电有保障。抓实政策兜底保障。按政策年投入1658万元，切实解决无劳动能力农村人口的生活困难。严格程序将10442名贫困人口纳入低保兜底，实现应兜尽兜、应保尽保、应帮尽帮。抓实四项基金保障。创新财政支持方式，加强部门联动，凝聚社会合力，搭建助力平台，搞好精准对位，补齐脱贫攻坚产业、教育、医疗三大短板。截至2021年7月底，沐川县“四项扶贫基金”累计规模达7964万元。

乐山乐水，乐奔小康

乐山市市中区脱贫攻坚办

乐山市市中区，古称嘉州，位于四川盆地西南，自古便有“天下山水之观在蜀，蜀之胜曰嘉州”的美誉。自脱贫攻坚战役打响以来，全区上下认真贯彻落实习近平总书记关于扶贫工作的重要论述，聚焦“两不愁三保障”积极探索插花贫困地区的脱贫之路，实现了从总体小康到全面小康的历史性跨越。2018年，全区建档立卡贫困人口全部脱贫。到2020年底，全区共实现0.5万户1.1万人脱贫。2019~2020年，在县级党委和政府脱贫攻坚成效考核中被评为“好”的等次，在省内对口帮扶工作中被评为先进集体。

五年来，我们念兹在兹、唯此为大。区委、区政府坚决落实脱贫攻坚主体责任，成立以党政主要领导为组长的区脱贫攻坚领导小组，全覆盖选派“1+3+N”联村工作队19支，第一书记41名，农技巡回小组10个，帮扶干部1458名，深入开展“书记遍访”行动，形成了“一级抓一级、层层抓落实”的责任体系。

五年来，我们不负韶华、只争朝夕。全面落实“三盯”“三公开”要求，完善财政扶贫资金项目动态监控系统，强化财政、审计、纪检、群众和社会监督，确保资金项目使用安全，扶贫项目效益显著。截至2020年10月，累计投入中央财政专项扶贫资金2528万元；省级财政专项扶贫资金3411万元；市级财政专项扶贫资金1761.42万元；区级财政扶贫资金20866.25万元，投入资金年均增长30%以上；投入区扶贫“两会”筹集资金1452.59万元；带动各行各业共同参与脱贫攻坚投资达数十亿元。

五年来，我们夙夜在公、心无旁骛。始终把贫困群众增收作为“头等大事”，通过发展产业、引导就业等多种方式，多渠道增加贫困群众收入。筹集产业扶持基金2080万元，大力发展都市农业和特色产业，建成农业产业园区2个，集体经济股份合作社110个、农民专业合作社439个、家庭农场239个、农业产业化龙头企业24家。全面落实就业扶贫“省十五条”和“市二十二条”措施，开展各类专项主题招聘会60余场次，培育就业扶贫载体10个，吸纳贫困劳动力就业74人，开发公益性岗位637个。

五年来，我们统筹部署、协调推进。开展农村“两房建设”，易地扶贫搬迁入住287户859人，改造农村四类对象危房826户，全区贫困群众住房安全全部达标。实施农村安全饮水工程，解决贫困人口554户1304人饮水安全问题，全区农村饮水安全全部达标。落实教育扶贫“七长”责任制，为3.69万名学生落实义务教育“三免一补”政策，全区义务教育控辍保学全面达标。开展农村贫困人口大病救治，将贫困人口100%纳入基本医疗保险范围，贫困人口和农村医疗保障体系更加健全。加大政策兜底保障，纳入建档立卡农村低保人数1821户3219人，农村特困人数818人，做到应保尽保、应兜尽兜。

五年来，我们风雨兼程、励志前行。改建县乡公路58.24公里，完成

202.54公里村道提档升级工程，进一步提升农村公路通达能力；新改建农村户用无害化卫生厕所15806户，农村生活垃圾和污水实现有效处理；广电网络信号实现全覆盖；建成农村淘宝运营站点17个。实施“贫困家庭奋进计划”，截至2020年底发放奖补资金2397.77万元，累计覆盖建档立卡贫困户15338户；开展“感恩奋进·我的脱贫路”典型宣讲活动110余场次，受教育群众达1.2万余人。李佰洲被评为全省脱贫攻坚先进个人，水口镇成功创建国家级卫生乡镇，苏稽镇程扁村被评为全国文明村，悦来镇荔枝弯村被评为省级乡村旅游重点村，实现了脱贫攻坚物质文明和精神文明“双丰收”。

五年来，我们嘉峨连心、倾情援彝。2016年起市中区对口帮扶峨边彝族自治县，4年来累计向峨边彝族自治县派出帮扶干部216人次，医生76人次，教师85人次，共计投入财政帮扶资金3315万元，引入社会帮扶资金约15000万元，实施帮扶项目141个，修学校、建医院、育产业，累计帮助4561户贫困户15719名贫困人口顺利脱贫，成功助力峨边2019年脱贫“摘帽”，高标准完成了省委下达的对口帮扶工作任务。

长征精神永闪耀　金马色达誓脱贫

色达县脱贫攻坚办

长征犹如一座丰碑，光辉地屹立在金马色达的史册中，成为色达人民发奋图强、坚忍不拔、积极向上战胜艰难险阻的精神力量。

1936年，由朱德同志率领的左纵队和由李先念率领的第三十军八十八路、骑兵师、红五军总部五局，先后在色达停留驻扎，岁月的尘沙湮没了记忆，但红军长征精神，闪耀永恒的光芒，激励着金马儿女万难不屈、与时俱进。

色达县地处川甘青交界地区，远离中心城市，山大沟深，环境闭塞，生存条件极为恶劣，是经济社会发展的滞后区和生态环境的脆弱区。近年来，色达县坚持把脱贫攻坚作为最大的政治责任、最大的民生工程、最大的发展机遇，聚焦“两不愁三保障”，2019年顺利实现脱贫摘帽。截至2020年底，全县共实现0.4万户1.7万人脱贫，87个贫困村退出。2019~2020年，在县级党委和政府脱贫攻坚成效考核中被评为“好”的等次。

智勇坚定，担当新使命。长征，是一部壮丽史诗。脱贫攻坚战是新时代的长征，色达人民坚定必胜信念，压实攻坚责任，确保决战决胜。一是主体责任压紧压实。县、乡、村层层落实“双组长”制，层层签订责任书、人人立下“军令状”，实行“责任制+清单制+交账制”，让各级领导既当“指挥员”又当“战斗员”，冲锋在前、干在一线。二是帮扶责任到点到人。发挥“五个一”帮扶力量作用，严格保证驻村入户次数、时间和工作内容，“一对一”查穷根、“点对点”找穷因、“面对面”抓帮扶，确保帮扶工作“长流水、不断线”。三是考核监督从严从实。强化扶贫领域腐败和作风问题专项治理，把从严监督考核作为提高脱贫质量的有效抓

手，实行“常态+蹲点+定时+挂牌+预警”督查问责机制，以高压态势推进脱贫攻坚责任、政策、工作全面落实。

攻坚克难，展现新作为。1936年7月，红军队伍途经色达，给色达人民留下了深刻的启示：一个民族、一个地区，只要有艰苦奋斗、攻坚克难的精神，就能够成就事业，创造辉煌。新时期，色达集全县之力，攻坚克难，改善民生，打赢脱贫攻坚战。2016年以来，累计投入76.6亿元，实施脱贫攻坚项目3233个。一是增收渠道由“窄”到“宽”。启动格萨尔文旅商贸扶贫综合体建设，建立了“资源共享、利益联结、飞地扶贫、抱团致富”的产业扶贫新模式，为色达8个乡镇、2720户、10456名贫困群众增收致富创造了条件；发放生产母畜4497头；引进龙头企业，新建蔬菜种植示范基地305亩，流转土地305亩。大力实施就业扶贫，开展实用技术培训225期9355人次，开发公益性岗位4240个，组织6875名群众就近就地务工。二是集体经济由“弱”到“强”。注入产业扶持基金4703.73万元，组建各类乡村集体经济经营实体100余个，全县乡村集体经济经营实体年均收益共计500余万元，全县11965户52140人从中受益，其中非贫困群众人均分红80~100元，贫困群众人均分红120~150元，各类乡村集体经济经营实体遍地开花，发展良好，为脱贫攻坚贡献了力量，为产业振兴奠定了基础。投入5.5亿元实施产业扶贫项目131个村集体经济，新建10个乡村酒店，发展民居接待120户。三是基础设施由“缺”到“广”。完成通乡、通村道路1907.679公里、投入2.5亿元实施安全饮水工程2953处，有效解决10042户53524人（其中贫困户3850户15868人）的安全饮水难题，建设管饮100处，浅水井2584口、机械井477口、深机械井179口、深水井18口。完成134个行政村电信普遍服务项目，建成通信基站234个，实施易地扶贫搬迁1530户、藏区新居3112户、地质灾害搬迁811户。

一心为民，走好新长征。红军在色达期间，与人民群众生死相依、患难与共，把人民利益看得高于一切。如今，色达传承长征精神，坚持人民利益至上，稳定落实各类扶持政策，切实增强群众获得感。一是大力实施教育扶贫。“控辍保学”连续两年圆满完成，各项资学、助学、保学的教育扶贫政策精准落实，10037名贫困学生从中受益，向691名贫困学生提供助学贷款539.1万元。教育发展正在发生从量到质的深刻变化。二是大力实施健康扶贫。全面落实“先诊疗后结算”“十免四补助”等健康扶贫政策，救助贫困患者5188人次，兑现资金988.59万元。三是大力实施兜底扶贫。积极推动全民参保，加快“五险”扩面，完善最低生活保障制度，累计救助低保对象4500户左右，低保兜底锁定2273户8230人，兑现低保金8612.41万元。

红军长征光耀越西　誓死奋战脱贫攻坚

越西县脱贫攻坚办

越西，文昌故里、红色彝乡。1935年5月，以左权、刘亚楼、张爱萍带领的佯攻部队占领越西，吸引敌人，确保红军主力从安顺场顺利渡过大渡河，又一次使红军转危为安，粉碎了蒋介石企图一举歼灭红军主力的阴谋。红军在越西广泛宣传党的民族政策，宣传抗日救国理想，播撒革命火种，近千名越西各族儿女踊跃参加红军，“红军卡沙沙！红军瓦瓦苦！”的欢呼声响彻千村万寨。

红军长征经过越西，留下了坚定的革命理想与信念，为了救国救民不怕任何艰难险阻、不惜付出一切牺牲的长征精神一直激励着越西人民不忘初心、继续前进，成为打赢打好脱贫攻坚战的强大精神力量。到2020年底，全县实现1.9万户8.4万人脱贫，124个贫困村退出，顺利实现脱贫摘帽。2019~2020年，在县级党委和政府脱贫攻坚成效考核中被评为“好”的等次。

立定愚公之志，下足绣花功夫。红军曾经在严峻复杂的斗争中，不畏艰难，敢于斗争，夺取了最后的胜利。如今全县人民像红军一样艰苦奋斗、砥砺攻坚，党政主责、部门主抓、干部主帮、乡镇主体的脱贫攻坚作战体系全面构建形成。县委常委分片指导九大“攻坚战区”，县领导对口联系124个贫困村，分条、分块压实24个扶贫专项推进组和20个乡镇推进组责任，推动脱贫攻坚责任落实、政策落实、工作落实。成立脱贫攻坚抓落实督导组，对全县脱贫攻坚工作特别是乡镇和贫困村主体责任、专项部门行业责任、帮扶单位帮扶责任落实情况开展明察暗访，发挥督查利剑作用，推动各项扶贫政策落地生根、开花结果。

着力重点突破，增进人民福祉。红军长征期间，为了集中优势兵力，确立主力集结地区，选择突围行军的路线，以达到“好钢用到刀刃上”的目的。越西脱贫攻坚战唯有集中力量，重点突破，方能打赢打好，才能让广大贫困群众如期脱贫。以发展产业带动贫困户稳定增收方式，坚持“农林牧”产业多点突破，重点培育苹果、花椒两个主导产业，加快贫困村脱贫奔康产业园建设，“县有主导产业带动、村有集体经济支撑、户有增收项目覆盖”的产业发展新格局逐步形成。把安全住房建设作为先决条件，统筹实施易地扶贫搬迁、彝家新寨、地质灾害避险搬迁等项目，19222户贫困群众实现住有所居、住有安居。把教育作为治本之策，建成“一村一幼”291个；全面推进“学前学会普通话”行动。把基本医疗有保障作为基本防线，落实“十免四补助”“先诊疗后付费”“一站式”等政策，贫困人口实现100%参保，贫困人口县域内住院费用个人支付比降至10%以内。聚焦特殊难题，提升质量成色。“红军不怕远征难，万水千山只等闲”。

红军长征翻山越岭，穿过草原，克服种种困难，最终取得胜利。现在脱贫攻坚已经到了“啃硬骨头”的关键时期，剩下的都是困中之困，坚中之坚，只有大力发扬红军长征精神，迎难而上，方能到达胜利彼岸。针对毒品艾滋形势严峻、群众陈规陋习根深蒂固的问题，越西县迎难而上，推动禁毒三年行动计划，推行“支部+协会+家支”和“十户联保”禁毒模式，全县毒情形势明显向好。强化防艾攻坚，全面落实“四免一关怀”政策，组建“1+M+N”团队，加快越西县重大疾病公共卫生医疗救治中心建设，抗病毒治疗覆盖率86.83%。大力开展高额彩礼、薄养厚葬等突出问题专项治理，深入推进扫黑除恶行动，教育引导广大群众主动移风易俗，健康文明新风尚蔚然成风。

班玛县“脱贫攻坚+”模式全力提升脱贫攻坚质量不断巩固脱贫攻坚成果

班玛县县委办公室

2020年04月16日

自脱贫攻坚战打响以来，班玛县坚持以习近平新时代中国特色社会主义思想为指导，坚持精准扶贫精准脱贫基本方略不动摇，把脱贫攻坚作为全县压倒一切的头等大事和统领经济社会发展的“一号工程”常抓不懈，紧紧围绕贯彻落实党中央和省州党委政府对“两不愁三保障”脱贫目标的一系列决策部署，积极探索寻求脱贫攻坚与区域发展、生态保护、民族团结、民族文化、红色旅游、社会治理等工作的契合点，构建“脱贫攻坚+”工作模式，全力以赴提升脱贫攻坚质量，不断巩固脱贫攻坚成果。

脱贫攻坚+区域发展，开创城镇化建设新局面。在脱贫攻坚进程中，我县始终坚持精准扶贫与区域发展相结合，以城镇化建设为抓手，大力推进区域发展，易地扶贫搬迁集中向乡镇、县城靠拢，在乡镇周边建设集中搬迁点5个573户2883人，在县城建设集中搬迁点1个380户1273人，同步配套水、电、路、通讯、亮化、美化等工程，全县近20%的牧户搬出大山，告别游牧生活，定居在乡镇、县城周边，城镇化率由2015年底的15%提高到2019年的38%；投资1.5亿元在县城集中打造了金色文化扶贫产业园、绿色农林扶贫产业园和红色旅游扶贫产业园以及扶贫产业一条街，吸纳400余名贫困户从事产业劳作，并集中力量，精准发力，采用超常规手段投资和整合各类资金达12多亿元，大力实施“牧民安居、劳务增收、全民保障、教育助学、健康关爱、文化共享、农村‘甘露’、远村点亮、交通便民、新村示范”十大行动；扎实开展全域无垃圾示范县创建活动，一大批涉及生态、市政、交通、电力、教育、卫生、扶贫、水利、宗教、基层政权建设等多个领域的基础设施建设和公共服务项目得到顺利实施，实现了人畜安全饮水，县、乡、村三级网络，生产生活用电，公共医疗卫生，教育文化基础建设，村综合办公服务中心，广播电视和网络宽带，安全定居，全县行政村产业发展和村级集体经济，垃圾无害化处理等十个全覆盖。基础设施的完善配置，提升了脱贫攻坚的质量，城乡一体化发展拉动县域经济发展的作用日趋明显，城镇化建设水平达到新高度，全县的面貌发生了翻天覆地的变化。

脱贫攻坚+生态保护，探索生态致富新路子。我县属于“三江源”核心保护区，有青海省最大的原始森林，是“玛可河国家湿地公园”“全国首批森林康养林场”，素有“三江源小江南”和“绿色班玛”的美誉，但80%以上地域在生态红线范围内，基本项目落地十分困难，产业发展的空间狭窄。精准扶贫开展以来，我县始终坚持把精准扶贫工作与生态保护有机结合起来，因地制宜，在“夹缝”中找光明，在“夹缝”里谋发展，紧紧围绕“即要金山银山、更要绿水青山”的发展理念，坚持“在保护中发展、在发展中保护”，将生态优势转变为经济优势，实现两者良性互动，探索出了一条适合班玛发展规律、符合班玛县情的自然保护区生态文明建设与扶贫开发协调发展的致富新路子。借助特殊的资源禀赋，按照县域不同的区域功能，以“三分天下”的战略举措，将玛可河流域、多柯河流域、开柯河流域分别定格为种植区、养殖区、旅游区。在玛可河流域大力发展百亩蔬菜、千亩青稞、万亩藏茶种植产业以及林下特殊经济作物培育产业，采取“企业+合作社+基地+贫困户”的模式，建设温棚蔬菜基地3个，露天有机蔬菜种植基地300亩；建设青稞种植基地3个4000亩；建设藏雪茶基地4个1.5万亩，重点开发市场前景广、比较优势显、产品附加值高、带动牧民增收能力强的生态特色产业，逐步构建了绿色生态产业体系；在多柯河流域大力发展牦牛养殖产业和有机畜产品深加工产业，建立牦牛养殖合作社18个，建立有机畜产品深加工合作社4个，通过引进先进技术，形成规模养殖，逐步构建了有机生态养殖产业体系；在开柯河流域依托“红军长征在青海唯一走过的地方”这一特殊的红色文化基因和地热资源，大力发展红色旅游和温泉休闲度假旅游产业。并与省外对接，不断扩大“红色班玛”知名度，逐步构建了红色旅游产业体系。三大产业体系、三大产业板块盘活了全县资源，每年产生经济效益2000余万元，户均增收10000元左右，带贫减贫效应十分明显。4年来，通过种植、养殖、旅游三大产业链条，贫困户转移就业率达到70%以上，2200余名有劳动能力的贫困人口在自己家门口找到了就业机会，吃上了生态饭、产业饭。全县1945户8057名贫困人口充分依靠三大产业体系、三大产业链条，稳定增收、稳步脱贫。

脱贫攻坚+民族团结，谱写团结进步新篇章。近年来，我县坚定不移贯彻党的民族政策，紧紧围绕“共同团结奋斗、共同繁荣发展”主题，紧扣“中华民族一家亲、同心共筑中国梦”总目标，以铸牢中华民族共同体意识为根本方向，以脱贫攻坚统领经济社会发展为工作主线，以加强各民族交往交流交融为根本途径，聚合力、补短板、创成效、抓落实，民族团结与脱贫攻坚同频共振，同向发力，全力推动脱贫攻坚与民族团结进步示范创建双融合双推进双达标。同时，坚持以人民为中心的发展思想，紧盯“两不愁三保障”，找差距、补短板、抓落实，推动民族团结进步示范创建与脱贫攻坚、基层党建、社会稳定等有机统筹、充分融合，全面完成了“三区三州”扶贫项目、藏区专项投资项目等工程，完成创建示范单位（村）12个、创建示范户150户，全县呈现出了民族团结、宗教和顺、社会稳定、边防巩固的良好局面。同时，通过招商引资，不断加大少数民族企业、个体户到班玛参与社会经济建设，各民族不断融合，各民族共同发展的局面成效显著。2019年底，全县藏民族占比为83%，比2014年的95%下降了12个百分点。金河路70多家个体工商户中，其他民族经营占比达到90%以上，彻底打破了2002年以来无其他少数民族参与班玛经商的局面。扶贫成效增进了民族感情和团结，民创工作取得了显著成绩，班玛县委被国务院授予“全国民族团结进步模范集体”称号，班玛县红军沟被国家民委命名为“第六批全国民族团结进步教育基地”，班玛县荣获“全省民族团结进步先进县”。

脱贫攻坚+民族文化，构建文化传承新模式。班玛县历史悠久，民族民俗文化底蕴深厚，是果洛柯森的发祥地，果洛人民的老家，藏族人民在这片土地上繁衍生息，创造了灿烂的文化，也留下了宝贵的文化遗产，境内有“全国重点文物保护单位”。近年来，班玛县党委政府积极作为，同时争取社会力量参与，一方面注重保存、整理、抢救、修复民族传统文化，另一方面在保护的基础上推陈出新，注重挖掘传统文化所蕴含的优秀思想观念、人文精神和道德规范，大力发展文化产业和文化事业，推动文化旅游发展，促进经济繁荣。为使贫困村文化设施建设落到实处，专门成立了文化扶贫“八个一”工程工作组，对一个文化活动室、一个牧家书屋、一个文体广场、一个简易舞台、一个宣传栏、一套文化器材、·套广播器材、一套体育器材的“八个一”标准进行明确，32个村、6个易地搬迁集中点全部建成规范化村级文化活动场所，每个村都有一个文化团队。同时，全面加快以地域文化、历史文化、宗教文化和民俗民风为主要内容的金色班玛藏族文化资源挖掘保护工程。依托藏文化产业园区优势，加快发展黑陶、唐卡和格萨尔艺术，积极挖掘编辑《三色班玛画册》《班玛县格萨尔文化概览》《红军长征在班玛》《十世噶玛巴传》、《班玛山水文化》等书籍，制作完善格萨尔文化剧本，推进格萨尔文化传承发展。不断加大民族传统文化挖掘力度，成功申报班玛藏戏、格萨尔面具、班玛黑陶等进入全国非物质文化遗产名录，班玛县灯塔乡班前村被国务院评为历史文化名村，亚尔堂乡王柔村400年的纳太土司官寨得到修复，成为班玛乡村旅游的一大看点。同时，投资1400万元，修建班玛民族手工艺展销中心和民族手工艺培训中心，通过政策的扶持、资金的支持、智力的帮扶，促进民族手工艺技艺改良、产品包装、畅通销售渠道，并以“党建引领+产业园区+龙头企业+扶贫车间+家庭作坊”的“五个加”模式，修建传统民族手工艺扶贫车间打造11处，班玛唐卡、黑陶、藏香、银器、石雕、木雕等民间手工艺全部入驻金色文化扶贫产业园，解决就业岗位70余个，在传承和弘扬传统民间手工艺的同时，带领当地农牧民群众学习一技之长，脱贫致富。

脱贫攻坚+红色旅游，奏响文旅兴县新乐章。班玛是红军长征唯一经过青海的地方，我县红军沟是“全国爱国主义教育示范基地”，“第六批全国民族团结进步教育基地”，“青海省长征精神传承教育基地”。我县在大力发展红色教育过程中，充分挖掘当地红色文化资源，按照一条红色文化主线，系统谋划、统筹推进，特色建设，将红色和绿色自然景观结合起来，将红色传统教育与促进旅游产业发展结合起来，在坚持保护性开发的原则下，加大研究开发力度，挖掘红色历史，编纂“革命故事”，加快规划和建设步伐，注重红色资源与旅游开发的紧密结合，突出“红色精神”这个中心，精心打造红色旅游精品线路，创新推出了以“瞻仰一次圣地、吃一顿红军饭、唱一首红军歌、走一趟红军路、读一本红军书、听一堂传统课、扫一次烈士墓、净化一次心灵、挖掘一种内涵、铸就一种精神”为主要内容的“十个一”特色教育套餐，切实提升了全县红色旅游的可观性、故事性、参与性、互动性，并以此带动全县旅游产业和第三产业的快速发展，推进多业态融合，强化贫困群众积极参与，让更多的贫困户吃上旅游饭。同时，启动红军沟及藏家碉楼旅游综合开发项目，将其打造成集红色教育、生态观光、民风体验为一体的旅游门户区，吸纳500余名贫困劳动力就地就业，支持21家贫困户自主创业搞旅游，实现“就业一人、脱贫一户”目标。

脱贫攻坚+社会治理，巩固“班玛经验”新成果。在脱贫攻坚全过程，我县始终把社会治理摆在首位，牢固树立“只有稳定才能发展，只有稳定群众才能安居乐业，只有稳定才能脱贫致富”的意识，“以群众工作全覆盖、社会大局更和谐、经济发展新跨越”为目标的社会治理变革，不断巩固深化“班玛经验”成果，坚持团结稳定鼓劲、正面宣传为主的方针，高举维护祖国统一、维护社会稳定、维护社会主义法治、维护人民群众根本利益的旗帜，大力弘扬社会主义核心价值体系，将扶危济困作为县委政府义不容辞的责任和义务，纳入全县群众工作和扶贫攻坚重点工作任务，有机整合各级帮扶力量，建立纵向到底、横向到边的爱心帮扶体系，采取党委部门联弱村、政法部门联乱村、社会经济部门联穷村的联系帮扶机制和党员干65432”结对帮扶机制，每个贫困村有一名常委包村督战，每个一般村至少有一名县级干部蹲点开展工作，全县1300余名党员干部与1945户贫困户结成对子、认成亲戚，做到了逢年过节必到、重大矛盾纠纷必到、重大疾病必到、婚丧大事必到、重大自然灾害必到，群众工作非常扎实，干群关系非常融洽，广大群众对“稳定是福、动乱是祸”的思想认识得到全面深化，“五个认同”全面增强，感党恩、听党话、跟党走的氛围非常浓厚，“班玛经验”在不断完善中持续深化。